文化財が語る

# 日本の歴史

會田康範
下山　忍　｜編
島村圭一

## はじめに ─文化財が泣いています─

　これまで何度も訪れたことのある、かつてアプト式列車が通っていた橋梁は、この地を訪れる観光客などから「めがね橋」の通称で親しまれている。下から見上げると、天空に聳え立つようにみえる古びた赤レンガと周りの木々から差し込む木漏れ日は、いつの季節でもノスタルジックな雰囲気を醸し出し、周囲の深山と一体になり素敵な風景となっている。この橋梁は1893年（明治26）の旧信越本線開通時に建設された。正式名称は旧碓氷峠第三橋梁、「旧碓氷峠鉄道施設」として国の重要文化財に指定されている関連史跡のうち、筆者にとってはもっともお気に入りの景観で、四連になるアーチ橋は日本最大だという。

　群馬県安中市と長野県軽井沢町の間に位置する嶮しい碓氷峠の中腹にあるこの橋の近くにいつ設置されたのかわからないが、地元の安中市教育委員会によって設置された看板が、ある日、現地を訪れた筆者の目を引いた。書かれている文字は「落書きやめて！文化財が泣いています。」とあった。何者かの仕業により、本来の姿が損なわれる危機に直面したのだろう。たまりかねて、みるにみかねての苦肉の策だと容易に想像できる。残念ながらこうしたことは例外的なことではなく、同様の事例はおそらく各地でもみられることと思われる。2017年（平成29）、沖縄戦で住民が避難し、凄惨な「集団自決」

旧碓氷峠第三橋梁・通称「めがね橋」と看板
（群馬県安中市）

の場となった沖縄県読谷村の文化財チビチリガマが荒らされるという事件があったことも記憶に新しい。こちらの場合、遺族会によって管理されている慰霊、追悼の場であり、平和教育の場としても極めて意義深い戦跡で、こうした事件が起こったことは大変残念で痛恨なことであった。

　このような行為に及ぶ背景には、過ぎ去った過去の痕跡を目に見えるかたちで伝えてくれる文化財を保護するという意識が欠けている現状があることは否定できず、啓蒙活動の必要性を感じずにはおれない。人間生活の足跡を脈々と伝えてくれるモノは、それが国指定の文化財だろうが未指定のモノであろうが、私たち人類の共有財産として保護すべき対象なのであり、こうした考えを若いうちから身に付けていく必要が痛感されよう。

　私たちは、このような共通意識のもと、文化財を通して日本の歴史をどのように学ぶことができるか、その可能性を提案するものである。9人の執筆者は、それぞれ軸足の置き場所が異なるかもしれないが、文化財を大切にし、未来へ繋いでいこうという強い意識で結ばれている。取り上げた事例はほんのわずかだが、執筆者それぞれがこれまで関わってきた取り組み、問題関心、専門分野に近いところで原始古代から近現代まで、文化財を通じて日本の歴史を通史的に学ぶための材料を提供したいと考えた。ぜひ、青少年も含め広く一般読者の皆様、また、大学で歴史教員を目指す学生諸君、あるいは、学校の教育現場で歴史教育に携わる先生方に手にとって一読していただけたら嬉しい限りであり、ご批評いただけたらさらに幸甚である。

　なお、本書は時系列に沿って章立てしている。しかし、関心のある文化財から自由に読み進めていただいて構わない。


　本書をきっかけに、さまざまな形で文化財を守り、継承していくために何をすべきか、一層の議論が高まることを願ってやみません。


　2021年11月3日　文化の日に


會 田 康 範

●文化財が語る 日本の歴史●目次

4

＊複数の時代にわたって論述したテーマについては、便宜的に主な時代の章に振り分けた。

## 序章

# 歴史を語る文化財

會田康範

## 1　本書のねらい―今なぜ文化財が歴史を語るのか―

　文化財とは「歴史的・文化的所産」、すなわち人間生活の営みの足跡を貴重なものとして把握し、後世に受け継がれていくべき文物であるといえる。こうした文化財を将来にわたり維持・継承していくため、1949年（昭和24）の法隆寺金堂壁画焼損を機に、翌1950年に文化財保護法が制定された。この法律は現代の文化財のあり方に関する根本的な規範としての性格を有するものだが、その後、数次の改正を経て、2018年（平成30）6月、さらに現在は2021年（令和3）の改正（2022年4月1日から施行）に至っている。

　制定後約70年が経過し、2018年改正では従来から積み重ねられてきた文化財保護行政について、関係各所から保護・保存と同時に観光などに傾斜した文化資源としての活用に比重が高まったものだと受け止められ、それを懸念する指摘も多く見受けられる。例えば、2018年11月に京都大学人文科学研究所のシンポジウム「博物館と文化財の危機―その商品化、観光化を考える」が開催され、その内容が2020年に書籍化されているのもその一例である（岩城・高木編2020）。そして歴史学研究会でも、2020年11月、12月に学会誌『歴史学研究』（第1002号、第1003号）で2度にわたる特集「文化財の危機と歴史学（Ⅰ）・（Ⅱ）」で取り上げた。そこでは、大局的な文化財行政や個別の文化財の保存と「活用」をめぐり活発な議論が展開している。同様に、歴史科学協議会は『歴史評論』2018年10月（第822号）の特集「本当の意味での歴史遺産の活用とは」に続き、2021年1月（第849号）でも「誰が文化財を守るのか」を特集し、地域や博物館で文化財の保護や修復にあたる当事者からの論考を取り上げている。

　また、2018年改正以前でも2011年の東日本大震災を経験し、防災意識のいっそうの高まりとともに災害に備えた文化財保護と次世代への継承を確か

なものにするための活発な議論とその取り組みが蓄積されている。2014 年
に日本学術会議では「文化財の次世代への確かな継承─災害を前提とした
保護対策の構築をめざして─」が提言されたほか、雑誌や書籍などを通じ、
文化財の保護と活用をめぐる関係者の議論は、まさに議論百出の状況にある
ものと解される（國學院大學研究開発推進機構学術資料センター編 2020）。

　ところで、「歴史は史料に基づいて叙述される」という言説に依拠すれば、
文化財保護法改正の問題は歴史学研究者のみならず、歴史教育の現場で実践
に携わるものにとっても看過できない喫緊の問題といえるだろう。なぜなら、
歴史を叙述する際に有効な史資料となる文化財は、歴史教育にとっても不可
欠な教材であり、これを利用せずに現代の歴史教育は成り立たないといって
も過言ではないからである。

　では、これまで歴史教育サイドは、このような観点からのこの問題にど
れだけ主体的にコミットしてきただろうか。文化財のあり方をめぐり保存
と活用という異なる方向に向かうようにみえるベクトルだが、どちらかと
いえば歴史教育サイドの立ち位置は、史資料としての文化財を活用する立
場にあるといえるだろう。その活用の意図するところを、歴史教育サイド
から十分に検討し、これに対する積極的な発言は管見の限りそれほど多く
ないと思われる。

　戦後の歴史教育では、柳田国男が民俗学の立場から民俗資料の活用を視野
に入れた社会科教育を構想して教科書作成に関わった。そして、その実践の
場として成城学園初等学校のカリキュラムづくりに影響を与えたことでも知
られるように、文化財の保護と活用を学習内容に取り入れることは継続的に
尊重されてきた（竜田 2021）。それは、下山忍が本書の終章で高等学校学習指
導要領の内容から、文化財に関する扱いの変遷を分析した結果にも示されて
いる。しかし、現実的にはそのような取り組みが十分になされているとは思
われず、一部の現場で担当教員が意識的に実施している程度に過ぎないので
はないだろうか。そのズレはどこに起因するのか。現実的には多くの高等学
校の教育現場において、日本史の学習では大学入試を想定した通史全般をひ
と通り終えることを優先するという進度の問題に由来する、時間的制約から
文化財そのものを正面から取り上げてアプローチする授業も文化財を保護
しようとする意識を涵養する教育も実践することが難しいという感が否めな

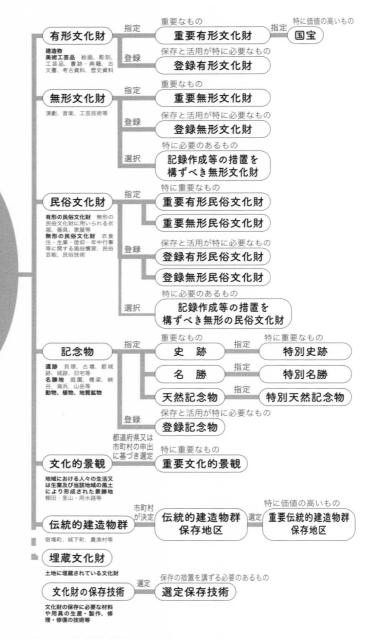

図1　文化財体系図（文化庁ウェブサイトより作成）

い。また、その背景には、授業を担当する教員側の意識や専門性の問題という課題も潜在的にはあるのではないかとも考えられる。

　こうしたことから、保存と活用をめぐる先の議論では、歴史教育サイドから本来あって然るべき発言の広がりがそれほどみられていないように見受けられる。以上のような現状に対する認識から、博物館や学校という現場に軸足を置く私たちは、歴史教育サイドからこの問題にコミットする必要を痛感するものである。保存と活用を考える場合、それは誰がどのように保存・活用するかという課題をきめ細かく丁寧に議論する必要があるだろう。そのためにはすべての人々が文化財を大切に守り、未来へつなごうとする意識をもつ人材育成を担う歴史教育の役割が極めて重要な位置を占め、課題解決の糸口の一つになると考えている。

　そもそもこの度の法改定にあたっては、その背景として政府が政策的に日本を「観光立国」・「観光先進国」にしようとする意図を含んでいるという指摘があることは周知のことである。現在、日本の学校教育では、修学旅行や校外学習等で国内外各地の見学先で文化財に接する機会も多い。その際、時には文化財を損壊するという残念なことが起こっている事実も聞かれるが、そのようなことが起こることを未然に防止するためにも文化財保護思想を学習する機会を学校教育現場の実践課題として位置づける必要があることを強く思う。

　本書は、こうした思いを共有する高等学校や大学、博物館等で歴史学、博物館学、日本美術史、そして歴史教員養成の立場で歴史教育に携わる９名が、それぞれの立ち位置から文化財学習の必要性を受け止め、文化財を大切にする心を啓発することを提言している。文化財を主語にし、文化財が歴史を語るという仕立てで、初等・中等教育段階の学校教育のみならず、大学生や市民にまで射程を伸ばし、文化財を保護する意義の重要性を説き、その意識の涵養を図ろうとするものである。時代区分に沿って具体的な文化財を事例にあげ、それらを学校の歴史教育や市民の生涯学習などの機会でどのように活用することが可能であるか、その視点や実践とともに論じている。このようなかたちでこの問題に向き合うことは、微力ながらこれからの文化財保護と伝承の主体的な担い手を育て、またその意義を理解した直接的および間接的な支援者の育成に一定の役割を果たすものになると確信している。

## 2　前近代にみられる文化財保護思想

　ここで、モノを文化財として大切にしていこうという思想形成がどのような形で展開してきたか、その系譜を簡単にみておきたい。いったい日本において過去に生成された文物を保存、保護していこうとする思想はいつ頃からみられるようになり、どのような足取りをたどってきたのだろうか。

　前近代には今日的な文化財という概念は未成立であったと思われるが、特定の価値観により文物を保存していこうとする思想は古代まで遡ることができるだろう。ドイツ語の Kultur（文化）と Natur（自然）は対応関係にある語で、そもそも Kultur は人間の手を介して生成されたたものを指す。Kulturguter が文化財と翻訳されたのは大正期で、経済哲学者左右田喜一郎によるものとされる（呉 2021）。だがそれ以前においても、奈良時代の聖武天皇と光明皇后の遺愛品を中心とした国際色豊かな天平期の美術工芸品等約 9,000 点の宝物を収蔵する奈良の東大寺正倉院宝庫のように、文化財の収蔵施設が存在していたことは広く知られているところであろう。正倉院宝庫の最大の特徴は、古代遺物の多くが出土品であるのに対し、収蔵されている宝物は伝世品であることにある。もちろん出土品であっても銅鐸や古墳の副葬品、あるいは埋納経など意図して埋蔵された遺物もあり、基本的には伝世品と出土品の間に文化財としての重要性や意義に相違はない。しかしながら伝世品は意識的に人々の手によって残され管理されてきたものであるため、伝来の経緯や由緒が判明可能なものも多く、さらに保存されてきた環境もよいので良好なコンディションが保たれている。裏を返せば、歴史研究における史資料として、あるいは歴史教育の場面での出土品の活用を考えると、その伝来の経緯や背景などを探究するという点において有意義な教材となる可能性が認められるだろう。例えば、高等学校の日本史の授業では、そのような視点にたって縄文時代の貝塚から犬の遺骨が完全な形で出土した事例から縄文時代の犬と人間の関係を討論させた加藤公明の実践は、歴史教育に携わる教員や研究者の間で有名で、この実践をめぐる議論も盛んに行われている（加藤 1991）。

　また中世になると、正倉院宝庫と同様の事例として鎌倉時代中期に北条実時が開設した金沢文庫の存在も知られている。金沢文庫は武家初の図書館的

な施設で、多くの古典籍や古文書のほか、金沢北条氏の菩提寺である称名寺に伝来した美術工芸品が管理・保管され、史資料の収集や保管といった現代の博物館的機能の一部を兼ね備えたものと理解できる。さらに室町時代には、こうした文物の目録的な編纂物として『君台観左右帳記』が成立している。能阿弥や相阿弥の手になる本書は、室町幕府8代将軍足利義政を中心とした時期の唐絵、書院飾、茶の湯道具などを図解したものである。同様に近世後期になると、白河藩主から江戸幕府の老中首座に就き、寛政の改革を推進したことで知られる松平定信によって『集古十種』が編纂されている。ここには1,859点の文物が収録され、それらは鐘銘・碑銘・兵器・楽器・書画・印章・扁額・肖像・銅器・文房の10区分に分類されている。それぞれの所在地や特徴などが文人画で知られる谷文晁らの絵師の手になる模写図とともにまとめられ、図入りの文化財目録とみることもできるだろう。また、岩橋清美は『集古十種』の分析を通し、博物大名として知られる松平定信の古物認識について、従来からの「由緒からモノを見るという18世紀的なモノの捉え方とは異な」り、「由緒とモノを切り離し、モノ自体に価値を見いだ」す古物認識に変化していることをよみといている（岩橋2020）。

　そして、19世紀後半の幕末・維新期にかけては、日本はいわゆる「鎖国」から開国に転じ、幕府や明治政府によって海外に派遣された外交使節に参加した者らにより欧米の博覧会や博物館が移入された。だが、博物館が有する資料の収集や保存、あるいは調査研究という機能の先駆は、上述した前近代からの経緯があることを見逃してはならない。それをふまえ、近代日本の中で、明治初期に古器旧物と称されたモノが文化財となり、そして歴史を叙述する上での史資料として保護の対象となってきた思想的な系譜が認められるのである。

　なお前述した通り、大正期に成立した文化財という語について、塚本學は、その早い使用例として戦時中の国家総動員体制の中で使われた生産財という語に対して、精神文化的な意味として文化財の語が使用された事例を紹介している。また、法制化にあたっては、当時の文部大臣でドイツ哲学者の獨協大学創設者である天野貞祐や同様に戦後最初の学習院長となった安倍能成ら知識人の中では、ある程度この語も普及していたとみられている（塚本1991）。

# 3　近代における法整備

　次に、近代日本における政府主導による文化財保護に関する法整備の展開について、塚本（1991）や段木一行（1999）らの整理をもとにその概略をまとめておきたい。

　先に触れたように、前近代から文化財に該当するモノを保護するという思想は連綿と続いてきたのであるが、文化財という名辞、概念も定着していなかった時期に文化財は古物などと称されていた。そして幕末から明治初期には、西洋化、近代化が展開していく過程で、政府が1868年（明治元）に神仏分離を布告したことにより全国に廃仏毀釈の風潮が広がり、仏教関係の古物は意図的に廃棄され、壊滅的な打撃を被った。そのため、政府はその翌月には「神仏分離実施ヲ慎重ニスベキ」とする布告を追加し、その後、廃仏毀釈の風潮は徐々に改められていった。併せて政府は古器旧物の保護を政策的に進め、保護思想が展開していったが、当時、政府の大学大丞にあった町田久成は、4月25日に太政官に対し「古器旧物」の保護を訴える献言書を提出している。この献言書では、保存施設としての「集古館」の建設と府県による「古器旧物」を保護するための台帳の作成が提案された。

　そして、これをふまえ政府により発せられたのが、1871年5月23日の太政官布告第251号「古器旧物各地方ニ於テ保存方」であった。ここでは「<u>古器旧物ノ類ハ古今時勢ノ変遷制度風俗ノ沿革ヲ考証シ候為メ其裨益不少候処自然厭旧競新候流弊ヨリ追々遺失毀壊ニ及ヒ候テハ実ニ可愛惜事ニ候條各地方ニ於テ歴世蔵貯致シ居候古器旧物類別紙品目ヲ通細大ヲ不論厚ク保全可致事</u>」（下線、筆者）とされた。すなわち、「古器旧物」は時代の変遷や制度、風俗の沿革を考える上で有益であるにもかかわらず、「厭旧競新」のため「遺失毀壊」になっている現状が憂慮され、事物の変遷という時系列によって把握しようとする歴史的な眼差しを尊重する立場から古器旧物を保護する必要が論じられたのであった。また、そのために各地に所在する「古器旧物」を「別紙」に記し、祭器ノ部のほか、古玉宝石ノ部・石弩雷斧ノ部・古鏡古鈴ノ部・銅器ノ部・古瓦ノ部・武器ノ部・古書画ノ部・古書籍古経文ノ部・扁額ノ部・楽器ノ部・鐘鉆碑銘墨書ノ部・印章ノ部・文房諸具ノ部・農具ノ部・

工匠器械ノ部・車輿ノ部・屋内諸具ノ部・布帛ノ部・衣服装飾ノ部・皮革ノ部・貨幣ノ部・諸金製造器ノ部・陶磁器ノ部・漆器ノ部・度量権衡ノ部・茶器香具花器ノ部・遊戯具ノ部・雛幟等偶人並児玩ノ部・古仏像並仏具ノ部・化石ノ部の31部門に項目立てして箇条書きで掲出し、その品目と所蔵者を明示した目録を作成し提出することが命じられたのであった。さらに、「古器旧物」は「細大を論ぜず厚く保全」するとされ、ここに近代の文化財保護思想の嚆矢があると認められるだろう。なお、ここにあげられた31項目はのちの博物館の列品分類にも影響を与えたとされている。だが、ここには「神代」以降のもので舶載の輸入品も含まれている一方、現行の文化財保護法に示されている有形文化財としての建造物や無形文化財などは含まれていない。そして日本美術史の立場から鈴木廣之（2003）は、各部の間に「いったどのような関連があるのかはっきりつかめないこと」は、「はじめから「古器旧物」という確固した実態があり、その全体が31の種類に分類されたというよりも、むしろ保存の対象になるべき品物の総和が、ある種の実態をもつよう「古器旧物」という総称が与えられた」ものだと評している。さらにこの布告を「文化財保護政策の原点としてのみ評価することは、現在ある文化財保護の制度をそうあるべきもの、ごく自然なものとして見ることに疑問をさしはさませない根拠をつくりあげることになる。そして、そのような制度が歴史的に形成されてきたものであることを想像させにくくする」という指摘にも留意しておきたい。

　ところで、これに伴い文部省は、翌年から宝物類の調査、いわゆる壬申検査を実施した。これは文部大丞町田久成や文部省六等出仕の内田正雄らとともに、好古家として知られた蜷川式胤らが参加し、奈良、京都、滋賀、三重などに所在する古社寺を中心とした全国的な調査であった。この時の経緯や調査の進捗状況は、その後、蜷川の手によって『奈良の筋道』としてまとめられている。この調査は、政府が翌年に開催されるウィーン万国博覧会に参加し、出品するための調査とともに、それ以前から政府内の念頭にあった奈良東大寺正倉院開封を企画したものとされている。実際の調査では、担当者が宝物の収納されている蔵の中に入って調査する場合や前もって宝蔵から出されていたものを調査する場合もあった。そして名称、数量、法量、素材、伝来などを調査するとともに、それらの写真撮影や拓本採取あるいは模写す

るなど、現代の文化財調査と同様の本格的な調査であった。その結果は、「壬申検査古器物目録」としてまとめられている（米崎2005）。

　この調査がこれ以降の古器旧物を保護する施策に継承されていったことはいうまでもなく、1874年5月には太政官達「古墳発見ノ節届出方」により、地域開発に伴う古墳の破壊を抑え、古墳を史跡として文化財の範疇に組み込み保全の対象とした。そして、翌年9月の太政官布告では、「官国幣社及府県郷社古来ノ制式保存方」により社寺の財産や什物の管理維持が指示され、1897年の「古社寺保存法」、1929年の「国宝保存法」、さらには1933年の「重要美術品等ノ保存ニ関スル法律」の制定へと文化財保護の環境が拡充整備されていったのであった。

　なお、現在では史跡の保存、整備、活用に関し、青木豊によれば、「史跡等は過去の人々の活動と思考の歴史に関する多岐にわたる学術的情報を内包する」ものとして、「正に、市民の生涯学習に供することであり、博物館と称する生涯学習機関の教育法である情報の伝達と軌を一にするもの」と理解されている（青木編2006）。史跡活用を教育の観点から論じられている点において、極めて示唆に富む重要な指摘である。

## 4　文化財で日本の歴史を学び文化財保護思想を涵養する

　初等・中等教育段階では、文部科学省が学習指導要領を作成し、各教科・科目の学習活動を含め、学校の教育活動全般はこれに即して実施されている。歴史系教科・科目で文化財に関することがどのように取り上げられてきたかは、終章で下山忍がまとめているので、詳細はそちらに譲るが、歴史学習が史資料を根拠としてそれに依拠した科学的な歴史認識を児童・生徒が主体的に深めるため、史資料となる文化財を活用することは極めて重要なことであろう。これに関し、藤野敦は地域資料を教材化する重要性を指摘し、その一例として近世の「世直し一揆」を事例に教科書に叙述される「歴史的事象にリアリティを与え」るものとしての役割を指摘している。また、学習者にとっては「考察の「よりどころ」」としての効果を認めており、このような指摘をなお一層重視する必要があるといえる（藤野2020）。

　では、序章の最後として本書の各論考が取り上げている文化財について、

その要点をまとめておきたい。紙幅の都合により各章で紹介している文化財
はごくわずかであり、ほんの一握りの文化財を取り上げただけで各時代を網
羅的に通観するものにはなっていない。しかし、執筆者のそれぞれがこれは
「面白い」と感じている個別の文化財を事例として取り上げ、執筆者が独自
の視点で文化財との対話を図ったものとご理解いただきたい。個別の文化財
を通じ、それぞれの時代的な特色や歴史的背景をどのようによみとくことが
可能なのか、そのアプローチの方法を身近に感じていただき、読者の皆様が
今後、それぞれの興味、関心に基づき文化財に触れる際、あるいは教員とし
て授業に活用する際の手がかりの一助になればと考えている。

## 第1章　原始・古代

　原始・古代に関する本章では、貝塚、木簡、古文書・古記録を取り上げた。
山本哲也の論考は、貝塚を通して縄文人と自然とのかかわりにアプローチし
たものである。周知の通り、日本の考古学は1877年にエドワード・シルベ
スター・モースが大森貝塚を発見したことが出発点となり、貝塚の性格は食
料とした貝の残滓としての貝殻が堆積した地層という点からゴミ捨て場とい
う古典的な理解がある。だが、現代では貝塚の性格も単純にゴミ捨て場とい
う側面から理解されるものではなく、多様な機能が指摘されている。山本は、
そこからさまざまな情報が導き出されるとし、例えば、貝塚から出土する人
骨研究の成果による縄文人の平均寿命、受傷人骨の存在より縄文時代の暴力
や戦争の有無について、そして自然と共生した縄文時代が現代社会に問いか
けるものへと論を進めている。

　次に島村圭一が木簡、古文書・古記録の2篇を執筆している。両者は別々
の論考であるが、ともに文字を用いて何かを明示し伝達したという点におい
て共通するもので、その素材は木片を用いた木簡に対し、古文書や古記録は
紙面に文字を記載したものとなる。かつて木簡は紙が貴重だった時代にそれ
を補う目的で利用されたという理解もあったが、現在では両者は使い分けら
れてきたものと判断されている。その上で、木簡は同時代の一次史料として
後世の編纂物である二次史料を史料批判する材料として大きな役割を担うも
のとなってきている。その証左として、有名な郡評論争や長屋王家木簡な
ど複数の事例を紹介している。また、木簡から古代史を学ぶ視点として、古

代人の日常生活に関する具体的な実態や役人の勤務実態、勤務評定など興味深い事例が示されている。

## 第2章　中　世

　第2章では中世の出土銭、板碑（いたび）、社寺参詣曼荼羅（しゃじさんけいまんだら）、祭礼・年中行事を取り上げ、それらに日本の歴史を語ってもらっている。島村による出土銭では、中世の武家政権の実態や中国との貿易がどのように展開したか、よみといている。遺跡から出土した甕などの中に貨幣が埋納されている事例は日本列島の各地でみられており、その理由を考えることで中世の貨幣と人々との関係、時代的特質について理解が深まる。すなわち、銭貨はこの時期に人々の経済活動における交換手段、経済価値を表示する統一的尺度として機能するようになったことが指摘されるのである。

　次に、下山忍は板碑から中世の武士や庶民の信仰、日常の暮らしを考察した。板碑の素材としては、埼玉県の荒川上流などで産出される緑泥片岩（りょくでいへんがん）が有名で、これを武蔵型板碑（むさしがたいたび）と称するが、実際には板碑は北海道から九州まで全国各地で造られている。そのため、その素材には花崗岩や安山岩など各地の石材が利用され、それぞれが特徴を有している。また、中世を通じて造立された板碑は、造立の主体の変化、すなわち武士から民衆の村落共同体へと交代していく中で民間信仰的な色彩が強まったとされている。本節は、こうしたことを具体的に複数の板碑を事例として取り上げ論じたものである。なお、板碑自体、どれだけ一般の方々に文化財として認知されているのであろうか。歴史研究の進展に対し、歴史教育における板碑の教材化はそれほど進んでいないと思われる。こうした状況に対し、武士の祭祀と信仰、結衆板碑（けつじゅういた び）と農民闘争、中世の女性などの教材化の可能性を述べている。

　3つめは、松井吉昭による社寺参詣曼荼羅を扱った論考である。これは、神社や寺院の霊場に参詣する人々のために創作された古絵図の一種とも理解されており、社寺参詣曼荼羅の現存数は150余りとなっている。その半数以上は「立山曼荼羅（たてやま）」48点と「熊野那智参詣曼荼羅（くまのなち）」36点で、現存数からいえば、この両者が中世の霊場において格別の存在であったとみていいのであろう。参詣曼荼羅の作成意図は、参詣者向けにその便宜を図るために作成された案内図であり、社寺側からは伽藍の再建や復興のための勧進活動の一環

とされる。その特徴をふまえ、多くの人に親しまれている京都清水寺の参詣曼荼羅を事例とし、そのよみときやそこから修得できると考えられる学びの視点を論じている。これまで松井は荘園絵図なども含め、多くの絵画資料を実証的に研究してきている。その蓄積を基礎として、参詣曼荼羅という文化財としての絵画資料のよみときから、史資料から得られる情報を的確に把握し、それを複数の史資料から整理、検証し、その結果を表現する大切さを指摘している。

　本章の最後では、民俗文化財である祭礼や年中行事について、竹田和夫が論述した。民俗文化財というカテゴリーが法制度の上ではどのような経緯によって成立したか、また、筆者自身の民俗資料調査の経験から地域に受け継がれてきた生活文化としての民俗文化財を紹介し、地域住民の「地域遺産」としての保存や継承の重要さを説いている。そして、学校の歴史学習で利用されている教科書や副教材の記述を博捜し、注目すべき事例として広島県北広島町の壬生の花田植、あるいは室町時代の公家九条政基の『政基公旅引付』にみえる日根荘における芸能の具体相など、多数の事例を紹介する。なお、和歌山県有田郡有田川町の御田舞は、実演される仏堂が室町建築という稀少性とともに地域における信仰と芸能が発現する空間で、なおかつ、棚田地域という地域的特質をも有している。地域・信仰・芸能といったキー概念を民俗文化財というかたちで一体化した存在として把握され、このような視点は生きた歴史をイメージする上で極めて有意義なものと理解できる。

## 第3章　近　世

　第3章は近世に関連する文化財として、茶道具、棚田、富士塚、アイヌ絵を取り上げた。會田康範は、総合芸術とも称される茶の湯の展開と、それに伴う茶の湯道具が単なる道具としての役割以上に多面性があることを、政治や貿易などと関連づけてみる視点を指摘している。

　次に取り上げたのは、文化的景観としての棚田である。棚田は1996年にフィリピン・コルディレラの棚田が世界遺産に登録され、日本でも1999年に棚田学会の設立をみた。機関誌の創刊号に示された学会設立の呼びかけ文には、「「棚田」は、私たちの主食である米を作る営みを通じて、水資源涵養などの多面的機能を発揮して私たちの生活を支え、さらには生物多様性・生

態系の保全や伝統文化を継承する機能をも、古くから発揮してきました。日
本の原風景を残す数少ない景観としての「棚田」を、各方面から見直す気運
が高まっています」とあり、本節を担当した竹田は学会設立時より会員・理
事として尽力してきた。前近代の地域開発において、傾斜地に水田を営むこ
とは容易いものではなかった。階段状に造られた棚田の景観は、現在でも日
本の各地でみることが可能である。その景観は、地域で暮らす人々の生活や
生業の営みが土地に刻まれ形づくられた結果であり、その事実が後世に継承
されるべき文化財としての意義を有するものと考えられる。こうした視点か
ら竹田は、中世荘園である日根荘に由来する大阪府泉佐野市や長崎県平戸市
などの具体的な事例を文化的景観の歴史的背景にアプローとするための手段
として文字史料や絵画資料などの活用を説いている。

　さらに會田が取り上げた富士塚は、世界文化遺産にもなっている日本最高
峰の富士山に対する信仰を表象した富士塚から、近世を中心とした民間信仰
や文化を描いたものである。古来より日本では自然に対する畏怖や崇拝の念
があったが、その展開の上に近世を中心に爆発的な人気を博した富士講やそ
れが主体となって営まれた富士塚は、江戸とその近郊に現在でも多数みるこ
とができる。それを支えた民衆の具体的なあり方から、近世の周縁的身分や
富士塚を造営する際に利用された溶岩石の流通、さらには世界遺産教育の可
能性まで視野を広げて論じた。

　4つめに下山は、アイヌへの種痘を実施している場面を描いた絵画から蝦
夷地の直轄化からアイヌの同化政策、そして近代日本が国民国家を形成して
いくプロセスを考察している。アイヌ絵はアイヌ自身の手になるものではな
く、和人の絵師によって描かれた。本稿で紹介される『種痘施行図』の作者
平沢屛山は、1822年（文政5）に陸奥国稗貫郡大迫に生まれ、弘化年間に箱
館に移住した。絵馬を描くとともにアイヌ絵師として幕末から明治初期にか
け、本図のほかにもアイヌの風俗を題材にした複数の作品を手掛けている。
そして本図で種痘を施している桑田立斎に関する考察、さらに本図からよ
みとくことが可能な点として感染症対策など医療史の視点に加え、より大局
的な視点として近代国民国家形成史としての位置を提示している。

## 第4章　近現代

　最後の第4章では、雛人形、地形図、商店街、学校資料を例示した。この4項目で近現代を網羅的に俯瞰することは到底無理なことであるが、実はこの4点に共通すると思われるのは、従来の文化財という枠組みからは対象外とされているように感じられることで、こうしたモノを文化財として把握し、そのモノに近現代を語ってもらいたいという意図から選定した項目である。

　まず柳澤恵理子は雛人形を素材とし、日本の伝統行事である雛祭りとそれに伴う雛人形の来歴と展開を通じて、そこから明治維新と富国強兵、さらに良妻賢母教育、御真影というスケールの大きい論点を提示している。増淵宗一がいうように18世紀後半以降、商品として大量生産化されて一般家庭に普及した雛人形は、希少価値が薄いがゆえに文化財として指定、登録を受けているものもそれほど多くない。しかし、柳澤は文化財としての指定・登録の有無に左右されず、「地域の文化が生み出してきたものを大切にするという姿勢」をもつことの重要性を説いている。人形作家の中には人間国宝となっている方も複数いるが、人形そのものに対する国宝指定はないという。現在、地域の博物館には優れた古い雛人形が収蔵されている事例も多いとされ、地域特有の雛人形を取り上げ、博物館と連携し実物教材を通じた歴史教育や文化財保護意識を涵養する教育の可能性を論じている。

　次に地理学を専門とする浅川俊夫は地形図を取り上げ、ここから近現代史をよみとく視点を提示した。具体的には、高度経済成長で国土や人々の生活がどのように変化したかということを事例とし、地形図は近現代の経済や産業を生活圏というミクロな視点から理解を深めることが可能な教材で、視覚による資料のよみときという観点により、地形図から得ることができる情報の有効性は歴史教育に活用できるという新視点を提示している。また、いわゆる迅速測図、旧版地形図、現代の図歴や図式を丹念に追うことは、地図史の探究としても有用であると考えられる。

　山下春菜が紹介した商店街も、文化財として指定や登録を受けているものではなく、いわば「未文化財」である。商店街という単位からみれば、文化財のカテゴリーとしては1975年改正の文化財保護法で設けられた「伝統的建造物群」に近いと思われるが、商店街は対象となっていない。本節で取り上げている埼玉県狭山市の入間川商店街と近い埼玉県川越市の町並みは「商

家町」として重要伝統的建造物群として登録され、このほか、全国には126地区が重要伝統的建造物群に指定されているという。全国伝統的建造物群保存地区協議会によれば、「伝統的建造物」は集落・宿場・港・商家・産業・寺社・茶屋・武家の8種別に分類されているが、本稿は、これに含まれない「商店街」が文化財となる可能性を問うた意欲的な論考である。山下は狭山市立博物館が令和3年度春季企画展として開催した「収蔵品展　入間川商店街―繋がるモノ・人・街―」展の担当学芸員であり、地域史を学習する教材としても全国各地に存在する商店街は教材化しやすい事例であると論じている。

　最後に會田は、学校資料という項目を立項し、その可能性を論じた。学校資料に関しては、定義として定まったものはないが、全国に所在するすべての学校には創立以来、その歴史を伝えるモノが現用・非現用を問わずあふれている。それを学校文化を伝える文化財として把握することで、さまざまな可能性があることを論じたものとなっている。

＊

　このほか、本書の随所には、いくつかのコラムを掲載している。いま、私たちが文化財を理解する上で興味深いと思われる視点を示したものなので、併せてお読みいただきたい。なお、最後になるが、本書を貫く一つの方向性として、できるだけ、文化財を主語に執筆することを心掛けたことに言及しなければならない。それはこの序章に付した表題にある通り、今、置かれている立場が大きく変わろうとしている文化財が何を語ろうとしているのか、私たちは文化財から発信されるメッセージをどうよみといたらいいのか、こうした共通了解を下敷きにした試みとして、本書を企画したからである。

【付言】　文化財に類する語として、文化遺産がある。本書ではこの両者を明確に峻別していないが、藪田貫によれば、近年では文化財の語に対し、文化遺産の語が広く使われるようになっているという（藪田2020）。その一つの契機には、1992年に日本もユネスコ世界遺産条約への批准・締結があるとみられている。また、文化遺産には、「財」すなわちPropertyに対し、継承するというInheritという行為が含意される「遺産」Heritageとすることで、文化財保護の体系は保護対象の拡大と地域再生や町づくりの戦略として読み替え、活用へと転換に資するものと捉えられている。その一例ともいえるのが、日本遺産という枠組みということができるであろう。

**◉参考文献**

青木　豊編　2006『史跡整備と博物館』雄山閣

岩城卓二・高木博志編　2020『博物館と文化財の危機』人文書院

岩橋清美　2020「『集古十種』にみる松平定信の古物認識：「兵器篇」を中心として」『書物・出版と社会変容』24、書物・出版と社会変容研究会

呉修喆（Wu Xiuzhe）　2021「「文化財」を翻訳する」『奈良文化財研究所研究報告』第 28 冊、奈良文化財研究所

加藤公明　1991『わくわく論争！考える日本史授業』地歴社

國學院大學研究開発推進機構学術資料センター編　2020『文化財の活用とは何か』六一書房

鈴木廣之　2003『好古家たちの 19 世紀』吉川弘文館

竜田孝則　2021「成城学園初等学校における「柳田社会科」の実践とその廃止」『技術マネジメント研究』第 9 号、横浜国立大学技術マネジメント研究学会

段木一行　1999「文化財保護法制定以前―文化財の共通理解のために―」『法政史学』第 52 号、法政大学史学会

塚本　學　1991「文化財概念の変遷と史料」『国立歴史民俗博物館研究報告』第 35 集、国立歴史民俗博物館

藤野　敦　2020「地域資料が歴史教育を今につなぐ―中学・高校・大学・市民講座と地域資料―」地方史研究協議会編『日本の歴史を原点から探る―地域資料との出会い―』文学通信

薮田　貫　2020『大阪遺産』清文堂出版

米崎清実　2005『蜷川式胤「奈良の筋道」』解題、中央公論美術出版

## 文化財の保存科学
燻蒸から IPM へ

會田康範

燻蒸とは「燻し、蒸すこと」で、博物館等で文化財を保護する技術として長年活用されてきた。生物的要因由来の損傷や劣化を抑止し保護するため、主に臭化メチルを対象に噴射することで防虫・殺虫・殺卵・防黴処理する手法である。

博物館等には文化財を害虫などから守り適正な環境で収蔵保管する義務があり、その対策は不可欠である。害虫にはシバンムシ類、カツオブシムシ類、カミキリムシ類、キクイムシ類などがあり、これらによる被害を抑える燻蒸は、臭化メチルが地球のオゾン層を破壊し、地球温暖化を進めるとして 2005 年（平成 17）に全廃が決定されたことを契機に見直しが図られた。

臭化メチルに代替する薬剤として窒素ガスやブンガロンなどを用いた低酸素濃度化による処理方法も模索されているが、新たな文化財保護の技法として検討されている考え方が、総合的有害生物管理（IPM：Integrated Pest Management）である。この考え方は、1965 年（昭和 40）に国連食糧農業機関により農業における害虫防除方法として提唱されたもので、文化財保護においても同様の観点から検討が進められてきている。日本には伝統的に虫干しや風通し、曝涼といった伝統的な史資料の保存方法があったが、IPM の考え方もこれに類する。それは、害虫の生態を把握し、未然に防ぐという予防の観点から適した複数の防除法を合理的に統合し、害虫密度を被害許容水準以下に抑えるものである。そのためには、被害履歴を蓄積・共有し、日常的な管理体制の整備や点検を怠らないという基本原則があるだろう。

こうした現状において、近年、注目されているのが二酸化炭素殺虫処理である。ドイツなどでは早くから防虫に活用されてきた二酸化炭素は、35％以上の濃度で害虫の致死効果があるとされている。この処理法は、漏洩による人体や環境に影響するリスクが少ないと考えられるが、即効性はなく、害虫を死滅させるまでの時間を要する。最近では殺虫メカニズムや効果に関する試験的実施による結果も発表され、殺虫目的の処理方法として高度の気密性を保ち、加害虫の種類、処理温度、処理濃度に留意することにより十分に活用可能な方法だと評価されている。今後、こうした薬剤を使用しない効果的な文化財の保存科学の確立に向け、さらなる可能性の追究が期待される。

# 第1章 原始古代

埋蔵文化財　貝塚

# 縄文時代の貝塚が
# 現代に語りかけるものとは何か　　　山本哲也

貝塚から縄文人と自然とのかかわり方がみえてくる！

## 1　貝塚とは

### （1）貝塚の発見と調査研究、そして文化財としての位置付け

　日本の近代考古学の出発点が貝塚であるというのは、つとに有名な話である。1877 年（明治10）、エドワード・シルベスター・モースが汽車の車窓から貝殻の集積（堆積）地を発見し、間もなく発掘調査に取り掛かった、大森貝塚（東京都）である。2 年後には『SHELL MOUNDS OF OMORI』の報告書が刊行され、『大森介墟古物編』として矢田部良吉訳による邦文版の報告書も出されている。

　大森貝塚の報告書が刊行された 1879 年には、佐々木忠次郎ら日本人の手による初めての貝塚の学術的発掘調査が行われる。茨城県美浦村の陸平貝塚である。出土した土器は陸平（厚手）式と呼ばれ、対して大森貝塚出土土器を大森（薄手）式としてそれらの前後関係、つまり土器編年の検討が行われた。そこで佐々木は、両者の特徴の差を見出しつつ大森（薄手）式→陸平（厚手）式の順に変遷すると考えた。ただしそれは後に逆であることが確認され、現在に至る。とは言っても、それが考古学で行う基本研究の一つとしての土器編年研究では極めて早い事例となった。

　さらにその後、数多くの貝塚が調査されていく中で、地層累重の法則に基づき、貝塚の層位的発掘による縄文土器編年研究が進展し、また、縄文土器型式の標式遺跡としての貝塚も多々認められていく。そしてさらにその貝塚自体の形態や構成する要素（出土遺物）などから、縄文時代観を描き出す上で貝塚は重要な位置を占めていく。

　また、1926 年（大正 15）に東木竜七が貝塚の分布と地形高度から最大海進時の海岸線の位置を論じて以降、貝塚分布から海岸線の移動、即ち海進、海退が、随時論じられるようになった（東木 1926、小杉ほか 1989）のも、貝塚研究の一つの成果として認識される[1]。そういった研究からさらに、当時の地勢、即ち生活領域に関わる研究も進展していく。

　そして貝塚は、考古学（縄文時代）研究に欠かせない遺跡であることはもちろん、確たる"文化財"としての位置づけが認められるものである。

　1922 年、富山県朝日貝塚が"貝塚"の名称で史跡に指定された嚆矢となって以降、これまでに 70 の貝塚が国指定の史跡となっている[2]。そして、千葉県加曽利貝塚が 2019 年（令和 1）に特別史跡に指定された[3]。そしてさらに、2021 年、北海道・北東北の縄文遺跡群が世界文化遺産に登録され、構成資産 17 遺跡のうち、"貝塚"は北黄金貝塚、入江貝塚、高砂貝塚（以上、北海道）、田小屋野貝塚、二ツ森貝塚（以上、青森県）と、相応の位置を占める[4]。まさに"貝塚＝文化財"の地位は揺るがず、世界的な文化遺産として認められるのである。

## （2）貝塚とは何か

　さて、日本史の中で"貝塚"というと、縄文時代を代表する遺跡、またはその中の構造物であるとの理解が一般的ではないだろうか。縄文時代にのみ存在したというわけではないものの、貝塚＝縄文時代というイメージは強いだろう。

　その貝塚は、そもそも何であり、いかなる性格を持ったものなのか。

　食料残滓が集積した場所という見方から、"ゴミ捨て場"という認識は、今なお強いと思われる。しかし、貝塚研究においては、単なるゴミ捨て場説ですべて語られてきたわけではない。

　まず、貝塚調査の出発点でもあった大森貝塚の報告では、ゴミ捨て場として認識された。モースが 19 世紀半ばのデンマークにおける貝塚調査での発表を知り、同様に判断したものだった。が、その後は種々考察が加えられ、貝塚研究を彩ってきている。

　その貝塚の性格に関する研究は、高梨利夫が俯瞰している（高梨 2018）。そこでは学説として、「掃き溜め説」（坪井正五郎）、「物送り場説」（河野廣道ほか）、

「聖地・墓地説」（ジェラード・グロート）、「物々交換の市場説」（坂詰仲男）、「干し貝加工場説」（後藤和民ほか）、干し貝加工場説に反論した「調味食材説」（西野雅人）など、多様な機能が考え出された経緯が窺える。

　もちろん、貝塚がすべてどれかの機能と一つに限定できるものではない。しかし、少なくともゴミ捨て場と言って棄てるほど単純ではないと言うことなのだ。

　ただ、その主たる構成要素は貝殻が基本と言える。ゆえに"貝塚"なのである。とは言っても、貝殻だけで構成される貝塚は、むしろ少数派である。土器、骨角器、石器といった人工品や、人骨、動物遺存体など、多種多様な遺物の存在が認められ、それらは貝塚の性格を考える根拠たり得るのである。

　そもそも"ゴミ捨て場"から人骨が出土する、つまり墓（域）をそこに求め、作ることに対しては違和感を覚えるのではないか。まずは、一旦ゴミ捨て場という考え方を外して次に進みたい。

## 2　貝塚の歴史的背景とよみとく視点

### （1）貝塚が示す縄文時代観
　さて、貝塚を代表として語ることが可能な縄文時代である。しかし、縄文時代の痕跡として認められるのは貝塚のみでないことは当然であり、一般的には縄文土器や土偶、竪穴住居、そして人骨など多々ある。とは言え、それらの遺物や遺構、動植物遺存体などは、貝塚からも検出されるのであり、貝塚という構造体で見るのではなく、そこからさまざまな情報が抽出され、縄文時代観が構築されていく。

　遥かなる過去の事実が、現代の我々に訴えかけるものとは何か、それを考えなければならない。歴史というのは、単に昔どうだったのかを覚えることではなく、それが今に活きる何かを示せなければならないだろう。

　貝塚が示す縄文時代観とは何か。それを考えてみることとする。

　そこで、ここでは貝塚から出土する人骨に特に眼を向けたい。というのも、日本という基本的に酸性土壌の地質帯においては、動植物遺存の過度な期待はできない。しかし貝塚では、貝殻のカルシウム分に守られ、人骨の遺存が逆に大いに期待できるのだ。

その縄文人骨研究から何を考えるかである。

大森貝塚では食人の風習があったと見られることが最初に報じられたが、それは事実とは異なることが今では判明している。

人骨から縄文人の平均寿命の計算も可能である。現代の日本人は男女とも平均寿命80歳以上で、2019年の統計では世界の中で最も長い[5]。それに対して縄文時代はどうかというと、その平均寿命の研究を最初に行ったのは小林和正で、1967年のことだった（小林1967）。小林は15歳以上の人骨を対象に、その平均余命を計算。その結果、男女ともに31歳ほどとなった。「縄文人30歳説」が登場し、しばらくはそれが独り歩きした感がある。しかしそれもすでに半世紀以上前の成果である。近年さらに研究は進み、46歳余りという成果も挙がっている（長岡2010）。また、小竹貝塚（富山県）では、縄文時代前期の91体の人骨が出土。そのうち性別、年齢が判明している例は41個体あり、青年（10代後半〜20代）が男女計18個体（44%）、中年（30代〜40代）が計13個体（32%）、老年（50代以降）が計10個体（24%）となっている。これらからいずれ平均寿命にも言及されるだろうが、青年の個体数の多さは念頭に置いておくべきかもしれない（松井2020）。

ところで平均寿命が短い故に、それをもって縄文時代を極めて厳しい時代と言うべきなのか。そこは考えどころかと思う。現代はあまりにも多くの趣味嗜好に彩られた時代であり、また、就業体制や法令制度に縛られた中で、長生きとは言え余裕を失っているのが現代と言えるのかもしれない。それに比して、縄文時代の時間の流れはどうだったのか。その上で、寿命というものを考えても良いだろう。

さて、その平均寿命であるが、縄文時代に限らず現代に至るまで各時代の平均寿命についてそれ相応の研究が行われ、少なくとも現代より過去の方が短いというのは容易に推定され、そのとおり、縄文時代は極めて短いと考えることができる。

しかし、そこで過去の平均寿命の短さを嘆くのが歴史の意義ではない。見落としがちな現代への視点があると考えることができるはずなのだ。

日本史として「日本」を基準に考えると、現代日本人の平均寿命と縄文時代や他の時代の平均寿命を単純に比較してそれで終わりとなってしまう。そこを、広く世界的視点で見るとどうか。

　日本人が最も平均寿命が長いとされた上記の 2019 年の統計では、レソト
が 50.7 歳で最も短い。日本人より約一世代分短いと言える。しかし 2010 年
頃までは、アフリカ大陸において平均寿命 40 歳台という国は多かった。レ
ソトはもちろん、ジンバブエ、アンゴラ、モザンビーク、シエラレオネなど
多々あった。シエラレオネは、世界で最も平均寿命が短い国と言われていた
時代もある（山本 2012）。今（2019 年）でこそ 60.8 歳の数値を示すが、20 年程
前は 40 歳を切っていた。エイズなどの感染症、内戦（隣国リベリアの干渉による）、
そして民族的風習にもその理由があると言う[6]。

　過去に目を向け、現代を見る。それは、日本国内にとどまっていては、真
を見落とすということなのだ。

　そして縄文人骨研究の成果として注目すべき重要な視点が、当時の戦争の
有無を判断する根拠となり得るかもしれないということだ。

　そこで注目されるのが、中尾央・松本直子らの研究である。

　中尾、松本は、「日本先史時代における暴力と戦争」と題し、その研究成
果を公表した（Hisashi Nakao et al. 2016）。受傷人骨に関するデータをヨーロッ
パやアメリカ、アフリカなどのデータと比較し、「戦争は人間の本能である」
というホッブズ以来の主張が裏付けられるかどうかを検証したものである。

　公表されている成果の骨子は次の通り。

⑴　約 1 万年におよぶ縄文時代の受傷人骨データを網羅的・体系的に収集
　　し、暴力による死亡率を初めて数量的に算出した。データ総数は 2,582
　　点（人骨出土遺跡数は 242 箇所）、うち受傷例は 23 点、暴力による死亡率
　　は 1.8% である。

⑵　縄文時代の暴力による死亡率は、さまざまな地域、時代の狩猟採集文
　　化における暴力死亡率（10 数 %、今回の成果の 5 倍以上）にくらべて極め
　　て低い。

⑶　戦争の発生は人間の本能に根ざした運命的なものではなく、環境・文化・
　　社会形態などのいろいろな要因によって左右される。

⑷　縄文時代の研究は、さまざまな地域で生じ、終わることのない戦争・
　　紛争の原因をどこに求めれば良いのかについて、考古学や人類学から
　　研究を進める上で重要である。

受傷人骨の存在は、早くから認められている。腸骨に石鏃が刺さった三貫

地貝塚（福島県）の例や、頭頂部が石斧で加撃された伊川津貝塚（愛知県）の例など、著名な貝塚遺跡にも見られ、受傷事例は 20 を超える（内野 2013）。

　縄文時代のあとの弥生時代になると、戦争という状態と容易に推定できる遺跡での遺構や人骨等検出事例が多くなるのは確かである。縄文時代において、遺跡や遺構等から戦争の痕跡を見出すのは現状では困難で、人骨研究に委ねられている側面は強い。

　結論を急ぐつもりはないが、いずれにしても、中尾・松本らの研究を評価するに、縄文時代に「戦争」があった可能性は低いということになる。しかしそれは、縄文時代が単に「平和な時代」ということではない。集団的暴力、または集団対集団として殺戮がなされる「戦争」の存在の可否であって、暴力の痕跡は認めざるを得ない。つまり、すべての暴力まで否定はしないが、本能としての人間＝戦争ではなく、人間≠戦争と言える可能性を見出すことにこそ、縄文人骨研究への大いなる期待となって顕れるのである。

　哲学者・梅原猛は、遺稿で「第Ⅰ部 新しい人類の定義、それは「戦争する動物」」に「第一章 同類の大量殺戮を行う動物種」を立て、「このような同類殺害は、動物行動学的に見て、特殊な場合にのみ起こりうる現象である。しかし人間のように、集団同士が戦い、大量の同類を殺し合うということは、他の動物にはありえない。動物行動学でも理解できない現象といわれている」とした。

　つまり、「人間とは戦争する動物である」ということなのだ。ホッブズにしろ梅原にしろ、哲学的には人間＝戦争を述べているのである[7]。この哲学的な考え方に、縄文時代は当てはまるのか否か課題として突き付けるのが、貝塚からの出土例を代表とする縄文人骨研究なのである。

　哲学的な考え方に変更を迫ることができるとするならば、人骨研究により縄文時代の非戦争の可能性が明らかになることを期待する所なのだが、そこは今後の研究の進展を冷静に見守る必要があるだろう。


## （2）自然との共生

　縄文時代は「自然との共生」の時代である。それは"飼育"・"栽培"という「自然の人工化」を図りつつのことである。"縄文姿勢方針"（小林 1996）とは、噛み砕いて言えば"自然との付き合い方"となるだろう。1万年以上続いた時

代、まったく同様に推移したわけではないが、その基本に「自然との共生」を置くことは、決して過大な評価ではないはずである。

　そして、それを筆者は若干言い換え、「縄文人は自然と上手く付き合ってきた」と説明する。そして、「自然界のあらゆるものをうまく利用する」姿勢があったとも言う。世界に先駆けて漆を利用する技術を獲得するなどは、その典型と捉えるのだ。その自然との付き合い方こそが、単に歴史、つまり過去としての縄文時代ではなく、現代に活きる、そして現代に活かせる"縄文時代"だと考える。

　その一つの視点が、中尾・松本らの研究から導きだせるのではないかと考えている。1万年以上にわたり、もしかして戦争という行為がなされなかったかもしれない縄文時代の姿を思い描いても良いのかもしれない。暴力が皆無ではないという前提のもとではあるものの、縄文時代の戦争の有無を考え、ほとんどなかったのではないかと思うに、それをどうこれからに活かすかを考えるのだ。

　その時に示唆を与えてくれるかもしれない話がある。写真家の田沼武能[8]の談話で、世界各地の難民キャンプなどの取材活動を行ってきた田沼の、その取材活動で考えた、その話である（田沼 2005）。

　タンザニアでの話。大干ばつで、川が干上がってしまった。そこで子ども達が、村から5kmも10kmも歩いて川底を掘りに行くと言う。ようやく沸き上がった水に跳びつきたいところだが、小さな子から順に水を飲ませていると言う。そして、それらの子ども達にカメラを向けると、実にいい笑顔を向けてくれると田沼は言う。"自然"というのは、時に試練を与えるが、秩序や笑顔までは奪わない…と。

　そして、アンゴラでのこと。そこで見た9歳の女の子。彼女には両腕が無い。内戦が起こり、ゲリラに両腕とも切り落とされたのだ。さらに、その子の両親が目の前で殺されているとも言う。田沼は、その子には一生笑顔は戻らないのではないかと言う。

　田沼は言う。人間の笑顔を奪うのは、"自然"ではなく、人間が作り出した"戦争"だ…、と。

　縄文時代は、果たしてどうだったのか？

　自然と上手く付きあい、戦争という暴力に傾かなかったかもしれない縄文

時代。その縄文人の笑顔は、目は。それを想像するのである。

　ここで結論を出すものではないが、縄文姿勢方針、そして自然との共生は、さまざまなヒントを与えてくれるし、示唆に富んでいるとは言えまいか。一考の余地はあると考えている。

## 3　文化財を学びに活かす―縄文時代が現代に問うもの―

　縄文時代という過去の姿をいかに現代に投影するか。それを考えることこそが重要である。前項では貝塚等出土の縄文人骨研究から、非戦争の可能性、そして、哲学的な考え方に変更を迫り得る可能性があることに言及してきた。

　ただ、縄文時代＝貝塚という訳ではなく、そのほかのさまざまな事象が現代にさまざまなヒントを与えてくれるのも確かである。

　縄文時代の遺構として、生活にある意味直結し、また時に精神的な側面を見せるのではないかと考えられるものがある。「記念物」と呼称しているもので、ストーン・サークル（環状列石）などはその好例である。また、木柱を立てるということもある。その木柱も、彫刻された例が出土することがある。

　その記念物にはどのような意味があるのかを考えるとき、縄文時代からのヒントを、現代人はしっかり受け止めるべきではないか。

　世界遺産に登録された遺跡の一つ、三内丸山遺跡はさまざまな遺構が検出され、その中で異彩を放つのが、大型の六本柱の痕跡である。当該遺構には、建物説と巨木柱列説の２つの学説が存在する。とは言うものの、遺構名は「第26号掘立柱建物跡」とされる。遺構名をそのまま読めば、屋根を持つ建物が建っていたことになる。しかし、太田原潤は、論理的にそれを明快に否定し、木柱列説を唱える（太田原2001）。

　そこで現在復元されている構造物だが、建物説、木柱列説双方が譲ることなく、遺跡内には折衷案として、屋根無しの三層構造の掘立柱建物状の建築として復元されている。

　しかしここでは太田原説を支持し巨木柱列とした上で、さらに記念物の一つとして縄文時代が現代に問うものを考えたい。

　この記念物・巨木柱列は、二至二分に関係すると太田原は考え、その根拠

を明快に論じる。4.2mの等間隔に配置された3本2列の長方形状に配置された3本2列の長方形状に配置されたその柱穴の長軸方向は、夏至の日の出、冬至の日の入りの方位を指す（図1）。対角線の一方は東西を指し、春分、秋分の日の出、日の入りの方位となっている。夏至には2列の間に日が上り（図2[(9)]）、冬至には2列の間に日が沈むことが確認される。また冬至の日の入りの影は高森山方向を指し、夏至の日の出の影は岩木山方向を指すという。また太陽正中時にも注目し、その厳密な規格性を見出しているのである。

　なお、二至二分に関する事例を太田原の事例を元に著名な三内丸山遺跡に求めたが、ほかにも同様に認められる縄文遺跡は多々存在する。

　大湯環状列石（秋田県）では、野中堂（環状列石）の中心部からその日時計状組石、そして万座（環状列石）の中心とその日時計状組石が一列に並び、その先が夏至の日の入りの方向となっている。また、天神原遺跡（群馬県）では、妙義山の三峰と対応した3本の立石を擁する配石があり、春分、秋分の日には、太陽が妙義山に沈む。

　そのように二至二分に関する事例は枚挙に暇がなく、偶然の一致を脱して

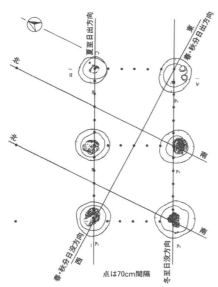

図1　三内丸山遺跡・巨木柱列から
　　　見た夏至の日の出

図2　六本柱巨木柱列と方位

いるとの判断は強ち間違いではなさそうだ（小林編2005）。

　つまり、縄文人は自然と付き合う中で、太陽を見つめていると言うことができる。それは、太陽が照らす時間帯の中で主に生活しているということであり、太陽と付き合っているということになるのだ。

　そのように、記念物が縄文人の太陽と付き合っていた証拠と考えられるのに対し、現代人はどうか。それを思うと、頭を傾けてしまう（もちろん筆者も現代人のその一人であるのだが）。

　「朝は〇時に起きます。」、「夜は〇時頃就寝します。」。現代においてそういった言い方は至極当然されるだろう。しかしそこに"お日様"の光は無関係であり、自然はほとんど意識されていない。

　つまり、現代人は太陽と付き合っているのではなく、時計の時間と付き合っているのだ。

　2011年（平成23）3月11日、東日本大震災。そして、福島原発の事故。そこで、節電の必要が唱えられ計画停電という事態に陥った。その計画停電は、人びとからその記憶が徐々に薄れかけているかもしれない。しかし、地球環境のことを考えると、原発事故に依らず、節電への意識は当然あって然るべきであろう。しかし実際はどうか。

　時計の時間と付き合い、お日様の光とは無関係な状態を続けることで、果たして今後どうなるのか。

　それを如何に反省、修正し、徐々に自然との付き合い方を取り戻すのか。そこにこそ、遥か昔の縄文時代にそのヒントを求め、見つめ直すことにこそ意味があると考える。

　では、それらをどう伝え、何をどう学び考えてもらうのか、である。

　筆者は、博物館やその他さまざまな場面において「縄文時代を学ぶのは、単に「昔こうでした」ということを知ることではない」と言っている。そして「縄文時代を学ぶ」のではなく、「縄文時代から学ぶ」べきという旨の解説を常に心がけている。

　地球環境を考え、人間の心理を考えるそのヒントが縄文時代にあり、その縄文時代を知る手がかりが、貝塚を初めとする多くの遺跡、遺構、遺物にあることを伝えるのだ。そしてそこから個々に考えを巡らせ、個々の学びに繋げてもらうことこそが、縄文時代の理解を求める第一の目的なのである。

　もちろん、決して縄文時代に戻る必要もなく、そうしなければならないのではない。自然との共生を改めて考え、一つひとつ何かを実行するためのヒントを縄文時代に求めるということである。世界の他の地域にはない、日本の歴史の中に厳然と存在した縄文時代という「自然との共生」の時代が現代に問いかけることに耳を傾けるべきなのだ。

●註
(1) ただし、貝塚の位置は海進・海退時の海岸線（汀線）を示すと短絡的に判断してはいけない（富岡2010）。太平洋側と日本海側とでは、その様相が異なることも指摘されている（町田2009）。もちろん、内陸部に海棲の貝を包含する貝塚が存在することで、海進が一程度進んだという事実を示す指標足り得ないということではない。
(2) 文化庁HP「国指定文化財等データベース」
　（https：//kunishitei.bunka.go.jp/bsys/searchlist）（2021年8月31日閲覧）
(3) 他に特別史跡に指定されている縄文時代の遺跡は、三内丸山遺跡（青森県）、大湯環状列石（秋田県）、尖石石器時代遺跡（長野県）で、加曽利貝塚は、貝塚として唯一の特別史跡である。
(4) 関連資産としての長七谷地貝塚（青森県）もある。
(5) WHOが発表した2021年版の世界保健統計（World Health Statistics）によると、平均寿命が最も長い国は日本で84.3歳。
(6) （山本2012）によると、出産後、胎児のへその緒を、大地に感謝する意味で地面に擦り付け、破傷風を発症し死亡に至るケースがあるという。
(7) なお、人間以外の動物にも戦争という行いがあるのではないかという考えの立場があることは確かである。しかし、米国ジャクソンビル動植物園で哺乳類部門の責任者を務めるダン・デンビエックの言説から否定されてしかるべきと思われる。動物たちは時に食物などの資源をめぐって争い、そのために組織的な動きを見せることもあるのは事実だが、「戦争」という言葉は「人間を除く動物界での争いを表すには不適切」と言うのである。
　NATIONAL GEOGRAPHIC「動物たちも「戦争」をするのか？奴隷狩りをするアリ、他の種を襲うハチなど動物界の事例を検証」（https：//natgeo.nikkeibp.co.jp/atcl/news/16/020200038/）（2021年8月31日閲覧）
(8) 1929年生まれ。2019年文化勲章受章。
(9) 太田原潤氏提供。なお図2は（太田原2001）からの転載。

●参考文献
東木竜七　1926「地形と貝塚分布より見たる関東低地の旧海岸線」『地理学評論』2
内野那奈　2013「受傷人骨からみた縄文の争い」『立命館文學』633、立命館大学人文学会
梅原　猛　2019「遺稿『人類の闇と光（仮題）』」『藝術新潮』70－4、新潮社
太田原潤　2001「三内丸山遺跡の六本柱は建物か」古代学研究所編『東アジアの古代文化』106、大和書房
小杉正人・金山喜昭・張替いづみ・樋泉岳二・小池裕子　1989「古奥東京湾周辺における縄文時代黒浜期の貝塚形成と古環境」『考古学と自然科学』21、日本文化財科学会
小林和正　1967「出土人骨による日本縄文時代人の寿命の推定」『人口問題研究』102、国立社会保障・人口問題研究所
小林達雄　1996『縄文人の世界』朝日新聞社
小林達雄編　2005『縄文ランドスケープ』アム・プロモーション

髙梨俊夫　2018「環状貝塚の本質―特別史跡指定に寄せて加曽利貝塚を考える―」『貝塚博物館
　　紀要』44、千葉市立加曽利貝塚博物館
田沼武能　1996『トットちゃんが出会った子どもたち』岩﨑書店
田沼武能　2004『60 億の肖像 田沼武能』（財）東京都歴史文化財団・東京都写真美術館
田沼武能　2005「子どもたちの輝く瞳をみつめて」『ラジオ深夜便』64、NHK サービスセンター
富岡直人　2010「古海況・魚貝類相の変遷」『縄文時代の考古学 4 人と動物の関わりあい―食糧
　　資源と生業圏』同成社
長岡朋人　2010「縄文時代人骨の古人口学的研究」『考古学ジャーナル』606、ニュー・サイエ
　　ンス社
町田賢一　2009「また・北陸地方における貝塚のあり方―貝層から見た縄文海進―」『富山考古
　　学研究』12、財団法人富山県文化振興財団 埋蔵文化財調査事務所
松井広信　2020『令和 2 年度 特別展図録 BONE 骨―貝塚で知る生命の証―』富山県埋蔵文化
　　財センター
山本敏春　2012『世界で一番いのちの短い国：シエラレオネの国境なき医師団』小学館
Hisashi Nakao, Kohei Tamura, Yui Arimatsu, Tomomi Nakagawa, Naoko Matsumoto and Takehiko Matsu-
　　gi 2016 "Violence in the prehistoric period of Japan: the spatio-temporal pattern of skeletal evidence
　　for violence in the Jomon period." *Biology Letters*.12（3）

埋蔵文化財 木簡

# 木簡を何に使ったのか

島村圭一

木簡から古代の人々のくらしがわかる！

## 1 木簡とは

### （1）木簡の形状と用途

　木簡とは、木片を書写材料に用いたものである。「簡」には文字の書かれた竹札という意味もあるが、この場合は文字の書かれている札の意に用いられ、竹片に墨書されたものは「竹簡」と呼ばれている。紙が発明される以前の中国では、竹や木がおもな書写材料であった。木簡は長さが１尺ないし１尺５寸で、簡の一面にしか墨書せず、複数の細長い短冊形の簡を紐で編んで連ねており、中国では簡を紐で連ねたものが出土している。紙の発明後も木簡は用いられており、それぞれの素材の特徴を生かして、長い文章を書くときや正式の文書を作る際には紙が、簡単な用件を相手に伝えたり、メモをしたりする場合には木簡が多く使われていたようである。

　日本古代の木簡は、中国の魏・晋代の木簡に類似したものが多い。日本の古代の木簡はその記載内容から、①文書文簡、②付札木簡、③習書木簡などに分類できる。①文書木簡は、官庁間で取り交わす授受関係が明らかな文書と、物品の出納などがメモされた記録とに分けられる。②付札木簡には、庸などの貢進物に付けられた荷札と、物品の管理整理用の付札がある。③習書木簡は、文字の手習いや落書きの類である。中には『論語』や『千字文』などの中国典籍の一部を書写したものもあり、当時の官人の学習の様子をうかがうことができる。

　木簡の形状は、短冊形が多く、付札類には短冊形の材の両端または一端近くに左右から切り込みをいれたものと、短冊形の材の一端をそのままに、他

端を尖らせた形態のものとがある。材の多くは檜や杉であり、加工しやすい樹種が選ばれたのであろう。出土する木簡は完形のものは全体の2〜3％に過ぎず、多くは木簡の墨書面を削り取った削り屑である。使用された木簡の墨書面を小刀などで削り取り、再度利用していたことがわかる。これからの削り屑に記された文字から、貴重な情報を得られることもある。

　日本最古級の木簡は、山田寺跡（奈良県桜井市）から出土した習書木簡の削り屑であるが、641年に始まった山田寺の造成土の中からみつかったこの木簡は、それ以前のものと考えられている。年代が記された最古の木簡は、難波宮跡（大阪市）から出土した「戊辰年」と記されたと記されたもので、「戊申年」は西暦648年と推測される。

　670年代の天武天皇の時代になると、多くの木簡が作成・使用されるようになったようで、出土点数は飛躍的に増加する。現在確認されている木簡のうち天武天皇の時代より前のものは100点程度であるが、7世紀末から8世紀にかけての藤原京の時代には藤原宮跡や畿内周辺だけでなく、東北から九州にいたる日本列島各地の遺跡から木簡が出土し、その点数は3万点をはるかに超えている。天武天皇から持統天皇の時代にかけて、地方行政組織が整備され、諸国から都に税を納入したり、都で労働に従事するために民衆が徴発されたりしたため、諸国からの荷札などとして多くの木簡が用いられるようになったのである（奈良文化財研究所編2020）。こうして、多くの木簡が作成され、「木簡の世紀」と呼ばれる時代を迎えることとなった。

## （2）木簡の出土

　現存する木簡は正倉院に伝世されているもの（文書木簡約10点、付札木簡約50点など）を除くと、遺跡から出土したものである。日本列島における古代の木簡の最初の出土事例は、柚井遺跡（三重県桑名市）で1928年（昭和3）に発見された「桜樹郷」と記されたもみの付札である。その後も出土例があるが、古代の木簡の重要性を決定づけたのは、1961年1月に奈良国立文化財研究所（現在の奈良文化財研究所）による平城宮跡の発掘である。その後、全国で発見された木簡は50万点に及ぼうとしているが、その7割は古代の都とその周辺で見つかったものである（奈良文化財研究所編2020）。

　2017年（平成29）には、平城宮跡出土木簡が国宝に指定された。平城京跡

の複数の地点から発見された木簡が、2003年から2015年の4回にわたって重要文化財に指定されたが、これらに309点を新たに追加して、3,184点が一括して国宝に格上げされた。これは、木簡の歴史的価値の高さが認められたことによるものである。

　現在確認されている最古の木簡は、1400年ほど前のものである。木製品がこれだけ長い時間を経ても腐らずに残るためには、常に乾燥した環境か、逆に湿潤な環境が必要である。湿潤な気候である日本列島では、正倉院のような特殊な環境を除き、常に乾燥した状況は望めない。したがって、木簡が腐らずに残るためには、十分な地下水が必要になる。地中の日光と空気から遮断された環境で、十分な地下水から水分補給を受けることにより、紫外線と酸素の影響が少なく、バクテリアの活動が最小限に抑えられるため、木簡は腐らずに残ることが可能となる。乾燥した状態で木簡（簡牘）が出土する中国西域の敦煌や楼蘭などとは異なり、日本では、自然流路や溝、土坑（ごみ捨て穴）などがら、多くの木簡が出土するのである。

### （3）史料としての文簡

　史料としての木簡の性格について考えてみたい。木簡は、「紙が貴重だったのでそれを補うために利用された」と考えられていたこともあるが、紙と木が使い分けられていたことがわかってきた。木は、丈夫で加工が容易であり、削れば再利用できるという特質を持っている。そこで、荷札のような使われ方や、日常的な記録にも多く活用されていた。日々の物資の出し入れを木簡に記録し、月単位の正式な報告書は紙の文書に清書するといったことが行われていたようである。木簡は、小さな穴をあけて紐を通してカードとして整理することができ、また、表面を削って書き直すこともできたため、便利に活用されたのである（佐藤2002）。

　木簡の史料的特徴として、佐藤信は、①同時代の一次史料であること、②日常的史料であること、③地方的史料であること、④発掘によって出土した考古学的遺物であることの4点を挙げている（佐藤2015）が、このような特徴から、木簡を生かすことにより、これまで描かれていない歴史像を描くことが期待できる。古代史の叙述は、史料的な制約もあり、『日本書紀』をはじめとする編纂された正史によるところが大きい。しかし、編纂物は一次史

料ではなく、編纂した主体（当時の政権）の意図を色濃く反映しているので、記述されていないことも少なくない。そこで、正史に描かれていない、歴史の空白を埋めるために、木簡は有効となるだろう。

　中学校や高等学校の歴史学習では、縄文時代や弥生時代の歴史を、衣食住を中心に当時の人々の生活について学ぶが、古墳時代以降は、政治的な動向に関する学習が増え、民衆の様子について学ぶことが少なくなる。授業時間や教科書の分量などの制約もあろうが、子どもたちが正史に描かれていない歴史についても学び、多面的・多角的な歴史学習による豊かな歴史像を構築して欲しい。木簡からは、正史や公文書には遺されない当時の人々の日常の暮らしをよみとくことができる。木簡の研究が一層進展することにより、新たな歴史を描くことができるようになることが期待できる。

## 2　木簡の歴史的背景

　木簡は前節で述べたような性格を有し、木簡の発見や木簡の記述の分析などから、新たな事実が判明したり、それまでの論争に決着がついたりしたことも少なくない。それらのうち、代表的なものを挙げて木簡の歴史的背景や歴史的意義について考えてみたい。

### （1）郡評論争

　『日本書紀』に記載されている646年（大化2）の大化改新の詔に、地方を「国」と「郡」と「里」を単位として組織する制度の施行も含まれている。これを信頼すれば、大化年間に郡の制度ができたことになる。『日本書紀』には、これ以降「郡」の文字が多く出てくるが、他の史料には、「郡」にあたるところに「評」の文字をあてた史料が多数ある。「評」と「郡」は、どちらも「こおり」と読むが、その関係はどうなるのか。同時に併存した別の制度で、性格が異なるのだとみる説や、「評」をのちに「郡」の文字に変えたのだとする説など、議論が交わされ、この議論は「郡評論争」と呼ばれている。

　この論争に終止符を打ったのは、1967年に藤原京跡から出土した史料1のような記載のある荷札木簡である（図1）。

　「己亥年」は699年、「上狭国阿波評」は上総国安房郡でのちの安房国安

史料1　評と記載された荷札木簡

> 己亥年十月上狭国阿波評松里［以下欠損］

図1　評と記載された
荷札木簡
（奈良県立橿原考古学研
究所提供）

房郡である。この木簡により、7世紀末まで「郡」で
はなく、「評」であったことが明らかとなった。その
後も、「評」と記された7世紀の木簡が発見されてい
るが、701年（大宝元）を境としてみられなくなり、そ
れ以降の木簡の記載は、「評」はなく「郡」のみになっ
た。701年には大宝律令が施行されており、大宝律令
の規定で「評」が「郡」に変更されたのである。

　木簡の発見により「郡評論争」には決着がつき、大
化改新の詔は『日本書紀』編纂の際の知識によって書
かれていることがわかった。『日本書紀』の記述によっ
て描かれた歴史が、藤原京から出土した木簡によって、
書き換えられたのである。

　さらに、編纂の際に書き換えられたのは「郡」だけ
でないこともわかった。改新の詔にある「サト」は「里」
ではなく、「五十戸」と表記されていたことが、近年
の木簡の出土により判明した。出土した木簡から判断

すると、「五十戸」が「里」に切り替わる時期は681〜683年頃となるという（市
2012）。このことからも、『日本書紀』にある改新の詔は、編纂の際の知識によっ
て書き換えられたものであると考えることができる。


## （2）長屋王家木簡

　1986年に始まったデパート（奈良そごう）建設に伴う発掘調査で、平城京
左京三条二坊一・二・七・八坪という大規模な邸宅跡が確認された。この発
掘調査によって、平城京遷都当初の遺構や遺物が大量に発見されるなど、そ
の後の研究の進展に大きな成果があったが、特筆すべきは、35,000点に及ぶ
木簡群の発見である。

　木簡の中には「長屋親王宮鮑大贄十編」（図2）の記載があり、様々な議論
の末、この邸宅は長屋王のものであることが明らかになった。平城京内では

**図2　長屋王家木簡**
（ColBase〔https://
colbase.nich.go.jp/〕より）

発掘調査で邸宅の主人が判明した稀有の事例であり、木簡群は「長尾王家木簡」と命名された。長屋王は天武天皇の孫で、父は高市皇子、母は天智天皇女御名部皇女（持統・元明天皇と姉妹）である。高市皇子は、母親が地方豪族出身であったため、天武天皇の最年長の男子でありながら、皇太子にはなれなかったものの、皇太子草壁皇子の死後には太政大臣として持統天皇の政治を輔佐した。長屋王は、草壁皇子と元明天皇の娘吉備内親王を妻に迎えており、吉備内親王の兄弟には文武天皇、元正天皇がいる。藤原不比等の娘も妻としており、皇族の中でも最高の血統を誇る一族だったといえよう。

　律令体制の構築や平城京への遷都などを推進した藤原不比等が720年（養老4）に世を去ると、長屋王が中心となって不比等の路線を引き継ぎ、様々な政策を行った。しかし、729年（神亀6）2月10日の夜、長屋王に国家転覆の嫌疑がかけられて、長屋王邸を六衛府の兵が取り囲んだ。12日、長屋王は妻子に毒を飲ませ、自らも服毒自殺をした（長屋王の変）。

　図2の木簡をみてみよう。これは荷札で、進貢元は省略されているが、進貢先である「長屋親王宮」、進貢した品目「鮑」、数量「十」が読み取れる。天皇の孫である長屋王が、天皇の子や兄弟を意味する「親王」と呼ばれていることや、天皇に献上される供御（食料）を意味する「贄」が記されていることなどから、長屋王が従来考えられているより、さらに高い地位にあったことが推測できる。

　長屋王家木簡の発見には、次の3つの意義があるとされる。第1に、左京三条二坊一・二・七・八坪に遷都当初から長屋王邸が置かれ、長屋王が729年に自刃するまで、そこで暮らしていた事実が明らかになったこと。第2に、律令国家から三位以上の貴族たちに与えられた家政機関の運営について、実態を明らかにする一次史料が発見されたこと。貴族の家政について

は、これまで文献史料から断片的にうかがい知るだけだったが、木簡の記述から解き明かすことができた。第3に、それまで平城京で見つかっていた木簡を相対化し、あらためて検証し直す契機となったことである（渡辺2010）。

　長屋王家木簡の読解が進み、研究が進展しているが、35,000点に及ぶ木簡は1300年の時を超えて、様々なことを伝えてくれる。例えば、穀物、野菜、果実、獣肉、魚介、海藻、調味料、漬物など多くの食材に関する記載があり、当時の貴族社会の豊かな食生活をうかがうことができる。荷札からこれらの食材は地方からもたらされたものであり、確認されただけで、39か国に及んでいる。また、平城京周辺の菜園から日常的に野菜が届けられていたこともわかった。家政機関に関する木簡からは、馬・犬・鶴などの動物を飼育する「所」が設けられていたことがわかり、犬に白米が支給された記録もみられる（東野1996・1997、渡辺2009・2010、木簡学会編2010）。これらの成果に学び、これまでにない歴史像を描くことが期待できる。

　長屋王邸の発掘調査は、空前の成果をもたらしたが、遺跡は保存されることなく、デパートは予定通り建設された。遺跡に配慮したためか、デパートには地下売場が設けられなかった。デパートは2000年に閉店し、現在は、別の商業施設となっている。わずかに、店舗の裏にある「長屋王家木簡の発掘地」の記念碑と店舗の表にある「長屋王邸跡」の案内板が、ここに長屋王邸があったことを伝えている。

### （3）未完成の藤原京

　1977年に、藤原京の大極殿のあった場所の北側から幅6～10m、深さ2mほどの大溝がみつかり、その中から、建築部材や牛・馬の骨とともに、124点の木簡が出土した。これらの木簡の中に、壬申年（682）、癸未年（683）の税物に付けられた荷札と、甲申年（684）の出勤記録が含まれていた。他に683年頃以後の「里」制下の荷札木簡などがあり、全体として、天武朝（672－686）末年頃の木簡群とみられる。この木簡群から、これまで考えられていた藤原京とは異なる姿が明らかになった。以下、市大樹の研究などに学びながら、「未完成」ともいうべき藤原京の造営について考えてみたい。

　この大溝は、藤原宮造営時の運河と考えられるが、天武朝末年頃の木簡が資材運搬用の運河から出土したことで、藤原宮の造営が天武天皇の時代にま

で遡ることが想定される。藤原京の建設は、持統朝の690年に始まると考えられてきたが、この木簡群の出土から、再検討の余地が出てきたのである。これにより、『日本書紀』の読み直しが進んだ。現在、藤原京造営の出発点と考えられている史料は、676年是歳条の「新城に都をつくろうとした。しかし、その範囲にあった田園は、公私にかかわらず、皆耕さないまま、ことごとく荒廃してしまった。結局、都をつくることはできなかった」という記事である。「新城」は、地名（大和郡山市新木）という理解もあったが、これは「新しい都城」の意であり、のちの藤原京に直接つながると考えられる。この記事によれば、新城の範囲が定められたが、これが藤原京と完全に重なるかどうかは不明である。一部の工事は行われたが、田畠の荒廃をもたらしたため中断されたという。

　造営工事が再開されたのは、6年後の682年である。天武天皇は、同年3月1日に三野王や宮内大夫らを新城に派遣するとともに、3月16日には自ら新城に赴いた。そして、684年3月9日には「京都」に行幸し、「宮室の地」を定め、藤原宮の場所が正式に決定された。この「宮室」はどの宮に相当するのか不明であったが、運河出土の木簡群によって、「宮室」が藤原宮を指すことが明らかになった。しかし、天武天皇は、686年9月9日、藤原京の完成を見届けることなく死去した。さらに、天武天皇の後継者とされていた草壁皇子も690年に死去し、藤原京の造営は中断されることとなった。

　藤原京の造営が再び動き出すのは、持統天皇が即位した690年で、694年12月6日に藤原京遷都の日を迎えた。遷都は、建設計画から18年後のことであった。条坊を備えた本格的な都城の建設には多くの困難があったことを物語っている。710（和銅3）年3月には平城京に遷都されるので、藤原京は都であった期間よりも造営期間のほうが長かったことになる。

　現在、藤原京の復元図や復元模型などをみると、藤原宮を中心に（平城京や平安京とは異なり藤原宮は都城の中心に位置していた）、条坊制による都城が形成され、律令体制という新しい時代に相応しい都が造営されたと理解できる。ところが、遷都したときには、大極殿や朝堂院は完成していなかった。このことがわかったのは、朝堂院東面回廊の東南隅部付近の南北溝から出土した7,940点の木簡からである。この木簡が出土した南北溝は、東面回廊を造営する際に掘削され、その完成とともに埋められた溝である。発見された木簡

の大部分は8世紀初頭のもので、最も新しい年紀は、「大宝三年」(703)であった。

　この木簡出土によって、藤原京の朝堂院東面回廊の完成は703年以後にずれ込むことが明らかとなった。『日本書紀』や『続日本紀』には、藤原京の大極殿の初出が698年1月1日、朝堂院の初出は701年1月7日で、完成は大極殿より遅れていたと考えられる（市2010・2012）。

　木簡の発見により、朝堂院回廊の完成が703年以後にずれ込むことが明らかになったので、藤原京は、完成とほぼ同時に廃都が決定され、次なる新たな都城の建設が目指されたことになる。長い時間をかけて造営され、遷都後も工事が続けられた藤原京であったが、完成して間もなく（あるいは完成せずに）、その役割を終えることになったようである。地中に埋もれていた木簡が、都の真の姿を伝えてくれたのであろうか。

## 3　木簡をよみとく視点

### (1) どのような学習が求められているか

　高等学校学習指導要領「日本史探究」では、諸資料を活用して課題を追究したり解決したりする活動が求められており、「対象となる時代の特色について、生徒が仮説を立てることができるよう指導を工夫すること。その際、様々な歴史資料の特性に着目し、諸資料に基づいて歴史が叙述されていることを踏まえて多面的・多角的に考察できるよう、資料を活用する技術を高める指導を工夫すること。また、デジタル化された資料や、地域の遺構や遺物、歴史的な地形、地割や町並みの特徴などを積極的に活用し、具体的に学習できるよう工夫するとともに、歴史資料や遺構の保存・保全などの努力が図られていることに気付くようにすること。」とされている。

　歴史資料としては、古文書・古記録などにとどまらず、様々なものが例示されているが、考古資料で、文字による情報も記されている木簡は、資料として活用できるとともに、歴史資料について考える教材としても有効である。木簡の様々な側面を活用しながら、歴史資料について多面的・多角的に思考する力を培うこともできるだろう。原始・古代の学習では「歴史資料」についてはじめて学ぶ機会ともなるので、木簡から歴史資料の様々な性格について学習する意義は大きい。木簡から、『日本書紀』などの正史には記されて

いない歴史事象を探り、豊かな歴史像を構築できるような学習を展開したい。

## （2）木簡からどのような学びができるか

　高等学校で日本史の授業を行う際、弥生時代以前の学習では、考古学の研究成果を多く取り入れ、衣食住など当時の人々の日常生活について探究する学習を展開すると、生徒たちは興味・関心を持って取り組むが、律令体制を学習するあたりになると、日本史に対する興味・関心が薄らいでくる生徒が増えてくると感じることがあった。政治制度や社会の仕組みなどについて学ぶことは大切であるが、生徒たちにとっては「遠い世界のこと」のように思えるのだろう。生徒たちが歴史を身近なものととらえて学習に取り組めるように、当時の人々の息づかいを感じられるような授業も展開したいと考えた。前述のように、木簡をよみとくことにより、正史や公文書には遺されない当時の人々の日常の暮らしを知ることができるので、木簡を授業に活用するとその効果が期待できる。

　筆者は以前、「古代のサラリーマン」というテーマ学習を行ったことがある。「律令国家への道」という単元で、大宝律令の制定や官僚制、平城京遷都などについて学んだ後、官僚制で上級の貴族だけでなく、数の上では圧倒的に多い下級の官人にもスポットをあて、多面的・多角的な学習をさせたいと考えた。

　生徒たちが日常的に学習の成果を「評価」されているように、サラリーマンには勤務評定があり、それによって給与や昇進などの処遇が決められる。律令でも考課令で勤務評定の手続きが定められて、勤務評定がなされていたので、木簡を活用して、「古代のサラリーマン」の勤務評定について、よみといた。役人の評価は毎年行われるが、毎年の評価を「考」といい、位階の昇降に関係する総合評価を「選」といった。下級役人である番上官の場合、昇進の機会は6年に1度である。6年間の勤務日数が基準に達した者が選の対象となり、6年間の勤務実績を上中下の3段階で評価される。

　評定を行う役所（文官は式部省、武官は兵部省）に申告する際に作成される書類を「選文」といい、ここには評定の基礎資料となる過去のデータや、役所の長官による評が記された。選文を受理した式部省（または兵部省）では、ほぼ半年を費やして評定作業を行うが、その過程で個人データが写し取られ、

作成される木簡を「成選短冊」と呼んでいる（「成選」とは選のための年限が満ちること）。木簡は、カードの役割を果たし、必要に応じて加筆されたり、並び替えられたりした。『延喜式』には「短冊を解散し、階及び年に縒り綴貫す」とあり、並び替えられたことがわかる。

　このように作成された木簡が出土することがあり、どのように評価されたのかを読み取ることができる。ここで木簡を読んでみる（図3・史料2）。楷書で記されており、高校にも読むことができるだろう。

　選の達した役人の氏名と評価結果が記されている。選の対象となったのは、少初位下の位階を有する高屋連家麻呂という役人で、年齢は50歳、本籍は右京である。「日」は6年間の合計勤務日数である。「六年中」とあるのは、6年間の総合評価で、評価が3段階の真ん中の「中」であることがわかる。裏面の「陰陽寮」は、中務省に属する機関で、占い、天文、暦の編纂などを担当した。家麻呂が所属する部署であろう（東野1997）。このような「カード」を作成して、勤務評定が行われていたことがわかり、当時の機構の一端を理解することができる。

　このように実際に木簡をよみとくことにより、当時の役人の勤務評定について知ることができるとともに、歴史が資料に即して記述されることが

表　　　裏

図3　勤務評定木簡
（奈良文化財研究所提供）

史料2　勤務評定木簡

（表）
少初位下高屋連家麻呂　年五十　六考日幷千九十九　六年中
　　　　　　　　　　　右京
（裏）
陰陽寮

理解できる。勤務評定以外にも、「古代のサラリーマン」の様々な側面について考察できる木簡が多数あり、様々な切り口での授業展開が可能である。木簡の中には手習いをしたと思われるものも多く、また似顔絵などの落書きをしたようなものもあるので、職務以外の側面についても触れて、当時の人々の息づかいも感じ取ることができる。

　大量に出土した木簡は、私たちに様々な情報を提供してくれる。文書などの一次史料の少ない古代の歴史を解明する上で、不可欠な存在であるので、一層の研究の進展と、活用の促進が期待される。ここでは、木簡を扱ったが、同様に古代の文字が記された漆紙文書や墨書土器なども活用することもできるだろう。

●参考文献

石井　進　1976「「史料論」まえがき」『岩波講座日本歴史 25　別巻 2』岩波書店

市　大樹　2010『飛鳥藤原木簡の研究』塙書房

市　大樹　2012『飛鳥の木簡―古代史の新たな解明』中央公論新社

彌永貞三・土田直鎮　1976「古代史料論」『岩波講座日本歴史 25　別巻 2』岩波書店

鬼頭清明　2004『木簡の社会史』講談社（初出は 1984 年）

木下正史　2003『藤原京』中央公論新社

佐藤進一　1976「中世史料論」『岩波講座日本歴史 25　別巻 2』岩波書店

佐藤進一　1997『[新版] 古文書学入門』法政大学出版局

佐藤　信　2002『出土史料の古代史』東京大学出版会

佐藤　信　2015「木簡史料論」『岩波講座日本歴史第 21 巻　史料論』岩波書店

田中　琢編　1996『古都発掘』岩波書店

東野治之　1983『古代木簡の研究』塙書房

東野治之　1996『長屋王家木簡の研究』塙書房

東野治之　1997『木簡が語る日本の古代』岩波書店（初出は 1983 年）

奈良文化財研究所編　2020『木簡　古代からの便り』岩波書店

馬場　基　2010『平城京に暮らす　天平びとの泣き笑い』吉川弘文館

林部　均　2008『飛鳥の宮と藤原京―よみがえる古代王宮―』吉川弘文館

平川　南　1994『よみかえる古代文書―漆に封じ込められた日本社会―』岩波書店

平川　南　2008『全集日本の歴史第 2 巻　日本の原像』小学館

木簡学会編　2010『木簡から古代がみえる』岩波書店

渡辺晃宏　2009『日本の歴史 04　平城京と木簡の世紀』講談社（初出は 2001 年）

渡辺晃宏　2010『平城京一三〇〇年「全検証」―奈良の都を木簡からよみ解く―』柏書房

[有形文化財] **古文書・古記録**

# 古代の文書や記録で何を伝えようとしたのか

島村圭一

古文書・古記録から、古代貴族社会の儀礼や政治がわかる！

## 1 古文書・古記録とは

### (1) 古文書

古文書とは、古い文書・証文という意味を持ち、文書や証文のほか、古記録・系図や時には古典籍までを含めていうことがあるが、狭義には、発信者と受信者があり、用件などの内容を記した文書のうち古いものを意味する。「古い」ことについては、明確な定義はないが、近世以前のものを「古文書」と呼ぶことが多い。

古文書の発信者は、人または官司・寺社などが多いが、それ以外に、神仏である場合もある。そこには発信者から受信者に伝達する内容が記されており、多くの場合は発信の日付も書かれている。これが古文書を構成している要件であるが、発信者・受信者の名前や日付が省略されている場合もある。佐藤進一は「甲から乙という特定の者に対して、甲の意思を表明するために作成された意思表示手段、これが古文書である。」としているが（佐藤 1971）、同書の［新版］の補注では「現在の私の考えでは、この規定は少し狭すぎるようである。」とし、律令体制下の戸籍・計帳や中世の図田帳・検注帳、近世の郷帳・宗門改帳など、管理のための照合がその機能であって、授受関係の有無は一次的な意味を持たない史料についても「従来のいわゆる文書と併せて広義の文書として、文書の体系（そして古文書学の体系）を再構成するか、今後の問題である。」と述べている（佐藤 1997）。今後、古文書をより広くとらえることが必要になるという指摘であろう。

現存する古文書には、実際に相手方へ送られて機能を果たした文書の正文

（正本）のほかに、それを書写した案文（複本）がある。案文には、手控えとして手元に留め置くためのもののほかに、訴訟などに際し証拠文書として提出するためなどの目的で作られたものがある。はるか後世になって、学問研究や家の由緒を示すなどの目的で作成された複本については、案文と区別して「写」と呼ぶ場合もある。また、文書作成に際して作られた下書きを「土代」・「草」などと呼ぶが、これも案文とされる場合がある。

### （2）古記録

　記録とは、「後々まで残す必要のある事柄を書きしるすこと。また、その書きしるしたもの。特に史料としての日記や書類など。ドキュメント」という意味をもち（『日本国語大辞典』小学館）、記述者の覚書として作成され、他者への伝達を第一義としないものを指している。記録のうち、比較的古い時代のものを古記録という。古記録のうち、主要なものは貴族や僧侶などの個人が書いた日記である。官衙や家などの社会集団内で作成された帳簿類や書付の類も古記録の範疇に含めることができるが、古記録は、狭義には日記と同義に使われている。

　日記とはその日のできごとを、当日もしくはあまり時を経ないうちに記す記録形態で、当時は日次記と呼ばれていたが、平安中期以来、具注暦と呼ばれるその日の吉凶などが注記されている暦の余白（「間明き」という）に書かれることが多く、これらを「暦記」と呼ぶこともある。書くべきことが多くて書ききれない場合は、別紙にまとめて書き「別記」という。もとの暦記が失われ、別記のみが残されて伝えられているものもある。平安中期においては、蔵人によって記される殿上日記や外記によって記される外記日記といった、公日記が朝廷の記録の中心であった。『続日本紀』以来の国史は外記日記によるところが多かったが、外記の俸禄が続かなかったこともあり、しばしば中絶し、久安・仁平の頃（1145～1153）を境に廃絶したようである。

　平安時代後期以降には、朝廷政治が形式化し、先例が重んじられるようになると、廷臣たちは父祖の日記を故実の規範として尊重するとともに、自らも日記を筆録することを日課とした。自筆原本が残っている最古の日記は、藤原道長の『御堂関白記』で、具注暦に記された当時の姿をうかがうことができる。998～1021年（長徳4～治安元）までの20年以上にわたるもので、現在、

自筆本 14 巻と古写本（平安時代）12 巻が陽明文庫に所蔵され、国宝に指定されている。また、世界最古の自筆日記として、ユネスコの「世界の記憶」に登録されている。

『御堂関白記』は偶然に残ったわけではなく、摂関家の実質的な始祖の日記として、摂関家において大事に保管された結果である。同時期の日記として藤原実資の『小右記』や藤原行成の『権記』などが残っているが、これらはすべて写本である。先例が重視され、儀式や政務の手続きや作法に極端に関心がもたれた平安後期以降の貴族社会では、先例や先人の儀式作法に精通している者が高く評価された。そのため貴族たちは、自身の日記に詳しく儀式を記録するとともに、代々の父祖の日記を集積し、さらに他家の優れた日記を多く集めようとした。日記の写本が多くの残されているのもそのためである。

日記を多く集積し、儀式作法に精通した者、またはその「家」は、「日記の家」と呼ばれるようになり、「日記の家」という言葉は 11 世紀末から 14 世紀にかけて様々な史料にみられる。代々の日記を伝え、多くの先例や作法などについての情報を有する「家」を指している。儀式に際して、一般に行われていた作法と異なる行いをしても、その作法を行った人物が「日記の家」と見なされていた場合、一概に失礼（作法を誤る）とか先例と異なるとかで排除することができなかったようである。それは誰もが知らない先例や作法を、その人物が知っている可能性があるとみなされたからである（松薗 1997・2006・2011）。

## 2　古文書・古記録の歴史的背景

### （1）古文書

現存する古代の文書の多くは公文書であるが、役所の間でやりとりする文書の書式は、律令の公式令に定められている。この書式にのっとった「官」の文書を「公式令文書」と呼ぶ。律令の公式令には、天皇の政治意思を示す漢文形式の「詔」と「勅」とがあり、詔は臨時の大事、勅は尋常の小事の際に用いられた。一般的な下達文書として「符」、上申文書としては「解」、平行文書としては「移」が規定されていた。988 年（永延 2）に尾張国の郡司

や百姓が国守藤原元命の暴政を訴えたことで有名な「尾張国郡司百姓等解
文」は、郡司らによる中央政府への上申文書であるため「解」となるのである。

　平安時代になると新たな文書様式が生まれ、公文書体系にも変化がみられ
るようになる。9世紀初頭に宣旨が、9世紀後半に官宣旨が出現するが、宣
旨は太政官符のうち下達内容の部分のみを抜き出した形の略式の文書で、官
宣旨は、様式的に太政官符に近いものになっているが、いずれの様式にも官
印の押捺がない。太政官符の官印押捺の手続きが複雑で、非効率であったた
め、太政官符より略式の文書が発給されるようになったのであろう。その後、
院政や武家政権の成立により、新たな様式の文書が発給されるようになった。


## （2）古記録

　古文書の情報は、ある特定の事件の断片的な内容にとどまることが多いが、
日記は連続して記述されているため、一つの事件についてその推移を明らか
にし、全般的な情報をもたらしてくれる。さらに本来、他人に示すことを前
提に書かれるものでないため、誇張・隠蔽・曲筆・虚偽・宣伝等の欠点が、
文書に比して遥かに少ない（斎木1990）。そのため、古記録と呼ばれる日記が、
修史の基本史料ともされたのである。

　平安時代以降、多くの日記が残されており、同時期の複数の日記から歴史
をよみとくこともできる。どの時期にどのような日記が残されているかを知
るために、『国史大辞典』（吉川弘文館）の「記録」の項の「記録年表」（皆川完
一編）が便利である。

　平安時代の貴族の日記の多くは和風の漢文で書かれているため読解に苦労
するが、近年、現代語訳されたものが文庫で出版されているので（倉本一宏『藤
原道長「御堂関白記」』全3巻、同『藤原行成「権記」』全3巻など、いずれも講談社学術
文庫）、活用したい。


## （3）「書面」としての古文書・古記録

　古文書と古記録の定義や性格について述べたが、古文書や古記録に峻別し
難い史料も多く存在し、これらも叙述の素材として重要なものである。

　村井章介は、中世前期の史料にみえる「文書」の語は、「自から他に意思
を伝えて、ある反応の起きることを期待する書き物」という「定説的古文書学」

の定義（佐藤 1997）に収まらない意味をもっていることを指摘した。そして、「文書」を広義で使うと、述語としての「文書」と混乱が生じるので、「書面」ということばを広義の「文書」をあらわす語として使用することを提言した（村井 2014）。なお、「書面」の語は、すでに佐藤進一が「差出者と受取者の授受関係はないけれども、明らかに予想された相手に一定の働きかけをする書面が存在する」と使っている（佐藤 1976）。

　佐藤は帳簿類に着目した。帳簿類は、文書と記録の中間にあるのであって、受取者をもたないけれども、単なる備忘録ではなく、そういう性質の書面がまちがいなく存在することを指摘した。この指摘によって、「古文書・古記録」というカテゴリーが自明のものではなく、両者の境界領域に、明確に定義されることのなかった書面群が存在することが自覚された。

　過去に作成された史料について、「古文書」か「古記録」かという二元的な分類をすることには限界があり、史料の有する多様性を理解し、「書面」と呼ぶのがふさわしいとも思われる。先人の遺した史料を、歴史情報を伝えるものとして、多面的・多角的に解釈することによって歴史を考察することが肝要である。

## 3　古文書・古記録をよみとく視点

### （1）どのような学習が求められているか

　高等学校の「日本史探究」では、歴史資料を活用して課題を追究したり解決したりする活動が求められている。歴史資料は古文書・古記録にとどまらないが、日本史探究の学習の早い段階で、歴史叙述にとって不可欠なものである古文書・古記録を活用した学習をさせるとよいだろう。そこで、太政官符を取り上げて、律令制度の特質について考察させる学習と、公家の日記を用いて、平安期の貴族政治について考察させる学習について述べたい。

### （2）太政官符から律令制度について考える

　高校の授業で古文書・古記録などの史料を扱う場合は、読み下しを読ませることが多く、それでも高校生にとっては難解で敬遠されることが多いが、ときには写真で読ませてみたい。楷書で書かれている史料を一文字ずつ読み

ながら、歴史を紐解くことはいい経験となる。また、写真で史料をみることにより、史料をモノとしてとらえ、史料のありようを知ることができる。

　奈良時代の太政官符で現存するのは３通のみで、これはそのうちの１通である。３通とも772年（宝亀3）に神祇官に宛てられたもので、３通を１巻として神祇祭祀の家であった卜部氏吉田流に伝来していたが、戦後に分割されて流出したものである。いずれも国の重要文化財に指定されている（小倉2018、遠藤2020）。

　史料を読んでみよう（図1・史料1）。「宝亀3年5月20日」に太政官から発せられ、宛所の神祇官に、広瀬神社を月次祭で幣帛を捧げる神社として処遇することを指示している。広瀬神社は、奈良県河合町に鎮座し、『延喜式』に記載がある式内大社（名神大社）である。「月次祭」は陰暦の6月と12月に行われる祭祀で、畿内の有力神社を選んで朝廷から幣帛を捧げている。

　太政官符の「符」とは、上級の役所が下級の役所に対して命令を発する際の文書で、発給の手続きは「公式令」に規定されている。律令官制は「二官八省一台五衛府」と総称され、一般行政をつかさどる太政官と祭祀をつかさどる神祇官の「二官」は並ぶ地位とされた。しかし、実際には太政官から神祇官に下達文書で指示されており、太政官が上位であったことが読み取れる。このことは、太政官の実質的な首座である左大臣の官位相当が、正二位または従二位であるのに対して、神祇官の長官である神祇伯が従四位下であることからも理解できるだろう。

　太政官では、議政官で審議・決定を受けて、事務局の弁官が文書を作成した。文書作成にあたった左中弁の大伴家持と左少史の土師拺取が自筆で署名している。大伴（伴）氏は、古代の有力な中央貴族であり、家持（718〜785）は万葉歌人として知られている。この太政官符は、家持の自署があることで名高い。

　写真ではよく見えないが、太政官の文書には「外印」（太政官印）が押されている。これも、「公式令」の規定によるものである。このように史料をよみとくことにより、律令の規定に即した政治が行われていたことが理解できる。このような文書の発行には、煩雑な手続きを要するため、平安時代になると、簡略化され新たな文書様式が生まれた。文書様式の変化から、律令体制の変質を読み取ることもできるだろう。

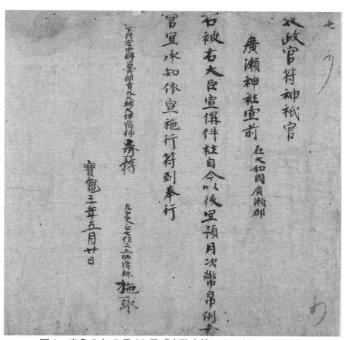

図1　宝亀3年5月20日「太政官符」（国〈文化庁保管〉）

史料1　宝亀3年5月20日「太政官符」

【釈文】

太政官符神祇官

　　広瀬神社壱前在大和国広瀬郡

　右、被右大臣宣偁、件社自今以後、宜預月次幣帛例者、

　官宜承知、依宣依施行、符到奉行、

　　　　□□位下行左中弁兼式部員外大輔大伴宿祢「家持」　左少史正七位上土師宿祢「拖取」

　　　　　　宝亀三年五月廿日

【読み下し】

太政官符す神祇官

　　広瀬神社壱前大和国広瀬郡に在り。

　右、右大臣の宣を被るに偁う。「件の社、自今以後、宜しく月次の幣帛の例に預け

　るべし」といえり。官宜しく承知し、宣に依り施行すべし。符到らば奉行せよ。

　　　　□□位下行左中弁兼式部員外大輔大伴宿祢「家持」　左少史正七位上土師宿祢「拖取」

　　　　　　宝亀三年五月廿日

## (3) 古記録から平安時代中期以降の政治を考える

　藤原北家御子左家の流れを汲む冷泉家の所蔵する『明月記』(国宝)と「朝儀諸次第」(重要文化財)から、平安後期の貴族の姿をうかがい、貴族政治について考えてみたい。

　平安時代中期以降、貴族社会の家柄が固定し、家柄によって宮中での役割も固定化し、儀礼化した政務を先例にならって執り行うことになった。そのため、前述のように貴族たちは日記に詳しく儀式を記録するとともに、代々の父祖の日記を集積したのである。

　『明月記』は、歌人として名高く、『新古今和歌集』や『小倉百人一首』の選者である藤原定家の日記で、1180〜1235年(治承4〜嘉禎元)の足掛け56年間の自筆本が現存する。自筆本といっても、すべてが狭い意味での自筆本ではなく、定家の後半生に家人などを動員して清書・編纂された部分がある。このことから、『明月記』は定家個人の日記ではなく、「家の日記」として子孫に伝えることを目的にし、家の事業としてつくられたものであることがわかる。

　冷泉家にある定家自筆本『明月記』は、現在巻子本の形態である。巻子本は長期保存に最適であるが、必要は箇所を参照するには不向きである。ところがよくみると、決まった幅でかすかに縦に折線がある巻があることがわかる。このことは、もとは折本の形で使われていたこを示している。日記は宝物として後世に残すのではなく、実用的なものであったことを示している。また、本文行間の上部余白に「首書」(頭書)がみられる。これは本文の内容を要約したもので、後世につけられたものではなく、清書の際に定家自身によってつけられた可能性が高い。このことからも日記が実用的ものであったことがわかる(美川2011)。

　ところで、藤原道長の『御堂関白記』は、2行の空白のある具注暦に書かれており、貴族の日記は朝廷から頒布された具注暦に書かれるものだということが通説になっているが、定家自筆本『明月記』には具注暦に記されたものがない。これについて藤本孝一は、摂関家のような最高位の貴族のみが特別に行の空いた具注暦を特別注文できたのであり、これよりも低い地位の貴族たちは、頒布された空白部分のない具注暦を参照しながら、別紙に日記を書いたと推定している(藤本2004)。

次に、「朝儀諸次第」をみてみよう（図2）。「朝儀」とは朝廷の儀式のことである。平安中期以降、貴族の家柄が固定し、家柄によって宮中における役割も確立して、貴族たちにとって、先例にならった儀式を執り行うことが重要となった。彼らは儀式を滞りなく行うために、式次第や先例を書き留めた次第書を懐に入れて儀式に臨んだ。冷泉家には、藤原定家自筆の次第書が97件も伝来している。ここに示されている「朝所」は、太政官庁の北東にあり、宴座に移る前の公卿以下が参入して酒食を摂った場所である。この図には色紙を貼り、柱の箇所に針孔を開けてその上に墨をさしている。

「束帯人形」は縦2.7cm×横2.0cmで、定家を描いたと考えられている。これを指図（建物内部の見取り図）上で動かして、儀式の予行演習をしたと思われる。「束帯人形」を含めた「朝儀図」は定家筆であると、冷泉家第14代為久が鑑定している（財団法人冷泉家時雨亭文庫・朝日新聞社冷泉家時雨亭叢書刊行委

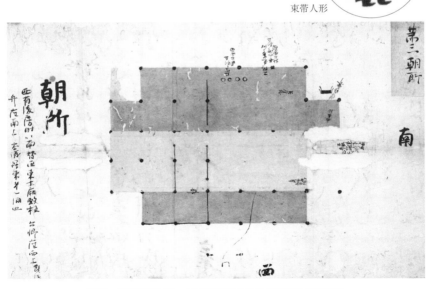

束帯人形

図2　「朝儀諸次第」（公益財団法人冷泉家時雨亭文庫所蔵）

員会 2009）。

　これらの史料を活用して、どのような授業が展開できるだろうか。まず、『明月記』については、「家の日記」として清書され、子孫に伝えられたことと、折本で本文の内容を要約した「首書」があり、実用的なものであったことなどを提示する。「朝儀諸次第」について、「束帯人形」を建物内部の見取り図の上で動かして、儀式の予行演習をしたことを伝える。その上で、生徒に問いを表現させて考察させることにする。

　生徒たちが表現する問いとして、次のようなものが想定される。

○日記を清書して保管して活用できるようにしたのはなぜか。

○当時の貴族にとって、日記はどのような意味をもっていたのか。

○なぜ図を描いて予行演習をしなければならないほど、儀式は大切なものだったのか。

○どのような儀礼が行われていたのか。

　生徒たちが自ら表現した問いについて考察することで、時代の特質を理解できることを目指すが、教師は生徒たちが考察できるように、必要な情報を提供したり、アドバイスをしたりすることになる。提示した史料から、平安時代中期以降の政治が次第に儀礼化していったことを読み取り、貴族たちにとって先例に即して儀礼を執行することが重要になったことを考察し、理解できるとよい。

●参考文献

石井　進　1976「「史料論」まえがき」『岩波講座日本歴史 25　別巻 2』岩波書店

彌永貞三・土田直鎮　1976「古代史料論」『岩波講座日本歴史 25　別巻 2』岩波書店

遠藤慶太　2020「太政官符　大伴家持が署名した神祇官への下達文書」日本古文書学会編『古文書への招待』勉誠出版

小倉滋司　2018「太政官符　宝亀三年（722）五月二十日」「大伴家持自署の太政官符」国立歴史民俗博物館『企画展示　日本の中世文書—機能と形と国際比較—』歴史民俗博物館振興会

近藤好和　2017「日記と有職故実」松薗　斉・近藤好和編著『中世日記の世界』ミネルヴァ書房

齋木一馬　1990『古記録学概論』吉川弘文館

財団法人冷泉家時雨亭文庫・朝日新聞社冷泉家時雨亭叢書刊行委員会　2009『冷泉家　王朝の和歌守展』朝日新聞出版

佐藤進一　1971『古文書学入門』法政大学出版局

佐藤進一　1976「中世史料論」『岩波講座日本歴史 25　別巻 2』岩波書店

佐藤進一　1997『[新版] 古文書学入門』法政大学出版局

高橋一樹　2015「中世史料学の現在」『岩波講座日本歴史第 21 巻　史料論』岩波書店

高橋秀樹　2005『古記録入門』東京堂出版

藤本孝一　2004『日本の美術 454『明月記』巻子本の姿』至文堂

松薗　斉　1997『日記の家―中世国家の記録組織―』吉川弘文館

松薗　斉　2006『王朝日記論』法政大学出版局

松薗　斉　2011「日記で読む日本中世史」元木泰雄・松薗　斉編著『日記で読む日本中世史』
　　ミネルヴァ書房

美川　圭　2011「『明月記』（藤原定家）―激動を生きぬいた，したたかな歌人」元木泰雄・松
　　薗　斉編著『日記で読む日本中世史』ミネルヴァ書房

美川　圭　2018『公卿会議―論戦する宮廷貴族たち』中央公論新社

村井章介　2014「中世史料論」『中世史料との対話』吉川弘文館

山中　裕編　1993『古記録と日記』（上巻・下巻）思文閣出版

# 鉈彫の仏像
## 神仏習合のかたち

下山　忍

「鉈彫」という鉈で彫ったような粗い丸鑿の跡を残した木彫の仏像がある。実際は鉈ではなく鑿で彫刻している。神奈川県伊勢原市宝城坊（日向薬師）の薬師三尊像や横浜市弘明寺の十一面観音像などがよく知られており、東北地方から近畿地方までの平安仏・鎌倉仏が約20体が確認されている（久野健『鉈彫』六興出版 1976）。

　この鉈彫は、かつては制作途中の未完成品とも考えられていたこともあった。しかし、全体を一度平滑に仕上げた後に粗い彫りを施していることや、顔や背面を除いた衣の部分だけに規則正しく彫り痕が残ることなどから、現在では、1つの表現技法として用いられた完成品とする見方が一般的である。

　岩手県二戸市浄法寺町に天台寺という古刹がある。59体の仏像が伝来しており、最北の仏教文化の中心地と言え、安倍氏との関わりを想定する説もあって興味深い寺院である。

　平安仏13体のうちには重要文化財に指定されている聖観音立像があり、最北の鉈彫像として知られる。11世紀頃の造像とみられ、像高は116.5cm、桂材の一木造（内刳りなし）である。素木仕上げで、縞模様の鉈彫が特徴的である。

　それでは鉈彫は何を表現しているのか。「霊木化現仏」と言って、霊木の中にもともといる神がその中から姿を現す様子を表しているという見方がある。鉈彫の縞模様は、化現を終えて定着する前のさざ波が立っている瞬間であるという。自然の中に神を見るのは日本人の信仰であり、樹木への思いが前提となっていることがわかる。化現とは仏が姿を変えることを言うが、磨崖仏なども自然から仏が現れる様子と見ることもできる。

　歴史教育の観点から言えば、例えば「僧形八幡神像」が教理上の神仏習合を可視化するとすれば、「霊木化現仏」は民衆レヴェルの信仰の実態を理解する上で効果的な教材になりうるのではないだろうか。

天台寺聖観音立像
（岩手県立博物館『天台寺』より転載）
美しい横縞模様の鑿跡を残す鉈彫像の傑作として知られる。

# 第 2 章　中　世

**埋蔵文化財　出土銭**

# なぜ中国の貨幣を埋納したのか

島村圭一

出土銭から中世の武家政権の実態や中国との貿易の展開がわかる！

## 1　出土銭とは

### （1）大量の貨幣の出土

　中世の遺跡から甕などに納められた貨幣が出土することがある。中世の日本列島では統一的な貨幣が発行されていなかったので、出土銭のほとんどが中国大陸からの渡来銭である。

　中世の出土銭として著名なのは、1968年（昭和43）7月に北海道函館市の中世城館跡で国の史跡に指定されている志苔館跡に近い道路の拡幅工事の際に発見された大甕3個に詰められた大量の銭貨である。大甕と銭貨を合わせた総重量は1.6tで、銭貨の総数は93種38万枚余であった。年代の上限の銭貨は前漢代の四銖半両（紀元前175年初鋳）、下限の銭貨は明代初期の洪武通宝（1368年初鋳）で、大甕がいずれも14世紀後半頃に属するものと考えられるので、これらの銭貨は、14世紀後半から末頃に埋められたものと推測される。この出土銭は、中世後期の日本海海運の様子を物語る貴重な資料として、国の重要文化財に指定され、現在は市立函館博物館で常設展示されている。

　一度にこれほど大量に出土する例はあまりないが、日本列島各地で多くの埋蔵銭が発見されてお

図1　志海苔中世遺構出土銭
（市立函館博物館所蔵）

り、総出土量は明治以来の推定で 1,000 万枚を下らないと考えられている（鈴木 2002）。このように中世の銭貨が大量に埋蔵されていたのはなぜか、考えてみよう。

### （2）なぜ埋蔵されたのだろうか

　銭貨はなぜ地中に埋められたのか。これについては、2 つの考え方がある。1 つは「備蓄銭」といわれ、地下に銭貨を備蓄したというものである。戦乱などから財産を守るために、安全な保管場所であった地中に銭貨を保管し、必要に応じて掘り返して使用するという説である。もう 1 つは、「埋納銭」といわれ、後日掘り出すことを前提としないで銭貨を埋める行為で、神仏に捧げる呪術的な銭貨であるというものである。それは、死者が冥界で土地を買い求めるためや、開発の際に地鎮めのために銭貨を埋めたり、境界領域に銭貨を埋め、宗教（呪術）的な結界を設けようとしたりしたという説である。

　冒頭で紹介した志海苔館跡の事例ほどではないにせよ、大量の精銭（良質な銭貨）が埋蔵されている事例は多くある。中世にはおいて、鐚銭と呼ばれる粗悪な私鋳銭や一部が欠損した銭貨が流通し、撰銭という悪銭を忌避する行為が行われていたが、出土銭には精銭が多いということは、精銭を選んで埋蔵したと考えてもよいだろう。鍵のかかる金庫などのない時代に、大切なものの保管場所として選ばれたのが地中ではないだろうか。すなわち、この時代に地中に銭貨を埋納するという行為は広く行われており、戦乱や災害に見舞われたためか、それらの埋納銭が意図せず残され、現代になって発掘されたと考えることできる。地中に埋められた大量の銭貨は、通貨として流通していたものを、後日掘り出すことを前提に地中に備蓄されていたと考えるのが妥当である（黒田 2020）。

## 2　出土銭の歴史的背景

### （1）中国銭の流通

　日本で最初に鋳造された貨幣は、富本銭で 683 年につくられたと推定されている。その後、708 年（和銅元）の和同開珎をはじめとする皇朝十二銭が鋳造されたが、958 年（天徳 2）の乾元大宝を最後に鋳造されなくなった。その

後もしばらくの間、銭は価値計算の単位として残るが、実際の支払いは米や絹・布によって行われるようになった。一般的交換手段としての米・絹・布の利用は、貨幣発行以前から行われており、これらが交換手段として一貫して使用されていたのであろう。朝廷にとっては、貨幣発行の手間がかからず、一般の人々から見ても最も安定感のある価値尺度であったと考えられる。

　日本列島各地の中世の遺跡などで、中国からの渡来銭が出土するということは、中世において、中国銭が何らかのルートで日本列島に流入し、流通するようになったと考えることができる。

　古代の日本と中国大陸との関係は、894年（寛平6）の遣唐使廃止の後、貿易が制限され、個人の海外渡航も禁じられていた。中国で960年に宋が建国され、官制を整えて産業や文化が振興すると、広州、泉州などに市舶司をおいて貿易を管理・振興させた。これにより、宋の貿易商人は日本や高麗、東南アジア諸地域に進出した。日本では大宰府が貿易の管理をして鴻臚館で宋からの商人を応接し、朝廷が必需品を買い上げた後に、民間の商人との取引を許したが、宋商人は次第に各地の荘園領主などと私貿易を行うようになった。

　12世紀後半になると、航海技術の進展などにより、日本の商人も宋に赴くようになった。この時期は平氏政権の全盛期でもあり、瀬戸内海の航路を掌握した平清盛は、大輪田泊を修築して貿易港とし、宋との貿易を行った。このような貿易により、宋銭が大量に流入し、日本でも流通するようになったと考えられる。1179年（治承3）に「天下上下が病悩する銭の病」が流行したとして、近年流入してきた宋銭の流通価値を公定するかどうか、議論された（『百錬抄』治承3年6月条）。「銭の病」とは、宋銭の流入による物価高騰であろうか。清盛が宋銭を大量に輸入して、大輪田泊修築のための労働力の賃金などに支払った。そのため、銭貨流通が拡大したと考えることができる（下向井2001）。

　宋銭の流入に対して朝廷は、「銭停廃」などの宣旨を繰り返し発しており、渡来銭の使用を禁ずるのが朝廷の政策基調であったようである。それでも、渡来銭は、公式に位置づけられないままに通用しはじめ、朝廷が繰り返し流通を禁止したにもかかわらず、流通が広がっていった。なお、鎌倉幕府も、自ら貨幣統制に乗り出そうとすることはなく、朝廷の方針に従ったようであ

る。朝廷は、1200年（正治2）頃まで渡来銭の使用を禁じ続けるが、その効果はなく、その後おそらく明確な撤回法令を発しないままに、渡来銭は日本列島に定着することになった（中島 1999）。

　日本列島における渡来銭の流通の広がりによって、それまで交換手段とされていた米や絹・布などが、次第に渡来銭にとって代わられるようになった。渡来銭は、13世紀前期に絹・布の交換機能を吸収し、13世紀後半には米の交換機能も吸収して、14世紀初頭になると　モノの価値の統一的尺度として確立したようである（松延 1989）。

　このように、中世の日本列島において、渡来銭が広く流通していたので、前述のように、渡来銭が地中に備蓄されることがあり、何らかの理由で忘れ去られた備蓄銭が、長い時を経て発見されることになったのである。

### （2）なぜ中国銭か

　中世の日本列島において、貨幣経済が次第に発展し、中国銭が大量に流通するようになったことは、各地で出土する埋蔵銭の存在からも理解できるが、なぜ日本で貨幣が鋳造されずに、渡来銭が使用されたのだろうか。この問題については、定説が確立された状況にないようであるが（池 2001）、中世の日本列島において、貨幣が発行されず、海外で発行された金・銀などの貴金属ではない銅銭が広く流通したのはなぜかということを考えてみたい。

　日本列島で本格的な通貨が発行されたのは和同開珎にはじまる皇朝十二銭であり、中国に倣って国家が貨幣の発行権を独占し、私鋳銭に対しては厳罰主義で臨む一方で、711年（和銅4）に蓄銭叙位令を発するなどして、貨幣の流通を促進しようとした。しかし、律令国家の財政は現物主義であり、貨幣の流通は限定的で、律令体制の衰退とともに貨幣の発行も終わりを迎えた。その後、日本列島においては、1636年（寛永13）の寛永通宝の発行まで、統一的な貨幣は発行されなかった。

　中世において唯一貨幣発行を計画したのは、建武政権である。後醍醐天皇が銅銭と紙幣を発行する計画をもっていたが、政権自体が短命に終わったこともあり、実現するには至らなかった。この貨幣発行計画は、桜井英治が『太平記』巻十二の「大内裏作ラレヘキシトテ、昔ヨリ今ニ至マテ我朝ニハイマタ用サル紙銭ヲ作リ、諸国ノ地頭御家人ノ所領ニ課役ヲ駆ラル、条、神慮ニ

モ違ヒ、驕誇ノ端トモ成ヌト、眉ヲ顰ル智臣モ多カリケリ」という記事を引用し、この記事を信頼すれば、後醍醐の貨幣発行計画は大内裏造営のための臨時の財源を期待したものであるとしている（桜井1997）

　それでは、中世の日本列島で統一的な貨幣が発行されず、中国の貨幣が流通した理由をどう考えたらいいだろうか。この問題について、足立啓二は、鎌倉・室町期を通じて、幕府をはじめとする領主権力は、銭を鋳造しようとしなかったが、皇朝十二銭の鋳造や私鋳銭の鋳造がみられるように鋳造技術がなかったわけではなく、銅材も不足していなかったとして、幕府に欠けていたのは、銅銭を鋳造する能力ではなく、鋳造した銅銭を貨幣として通行させる能力であったとしている。そして、明人朱国禎の『湧幢小品』の「日本もまた銅銭を用うるも、ただ洪武通宝・永楽通宝を鋳す。若し自らの其の国の国号を鋳すれば、則ち成す能わず。」という記事を引用して、事の本質は中国人にも見抜かれていたと指摘している。（足立1992）。

　桜井英治は、財政規模の貧弱さは中世日本の諸権力に通底するものであり、「日本の中世国家がなぜ銭を自鋳しなかったかという問題は、中世の天皇がなぜ里内裏に住みつづけたのかという問題と同根であり、あるいはまた、中世日本が対外戦争という財政逼迫要因からおおむね免れつづけた幸運な国家だったこととも無関係ではないのである。」としている（桜井1997）。中世の日本列島では、宋や明のような専制的な政治権力が成立しておらず、財政的にも脆弱であったので、統一貨幣を発行することができなかった。そこで、対外貨幣を受容することになったと考えることができるだろう。

　中世の日本列島では、国家財政と関わりのないところで、中国からの渡来銭が流通していたが、交易を通じて日本列島に流入した宋銭や明銭が、素材価値以上に信用貨幣として通用できたのはなぜだろうか。渡来銭の流通は、中国の王朝が「一文」とした価値が王朝の支配圏を越えて通用していたととらえることができる。視点を広げてみると、琉球や、マラッカをはじめジャワ・スマトラ・セイロンなど東南アジア各地の港市での貿易における支払手段として使用されたという状況が確認される。当時は日本列島のみならず、東アジア・東南アジアでも中国銭が通貨として流通し、支払手段として使用されていたようである。日本を含めた東アジア・東南アジア諸国は、圧倒的に優位に立つ中国の経済的地位を前提とし、中国を中心とする経済圏に組みこま

れていたのである（足立1992）。東アジアの経済圏にあった日本列島でも、強い権力が国内の統一貨幣を発行しようとしない限り、東アジアの経済圏で共通するものが流通したということができよう。

## 3　出土銭をよみとく視点

### （1）どのような学習が求められているか

　日本史の学習において、日本列島の歴史にとどまらず、東アジアの国際情勢の変化とその影響などにも着目して、多面的・多角的に考察することが必要となるが、渡来銭の存在に着目して課題を設定し、考察させることにより、東アジアの国際情勢も視野に入れた学習が可能になる。学習指導要領の解説には、「例えば、「なぜ、この時期の日本では、輸入貨幣が流通したのだろうか」などの意味や意義、関係性を考察するための課題（問い）を設定し、鎌倉時代の生産の発達と商品の流通、東アジア情勢や国内での政治的・経済的な要因も含めて貨幣経済の発達とその意義について、多面的・多角的に考察するなどの学習が考えられる。」とあり、渡来銭に焦点をあてた学習が例示されている（文部科学省2019）。

　渡来銭は日本列島の各地の遺跡で多く発掘されており、「身近な歴史資料」ともいえる。身近な地域から出土した渡来銭にスポットをあてて、中世の日本列島の歴史や周辺地域との関係などについて、様々な角度から考察することが可能となる。次節では、具体的な事例を挙げて、授業づくりについて考えてみたい。

### （2）出土銭から地域の歴史を考える

　①出土銭の教材化の視点　　ここでは、埼玉県久喜市八甫で出土した事例を紹介し、教材化の視点について考えたい。この資料は、畑から耕作中に発見されたものであるが、出土地が明らかであり、出土状況の写真も撮影されている。2個の素焼きの壺が発見され、そこにはあわせて約5,500枚の永楽通宝の精銭が納められていた。現在、久喜市立郷土資料館に常設展示されている。

　文化財を教材化する場合、文化財そのものの性格はもとより、つくられた時期や伝えられた場所（考古遺物の場合は、出土した場所）なども重要となる。永

図2　八甫の出土銭の出土状況（久喜市立郷土資料館提供）

楽通宝は、中国明朝の第3代皇帝永楽帝が1411年から鋳造させた銅銭である。
永楽通宝は発行当初、明の国内でも流通していたが、それまで流通実績のあっ
た宋銭などより信用が低く、次第に使用されなくなった。一方、当時の日本
列島では貨幣経済が急速に発展し、中国銭貨への需要が高まっていたため、
永楽通宝が貿易の決済手段とされ、日明貿易（勘合貿易）や倭寇によって日本
列島にもらされた。「永楽銭」という用語は、明代に輸入された銅貨一般を
指す場合もあり、数百年にわたって流通し、磨耗、破損した宋銭に代わって
使われるようになった。特に東日本では、江戸初期まで基本貨幣として使用
されていた。永楽通宝の初鋳年が1411年なので、日本列島に渡来し流通し
てから埋蔵されたとすると、この永楽通宝は、15世紀の中期以降に埋蔵され
たと考えることができる。

　東国で多く流通した永楽通宝に関して、黒田明伸による興味深い指摘があ
る。黒田は、出土する永楽通宝は相対的に様態のよいことで知られているが、
様態がよければ官銭、悪ければ私鋳銭という対応関係はもともとあてになら
ないとする。永楽通宝の出土状況について着目すべきは、満遍なく見つかる
出土数上位の北宋銭と違い、特定の地層にまとまって出土する傾向があるの
で、まとまって出土する永楽通宝を15世紀初めに中国で鋳造された真正の
永楽通宝を各地で撰銭した結果と考えるのは無理があり、高い需要があるな
ら、分散したものを集めるより、新たに供給した方が費用はむしろ安くすむ

ので、これらの永楽通宝は日本で鋳造されたものであると推察している。この仮説を裏付けるものが、2003年（平成15）に茨城県東海村の村松白根遺跡で発見された。永楽通宝の枝銭である。まぎれもなく鋳造の最終工程を示しているものであり、中国大陸で鋳造された枝銭がもたらされたとは考えにくく、この地で永楽通宝を模した銅銭が鋳造された物証とみなすのが自然であるとしている（黒田2020）。永楽通宝が、東日本でも模鋳され、広く流通していたと考えることができる。

　ここで紹介する永楽通宝も、様態がよいからといって中国から渡来した官銭であるとは限らず、日本で鋳造されたものである可能性もある。このようなことも視野に入れながら学習を進めることにより、多面的・多角的な考察が期待できるだろう。

　**②出土した地域に着目する**　次に、埋蔵銭が出土した地域の歴史的景観を見てみよう。この地域は旧利根川の右岸にあり、現在も河川が多く旧河道も確認される河川に沿って自然堤防が発達し、後背湿地が広がっている。この地域が、近世初頭のいわゆる利根川東遷以前には利根川の流路であり、低地を大河が乱流しているという景観であった（遠藤1982）。

　利根川の流路は、図3のように復原できるので、これを示し、この河川を利用した交通が発展したことを推測する。

　中世の水運に関する研究の進展により、12世紀には伊勢から関東地方に至る「東海道の海の道」が成立したことが明らかにされた。10世紀以降、御厨（みくりや）と呼ばれる伊勢神宮の荘園が東国各地に多く設定され、埼玉県内にも、大河土（おおかわど）（北葛飾郡松伏町か、三郷市・八潮市に比定されるが不明）・恩田（大里郡大里町）などの御厨が設けられていたが、これらの御厨からの貢納物を輸送するための航路が成立した。鎌倉幕府の成立に伴い、伊勢と関東との連絡が重視されるようになり、六浦（むつら）（神奈川県横浜市）・和賀江（わかえ）（神奈川県鎌倉市）などが鎌倉の外港として栄えた。江戸（東京）湾には、神奈川湊・品川湊なども形成され、これらの湊における伊勢神宮の神人の活動も史料で確認することができる。さらに、河川・湖沼の水運も発達し、湊から内陸へ、人やものが輸送されたと考えられる（網野1992）。

　時代は下がるが、この河川交通を利用して旅をした人の記録を読んでみよう。京都醍醐寺の堯雅僧正（ぎょうがそうじょう）が、1576年（天正4）に、関東を訪れた際の記録

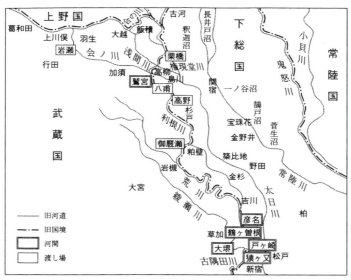

図3　中世利根川の流路復原図（島村 2003 より転載）

史料1　「堯雅僧正関東下向記録」

　第四度目下向
天正四丙子六月十二日立酉酉（醍醐）云々
　　先雖被趣（赴）中山道依不通、又自伊勢乗船、着武州品川云々、自科川着下総国栗
　　橋実相寺、五日逗留、水海昌福寺ニ十日、古河の□（昌）福寺ニ四日逗留云々、
　　自此所付山川ノ結城寺、四日逗留也
八月廿日
　　於結城寺印可
九月六日
　　於下野成願寺印可

（『鷲宮町史　史料編四中世』1983、p.302）

　である「堯雅僧正関東下向記録」の一部である（史料1）。
　　これによると、僧正は中山道が不通であったため、伊勢で船に乗り、品川
湊に到着した。そこで再び船に乗って利根川を北上した。栗橋（茨城県猿島郡
五霞町）の実相寺、水海（茨城県古河市）の昌福寺、古河（茨城県古河市）の昌福

寺にそれぞれ逗留し、さらに、山川（茨城県結城市）の結城寺、宇都宮（栃木県宇都宮市）の成願寺へと向かったことがわかる。この史料には生徒にとって馴染みのある地名も見られることから、それらの地名を確認しながら、史料を読むことができる。

　品川湊は江戸湾の重要な湊の一つで、海上交通の拠点であるともに、内陸へ向かう河川交通の拠点でもあり、多くの船が往来したようである。図3に示したように、中世のこの地域には、利根川・荒川などが乱流していたが、これらの河川は、陸上交通と相互に補完しあいながら、重要な交通路となっており、この地域と西国とを結ぶ交通路があったことがわかる。

　それでは、永楽通宝が出土した八甫は、どのようなところであったのだろうか。旧利根川主流の右岸に位置する八甫には、河岸（船着場）があったと伝えられ、品川湊から、利根川を北上するという水上交通のルートにあったと考えられる。このことは、次の史料2（天正年間〈1573～92年〉のものと推測される北条氏照書状）からも読み取ることができる。

　この書状から、30艘の商船が八甫まで運航していること、八甫は北条氏照の所領であるので、勝手に他の船を通してはならないと命じていることなどが読み取れる。このことから、八甫は、河川交通の要所で、多くの船舶が往来していたことがうかがえ、船舶の往来によって経済も発展し、多くの銭貨がもたらされたということが推察できるだろう。このように、中世後期において人や物の交流が活発に行われ、貨幣経済が進展していたことが想定され

史料2　「北条氏照書状」

（前欠）
小手指宿へ着候、□於此儀者、明鏡二聞承候、
一八甫を上船者、商船及三十艘之由申、其直二彼船も上候条、別二咎無之候之条、早々
　可被戻候、
一八甫之儀者、当知行二候、然者、無体二他之船可通子細二無之候、今迄此穿鑿為如
　何不被申候、向後者、一改可申付候、誰歟船通共然而可承候、恐々謹言、
　　　　六月三日　　　　　　　　　　　　　氏照（花押）
　　　　布施美作守殿

（『幸手市史　古代・中世資料編』1995、p.551）

る。そのような時代に地中に備蓄していた銭貨が何らかの理由で忘れ去られ、時を越えて発見されたのである。

　③**多面的・多角的に考察する**　地域の遺構や遺物、歴史的地形を活用し、歴史資料の特性を踏まえて、資料を読み取らせ、資料を通して得られる情報から時代の特質について多面的、多角的に考察し、仮説を表現させる授業が構想できる（島村2003）。

　出土銭の写真を示し、これが明の永楽通宝であることを説明し、さらに出土した地域の地図（地域の歴史的景観を復原する作業をするため、国土地理院の土地条件図を活用する。都市化されて住宅開発が進んでいる地域でも、この土地条件図から「もとの姿」を知ることができる。）を提示して説明して、質問を考えさせる。教師が問いを立てて考察させる授業も考えられるが、ここでは歴史資料（遺物を含めて）や歴史的景観を読み取らせ、自ら問いを表現させて考察させることにする。

　生徒たちが表現する問いとして、次のようなものが考えられる。

　○中国のお金がなぜここに（こんなに）あったのか。

　○どうやってここまで運ばれたのか。

　○どうして埋められたのか。

　生徒が表現した問いを整理し、「謎解き」をさせるのが次の展開となる。考察は各自にさせてよいが、グループワークも有効である。教師は説明するのが好きで、「答え」を言ってしまいがちであるが、ここでは我慢して、生徒の探究活動の支援に徹することにしたい。生徒には、最初に提示した写真や地図のほか、前節で紹介した史料を示し、探究のための素材とするとよい。

　考察させる授業で大切なのは、蓄積された「知識」の体系に基づく良質な素材と優れた問題提起である。教師が問題提起（＝問いの設定）をせず、生徒にさせるには、生徒が問いを立てるための資料の質が一層問われることになる。今回紹介した出土銭は、出土した地域の歴史的特質とあわせて「料理」することにより、良質な素材となるはずである。地域の歴史資料を発掘して活用する授業実践は多くの蓄積があるので、先行実践にも学びながら、子どもたちが自ら思考し、学びを深めるための授業を実践できるようにしたい。

## ●参考文献

足立啓二　1992「東アジアにおける銭貨の流通」荒野泰典・石井正敏・村井章介編『アジアのなかの日本史Ⅲ　海上の道』東京大学出版会

網野善彦　1992『海と列島の中世』日本エディタースクール出版社（のちに講談社学術文庫に収録）

池　享　2001「前近代の貨幣と国家」池　享編著『銭貨―前近代日本の貨幣と国家』青木書店

茨城県教育財団　2005『村松白根遺跡Ⅰ　大強度陽子加速器施設事業に伴う埋蔵文化財調査報告書1』上・下

遠藤　忠　1982「古利根川の中世水路関」『八潮市史研究』4

大田由紀夫　2001「中国王朝による貨幣発行と流通」池享編著『銭貨―前近代日本の貨幣と国家』青木書店

黒田明伸　1999「一六・一七世紀環シナ海経済と銭貨流通」歴史学研究会編『越境する貨幣』青木書店

黒田明伸　2020『貨幣システムの世界史』岩波書店

桜井英治　1997「日本中世における貨幣の信用性について」『歴史学研究』703

島村圭一　2003「「資料をよむ」主題学習の構想―中世の埋蔵銭を中心に―」『歴史と地理　日本の研究』202

下向井龍彦　2001『日本の歴史第07巻　武士の成長と院政』講談社

鈴木公雄　1999『出土銭貨の研究』東京大学出版会

鈴木公雄　2002『銭の考古学』吉川弘文館

中島圭一　1999「日本の中世貨幣と国家」歴史学研究会編『越境する貨幣』青木書店

原田信男　1999『中世村落の景観と生活―関東平野東部を中心として―』思文閣出版

松延康隆　1989「銭と貨幣の観念」『列島の文化史』6

文部科学省　2019『高等学校学習指導要領（平成30年告示）解説　地理歴史編』東洋館出版社

有形文化財 板碑

# 板碑を造立した人々の思いは何か

下山　忍

板碑から中世武士の相続や信仰の変遷、農民闘争や女性の活躍が見えてくる！

## 1　板碑とは

　板碑とは、板状の石で造った卒塔婆である。13世紀前半に発生し17世紀に入ると消滅する、まさに中世という時代と運命をともにする文化財と言える。我が国では、板碑をはじめ五輪塔・宝篋印塔・無縫塔など多くの種類の石塔の造立が12世紀後半から13世紀前半にかけて始まるが、その背景には末法思想に基づく小塔供養の信仰があったという（千々和1988）。

　板碑は、埼玉県内の荒川上流の長瀞や槻川流域の小川町下里から産出される青石＝緑泥片岩を材料とする「武蔵型板碑」が質量ともにその中心であり、この武蔵型板碑を中心に板碑の研究が進んできたという経緯がある。緑泥片岩は鑿で割ると板状に割れ、扁平で文字などを刻みやすい特徴がある。一般的な板碑の形は、頂部を山形にし、その下に二条線（二本の溝）を彫って頭部を造り、塔身部の広いスペースに、梵字や図像であらわす仏、年月日、仏をたた

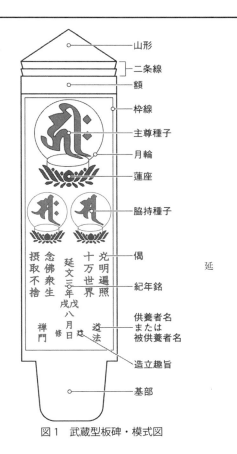

図1　武蔵型板碑・模式図

右側ラベル：山形／二条線／額／枠線／主尊種子／月輪／蓮座／脇持種子／偈／紀年銘／供養者名または被供養者名／造立趣旨／基部

本文（縦書き）：尅明遍照　十万世界　延文三年戊戌　八月　日　遊法　禅門　修　念佛衆生　摂取不捨

75

える偈、造立の趣旨、願主名などが刻まれているところに特徴をもつ（図1）。これらには、刻まれた溝の断面がV字形になる薬研彫りという彫法が通常用いられている。

　ちなみに梵字とは古代インドのサンスクリット文字のことであるが、難解なこともあって、霊的で神聖な文字とされていた。板碑では仏を図像より梵字で表現する場合が多い（図2）。なお、梵字を種子とも言うが、これはその1字が無量の義を生じることを草木の種子にたとえたためという。武蔵型板碑に刻まれる梵字で最も多いのが**ぜ**キリーク（阿弥陀如来）で、全体の9割以上がこれにあたる。このほかに、梵字や図像以外にも漢字で「南無阿弥陀仏」の名号を刻んだ板碑もあり、阿弥陀如来にすがって死後極楽浄土に往生することを願う浄土信仰の広がりを感じさせる。

　以上のように板碑に梵字や図像で仏を刻むのは、その仏を供養するための石塔だからである。墓標として用いられることもあるが、それが本質ではない。「石で造った卒塔婆」と呼ばれるのは、そういう意味である。板碑には天蓋（笠状の装飾）・蓮台（蓮花座）・月輪（満月）や、華瓶（花を供える壺）・燭台（ろうそく立て）・香炉の三具足が刻まれることも多いが、これは主尊等の荘厳のためで、仏像をまつる仏堂の装飾と同様の意図がある。さらに言えば、板碑の大きさも仏像を意識しているとも考えられる。仏像を制作する上で、立像は一丈六尺（約4.85m）、坐像はその半分の八尺（約2.43m）を基本とするが（丈六仏）、「八尺青石卒塔婆」と刻まれた板碑もある（千々和1988）。すなわ

| | | | | | |
|---|---|---|---|---|---|
| 如来 | キリーク<br>阿弥陀如来 | ア<br>大日如来<br>（胎蔵界） | バン<br>大日如来<br>（金剛界） | バク<br>釈迦如来 | バイ<br>薬師如来 |
| 菩薩・観音 | マン<br>文殊菩薩 | ユ<br>弥勒菩薩 | サ<br>聖観音 | アン<br>普賢菩薩 | サク<br>勢至菩薩 |

図2　主な種子

ち2mを越える大きな板碑は、丈六仏を意識していたことも想起されるのである。実際の仏像は半丈六（坐像では1.21m）も多いが、板碑もこうした法量の視点から見ていく必要があるのかもしれない（下山2014）。

　さて、総数5万2,000基以上とも言われる板碑は、北海道から九州まで全国に及んでおり、各地で調査研究も進んでいる。材質も武蔵型板碑に用いられる緑泥片岩ばかりでなく、花崗岩・安山岩・凝灰岩など各地の石材を用いて造られており、それぞれが特徴をもつ。かつて武蔵型板碑などを「整形板碑」、それ以外の板碑を「自然石板碑」と区分することもあったが、現在のところ最古の武蔵型板碑が嘉禄3年（1227）銘（埼玉県熊谷市）であるのに対し、建久元年（1190）銘（長崎県諫早市）の自然石板碑も確認されており（播磨1989）、板碑の出現を考えていく上で重要な情報である。かつては武蔵型板碑を念頭に「山形の頭部・額部と二条線をもつ」ことが特徴とされていた板碑であるが、現在では全国的な状況を踏まえ、「礼拝の対象である仏菩薩を塔身上部に置き、一材で一観面を原則とする卒塔婆」と定義されている（磯野2017、野澤2019）。

　なお、中世を通して造立された板碑であるが、室町時代に入り、15世紀も半ばを過ぎると、造立の担い手は、武士から村の結衆（村落共同体）に代わり、月待や庚申待という民間信仰的色彩が強いものとなる。日々の生活の安穏を願い、互いの連帯感を高める意味をもったのであろう。造立の目的も、①父母などの死者の冥福を祈る目的（追善供養）より、②自分の死後の安穏を祈る目的（逆修供養）が増加してくる傾向がある。

　以上のように板碑は、中世を代表する文化財の1つであり、歴史学の史料として位置付ける研究も進みつつある。しかし、その成果は教科書等にはあまり反映されておらず、中学校や高等学校の歴史教育の教材として扱われることは稀である。本稿は、こうした板碑の教材化の可能性について考えてみることを目的とする。

## 2　板碑の歴史的背景とよみとく視点

### （1）武士の祭祀と信仰

　板碑が中世を代表する文化財であるとすれば、当然武士との関係が想起されるのだが、それを具体的に示す事例は実はそう多くない。なぜならば、板

碑に造立者の名前を刻むことは稀であり、刻んでいたとしても俗名ではなく法名が基本であるため、その人物を特定するのが難しいからである。総数2万基以上とされる武蔵型板碑の中でも武士名を刻む板碑は25基であり、武士の官途名や武士を類推させる銘をもつ板碑を加えても42基に過ぎない（磯野 2017）。

**①蒙古襲来と惣領制〜青蓮寺阿弥陀種子板碑**　そうした状況の中でも、鎌倉時代の武士（御家人）の信仰や祭祀について雄弁に語ってくれる貴重な板碑もある。かつて千々和到によって紹介された埼玉県東松山市正代にある弘安4年（1281）銘をもつ青蓮寺阿弥陀種子板碑がそれである（図3、千々和 1973）。この板碑については石井進によって惣領制の視点から通史に記述されることで広く知られることになった（石井 1974）。

　この青蓮寺阿弥陀種子板碑は高さ223cm・幅59cmと大きく、阿弥陀一尊種子の下に100字近い銘文があり、最後に弘安4年7月1日に「諸衆」が建立したことが刻まれている。銘文は難解であるが、撫民の徳が深く、仁恵の情が厚く慕われていた「（前）右金吾禅門」の尊霊と「累代の幽魂」のために「諸衆」が「毘盧の廟石」を建立したという趣旨が記されている。祭祀の対象である「（前）右金吾」とは右衛門尉の官職を有していた小代重俊のことと考えられている。すなわちこの板碑は、おそらくは小代重俊の年忌等にあたってその一族によって建立されたものなのである。

　小代氏は武蔵国小代郷を本領とする武蔵七党の児玉党の武士であり、源頼朝に仕えて御家人となっていた。1247年（宝治元）の宝治合戦において勲功をあげたことにより、小代重俊は肥後国野原荘の地頭職を与えられていた。その後、1268年（文永5）には通交を求める蒙古の国書が到達するが、これを黙殺し蒙古襲来を想定した鎌倉幕府は西国の守護に警備を命じるとともに、西国に所領をもつ東国御家人にも西国への下向を命じた。これを受け、小代重俊の子息た

**図3　青蓮寺の阿弥陀種子板碑**
（筆者撮影）

ちも、文永の役の翌年の1275年（建治元）に肥後国に下向している。

青蓮寺の板碑が建立されたのは、その6年後の1281年（弘安4）でまさに弘安の役の真最中であった。重俊はすでに亡く、その子息たちは肥後国に下向していたが、本領の小代郷に残っていた一族も多かった筈である。共通の祖先である亡き重俊を祀り顕彰することによって一族結合を図ったものであろう。地縁を越えて血縁を重視する、惣領制の実像を窺うことができる史料と言える。

**②後家の権限～智観寺阿弥陀種子板碑**　もう1例よく知られているのが、埼玉県飯能市中山にある2基の智観寺（ちかんじ）阿弥陀種子板碑である（図4）。これらは、仁治2年（1241）銘と仁治3年銘をもつ2基の板碑であり、前者は高さ175cm、後者は181cm、最大幅はともに約58cmである。地上高はともに約130cmとほぼ同じ大きさであり、種子の形態や銘文配列などから、この2基は一対の双碑の関係にあると考えられる。かつては境内に立っていたが、現在は収蔵庫に保管されており拝観の機会は年に一度である（日本石造物辞典編集委員会編2012）。

この智観寺阿弥陀種子板碑2基も、御家人である丹党（たん）の加治氏に関連する板碑でその信仰を知ることのできる貴重な史料として、千々和到によって紹介された（千々和1973）。銘文からいずれも加治助季（かじすけすえ）により、仁治2年銘板碑は亡母名阿弥陀仏の一周忌に際して建立され、仁治3年銘板碑は亡父加治家季（かじいえ）（すえ）の三十八年忌改葬にあたって建立されたことがわかる。なお、仁治3年銘板碑の三十八年忌ということから逆算すると、この加治家季の没年は1205年（元久2）にあたる。『吾妻鏡』等の文献史料と併せて考えることによって、この年に起こった畠山重忠の乱（二俣川合戦）（ふたまたがわ）で重忠に討たれたという興味深い事実も知ることができるのである（石井1974）。

すなわち、子息が母の一周忌にあたって1基の板碑を建立し、その翌年には37年前に討死した父を改葬し、その旨を刻

**図4　智観寺の阿弥陀種子板碑**
（飯能市立博物館レプリカ・磯野治司氏撮影）

んだもう 1 基の板碑を建立したことがわかる。いずれもほぼ同じ形態・法量の双碑とした。ここからは、子の親に対する愛情や夫婦の絆という、現代にも通じる思いを想起することができる。

　しかしそればかりでなく、近年進展著しい女性史研究の成果に学ぶと「後家権」という違った側面も見えてくる。「後家権」とは、夫の死後、残された妻が家父長権の代行者として所領を管理し、子どもたちに分配する権限であり、鎌倉時代には多くの事例が見られる（野村 1991）。鎌倉幕府の追加法 98 条に見られるように、幕府法はこうした「後家権」を前提としていたが、同じ追加法 143 条は所領をめぐる後家と子の訴訟も少なくなかったという事実も伝えている（笠松ほか 1972）。後家と子の間には、愛情だけでなくある種の緊張関係もまた存在していたということができる。

　亡母名阿弥陀仏の没年齢は不明であるが、夫の死後 37 年経ていることから高齢であったことは間違いない。同様に亡父家季も若年で討死したことや、その時には子どもたちも幼少であったことも窺える。「後家」の亡母名阿弥陀仏は、子どもたちが成長して所領を配分できるまでの間所領を守り、そして死去した。その前後には、助季ら子息たちへの所領等の委譲があったはずである。亡父の遺骸の改葬や一対の双碑の建立という行為は、所領の相続という文脈で解釈していくこともできるのではないだろうか。

　「後家権」という用語そのものが高等学校の教科書等に載っているわけではないが、この時代の女性は相続の際に男性と同じく財産の分与に預かり、地頭になる例があるなど女性の地位が比較的高かったことに関する記述はあるので、その関連で活用できる史料と言える。

　**③得宗専制と禅宗〜円照寺板碑群（元弘の板碑）**　智観寺の板碑を建立した加治氏は、そこから約 3km 東南に位置する円照寺（埼玉県入間市野田）にも板碑を残している（図5）。円照寺は、先に見た加治家季の菩提を弔うために子の家茂が建立したという伝承をもつ加治氏の菩提寺である（保坂 1972）。ここには 6 基からなる「円照寺板碑群」があり、古い順に①建長 6 年（1254）、②文永 7 年（1270）、③嘉元 3 年（1305）、④元弘 3 年（1333）、⑤文和 3 年（1354）、⑥応安元年（1368）の銘文をもっている（日本石造物辞典編集委員会編 2012）。

　この中で最も著名なものは、④元弘 3 年 5 月 22 日の紀年銘をもつ板碑（地上高 137cm）で、この日付が新田義貞らに攻められた北条高時が鎌倉の東勝寺

で自刃し鎌倉幕府が滅亡した日と一致することが
よく知られている理由である。この板碑に刻まれ
た「道峯禅門」とは加治家貞の法名であり、家貞
は幕府方として入間川・久米川で新田軍を迎え討
つが敗れ、その後北条氏と命運を共にしたと考え
られている。

　この元弘3年銘板碑はまた、禅宗の偈をもつこ
とでもよく知られている。「乾坤無卓孤筇地、只
喜人空法亦空、珍重大元三尺剣、電光影裏析春風」
（乾坤孤筇を卓つるの地なし、只喜ぶのみ、人は空にして
法もまた空、珍重す大元三尺の剣、電光影裏春風を析く）
という「臨刃偈」が刻まれている。「天地には一
本の杖を立てる地もなく、人は空にして法もまた
空である。元の3尺の剣が私を斬ったとしても、
それは春風を切り裂くにすぎない」というような
意味になろうが、これは円覚寺の開山である中国
僧無学祖元が、かつて元兵に襲われた時に泰然と
構え、この偈を唱えて難を逃れたとされる。

図5　円照寺の元弘の板碑
（磯野治司氏撮影）

　もう1基、円照寺板碑群には③嘉元3年（1305）銘板碑（上部欠損：高137cm）
もあり、「碧巌録」から引用した禅宗の偈を刻む。こちらも同年に起こった
嘉元の乱（北条宗方の乱）に関連して斬首された加治光家の追善供養のための
板碑と考えられており興味深い。

　加治氏は本来は御家人であり、先に見た1205年（元久2）の畠山重忠の乱（二
俣川合戦）では安達景盛に属して戦ったが、おそらくは1285年（弘安8）の霜
月騒動で安達氏が敗れた後に御内人になった可能性が高い（石井1974、千々和
1988）。北条氏（得宗）は時頼以降禅宗への帰依を深めていくが、御内人とし
て得宗に仕えた加治氏の信仰もその影響を受けていたことがわかる。円照寺
板碑群の①や②、あるいは智観寺の板碑には禅宗の偈はなく、阿弥陀一尊種
子を大きく刻んでいた。御家人から御内人へと変貌を遂げた加治氏の信仰の
変遷を考える上で興味深い。

　高等学校の授業でも鎌倉仏教で禅宗を扱い、無学祖元の名も教科書等に登

場するが、ともすれば文化史を政治史や社会経済史と切り離して扱う傾向もある。こうした素材をもとに、文化の特色とその背景や社会の変化と文化との関係を考察させることも多面的・多角的な思考を育成することにつながるのではないだろうか。

## （2）結衆板碑と農民闘争

　板碑の時期区分について千々和到は、Ⅰ前期（1227～1300年）、Ⅱ盛期（1300～1440年）、Ⅲ後期（1440～1520年）、Ⅳ終期（1520～1600年）の４期に区分し、Ⅰ前期からⅡ盛期にかけては御家人など在地領主層が造立の主体であったのに対し、Ⅲ後期を民衆が登場する画期と位置付けた（千々和1988）。すなわち、15世紀半ば以降に増加する結衆（けつじゅう）板碑には、複数の無姓の俗名や法名が刻まれており、現世的な欲求で結ばれた村人を造立主体としているというのである。

　そうした結衆板碑の例として、埼玉県戸田市美女木にある寛正２年（1461）銘板碑がある（図6、戸田市編1981）。高さ83.5cm、幅38.5cmの法量で、🔣キリーク（阿弥陀如来）・🔣サ（観音菩薩）・🔣サク（勢至菩薩）の三尊の下部に「奉月待供養」とあり、13名の交名（きょうみょう）が刻まれている。その配列は「浄徳禅門」を中央に近い所に置き、向かって右側に「賢恵大徳」「平次三郎」「左近五郎」「彦太郎」「次郎太郎」「七郎次郎」の６人、向かって左側に「平次太郎」「八郎太郎」「七郎四郎」「次郎三郎」「三郎五郎」「弥三郎」の６人となっている。「浄徳禅門」の禅門とは在俗のまま剃髪した男性のことであり、おそらくはこの人物がこの月待行事の中心的な役割を果たしたのであろう。他の12人のうち、向かって右側筆頭の「賢恵大徳」は読経などを行った僧侶か。その他の11人は庶民的な俗名で示されて整然と並んでいる。

　この月待とは、陰暦17日の「立待（たちまち）の月」、

図6　寛正２年銘月待供養
板碑（戸田市美女木）

18日の「居待の月」、19日の「寝待の月」、20日以降の「臥待の月」などと呼ばれるが、月を信仰の対象として月の出を待つ宗教行事である。板碑としての初見は嘉吉元年（1441）である（千々和 1988）。近世以降には、所定の日に人々が集まり、供物を供え飲食を共にする講の形で行われたことがよく知られており、二十三夜塔などの石塔も残されている。結衆板碑はそうした近世以降の民間信仰にもつながっていくものであり、村落における組織が宗教的外皮に包まれたものと見ることができよう。

　こうした結衆板碑には月待のほかに、庚申待も見られる。庚申待とは、人の体内にいるという三尸の虫が、庚申の日に体内から抜け出して天帝にその人の罪過を報告するという道教に由来する信仰に基づく。60日に1回廻ってくる庚申の日に人々が集まり眠らずに過ごして、体内から三尸の虫が出ないようにするという宗教行事である。講の構成員が夜を徹して懇親するという機能は月待の場合と共通していると言える。板碑としては文明3年（1471）銘のものが初見というが（千々和 1988）、寛正2年銘の月待供養板碑のある埼玉県戸田市には、長享3年（1489）銘と明応3年（1494）銘の庚申供養板碑も残る（戸田市編 1981）。

　さて、ここで述べた結衆板碑のある埼玉県戸田市西部からさいたま市南西部にかけての地域は、中世は鶴岡八幡宮領佐々目郷と呼ばれていた。1394年（応永元）から1398年（応永5）にかけて、荘園領主に対して年貢減免を求める闘争を展開したことで知られている。1461年（寛正2）の大旱魃のための凶作に際しても同様に、年貢減免闘争を激しく展開して年貢を4分の1に引き下げることに成功している（戸田市編 1986、田代 2009）。

　こうした農民闘争の基盤である地域の連帯が、宗教的外皮をまとい結衆板碑の造立につながっていったということは容易に想像できる。さらに言えば、この佐々目郷には美女木八幡社という鶴岡八幡宮の末社が建立されており、当郷の宗教的・精神的支配も意図していたと考えられるが、そこから離脱するかのように月待や庚申待の結衆板碑を造立する村人たちの姿を見ることができるのである。

　高等学校の教科書では、惣村の形成に関して、農村の共同作業や戦乱に対する自衛などとともに村の神社の祭礼などを通して村民の結合を強くしていったことが述べられ、神社の祭礼に関しては宮座の組織を例示している。しかし、宮座は畿内を中心に西国ではよく見られるが、東国ではほとんど見

られず生徒たちも実感がわかない面もある。それに代わる惣村の形成に係る東国の事例として、結衆板碑が活用されても良いように考えている。

### （3）板碑に見る女性名

　最後に、板碑の中の女性名について考えてみたい。武士名との関連で磯野治司が1267年（文永4）から1356年（延文元）までの女性名6例（1例は年未詳）を紹介しているが、表記は「藤原氏女」「橘氏女」「朝妻氏女」というものであった（磯野2017）。先に挙げた時期区分で言えば、Ⅰ前期からⅡ盛期の前半にあたり、御家人など在地領主層が板碑造立の主体であった時期に該当する。「氏女」は「うじのにょ」と読み、生家の姓を示す呼称であるが（角田2006）、こうした呼称は、古文書等には11世紀後半から登場してくる。結婚後の生活基盤が妻の家に強く結び付いており、一期分<sup>いちご</sup>としての相続権も独自の経済基盤をなし得る可能性があったことがそうした呼称の背景にあるという（飯沼1987）。

　それでは、Ⅲ後期以降の結衆板碑に女性名は見られるのであろうか。先に見た埼玉県戸田市美女木の寛正2年（1461）銘板碑はすべてが男性名であったが、同じ結衆板碑でも2例の善光寺時供養板碑に女性名が多いことが近世の女人講との関係から注目される（伊藤2019）。その1例は埼玉県八潮市鶴ヶ曽根の医薬寺にある大永8年（1528）銘板碑である。これには8名の交名が刻まれているが、このうち女性の法名である「禅尼」が5名見られる。こうした法名をもつ女性の多くは正式の尼ではなく、家にあって故人の供養や自分の後生を祈る比丘尼であろう（角田2006）。

　もう1例の善光寺時供養板碑は、東京都足立区加平の円泉寺にある天文2年（1533）銘阿弥陀三尊図像板碑で、こちらは8名の交名全員が女性名である。その内訳は「禅尼」が2名、「楠子」・「菊子」・「申子」などの俗名が6名であり、当時の女性名が知られて興味深い。善光寺時供養の詳細は未詳だが、善光寺は女人の信仰を積極的に受け入れたことに関連するのではないかとされている（伊藤2005）。

　数は多くはないが、そのほかにも女性名を刻む結衆板碑はある。さいたま市立浦和博物館（旧報恩寺所蔵）の大永2年（1522）銘十三仏月待供養板碑には、14名の交名が見られるが、そのうち10名が「禅尼」すなわち女性である（図7）。そのほか、さいたま市緑区中尾の駒形公会堂（旧福生寺）にある永正15年（1518）

銘阿弥陀一尊念仏供養碑の 22 名の交名中 5 名の女性名（「妙〇尼」が 4 名と「楠太子」）、さいたま市緑区大間木薬師堂にある天文 12 年（1543）銘上部欠損（阿弥陀一尊力）庚申待供養碑 10 名の交名中 4 名の女性名（「早稲子」・「松子」・「犬子」・「虎子」）、さいたま市緑区三室飯野家にある年未詳月待供養碑（破片）に 3 名の女性名（「禅尼」等）が確認できる（諸岡 1998）。

図7　大永 2 年銘
十三仏月待供養板碑
（さいたま市立浦和博物館）

　女性名を刻む板碑の出現は、先の時代区分では Ⅳ 終期にあたるが、この時期の村内のどのような状況を反映しているのであろうか。こうした板碑造立の背景を語る文献史料等は残念ながら見当たらないが、畿内近国の惣村の事例にその手がかりがある。すなわち、惣村の運営は年貢の貢納責任者であった成年男性が中心となっていたが、子どもの成育までの家父長権を有する後家尼以外の女性も財産保持者として認める「奉加帳」のような史料も見られる。奉加帳とは神仏に奉加する金品の目録や寄進者の氏名を記した帳簿のことであり、ここからは寄進を可能にする財産の保持とそのことを背景とした自己主張を読み取ることができるが、近江国の事例では 15 世紀末期の奉加帳に多くの女性名が見られる。さらに 14 世紀末には女性だけの「女房座」が形成されていた地域もあり、その数は 16 世紀中頃には増加しており、村内で一つの勢力を形成していたという（田端 1982・1987）。

　高等学校の教科書においても、室町時代の商工業の発達に関して大原女や桂女などの行商人や金融業における女性の活躍についての記述は見られることから、それをこうした惣村における女性の活動に広げていってもよいのではないだろうか。その際、東国における女性名の板碑も 1 つの史料となりうるものと考えている。

## 3　文化財を学びに活かす

　2018 年（平成 30）7 月告示の高等学校学習指導要領（地理歴史科）は資料を通

じた歴史学習を重視しており、多様な資料を活用して各時代の特徴を考察できるようにすることを求めている。授業等で活用できる資料には様々なものが存在することから、教師はそれらを発掘するとともに、授業にあたっては、学習のねらいを明確にして資料の有効性や基本的な特性を踏まえた学習を展開することが必要である。こうした学習を通して、生徒に資料を活用する技能を身に付けさせ、資料と時代の特色を結びつけて考察できるようにするとともに、文化財保護への関心を高め、地域の文化遺産を尊重する態度を養うこともできよう。

　本稿では、中世を代表する文化財の１つである板碑について、武士の祭祀と信仰、結衆板碑と農民闘争、板碑に見る女性名などの視点から教材化の可能性について考えてみた。生徒が目にすることも多い身近な文化財を教材化していくことの１つの試みとして提示したつもりである。

●参考文献
飯沼賢司　1987「女性名から見た中世の女性の社会的位置」『歴史評論』443 号
石井　進　1974『中世武士団（日本の歴史第 12 巻）』小学館
磯野治司　2017「武士名を刻む板碑」北条氏研究会編『武蔵武士の諸相』勉誠出版
伊藤宏之　2005「『善光寺時供養板碑』について」『寺社と民衆』第 1 号
伊藤宏之　2019「民間信仰」『季刊考古学』第 147 号
笠松宏至ほか校注　1972『中世政治社会思想　上』岩波書店
下山　忍　2014「信仰と板碑」関　幸彦編『武蔵武士団』吉川弘文館
田代　脩　2009『武蔵武士と戦乱の時代』さきたま出版会
田端泰子　1982「大名領国規範と村落女房座」女性史総合研究会『日本女性史 第 2 巻 中世』東京大学出版会
田端泰子　1987『日本中世の女性』吉川弘文館
千々和到　1973「東国における仏教の中世的展開」『史学雑誌』第 82 巻 2 号・3 号
千々和到　1988『板碑とその時代―てぢかな文化財・みぢかな中世―』平凡社選書
角田文衞　2006『新版日本の女性名―歴史的展望』国書刊行会
戸田市編　1981『戸田市史資料編 1 原始・古代・中世』
戸田市編　1986『戸田市史通史編上』
日本石造物辞典編集委員会編　2012『日本石造物辞典』吉川弘文館
野澤　均　2019「聖地」『季刊考古学』第 147 号
野村育世　1991「中世における後家相続―『鎌倉遺文』を素材として―」『比較家族史研究』第 6 号
播磨定男　1989『中世の板碑文化』東京美術
保坂三郎　1972『円照寺の板石塔婆』中央公論美術出版
諸岡　勝　1998「板碑にみる民間信仰(1)―浦和所在の民間信仰板碑―」『浦和市史研究』第 13 号

**有形文化財** 社寺参詣曼荼羅

# 社寺参詣曼荼羅に何を願ったのか

松井吉昭

社寺参詣曼荼羅から庶民の信仰や風俗がわかる！

## 1 社寺参詣曼荼羅とは

　「社寺参詣曼荼羅」（以下、参詣曼荼羅とする）という用語は、史料用語ではなく研究用語である。1968年（昭和43）、京都国立博物館で開催された「古絵図」展において、古絵図の一分類として用いられ、以後、歴史の研究用語として定着している。

　主として16世紀から17世紀にかけて、寺院・神社へ参詣者を誘致することを目的として作成された宗教的な案内図である。大高康正によれば、現存する参詣曼荼羅の点数は154点であるという（大高2012）。そして半数以上の作品は、17世紀以降に作成されたものと思われ、なかには立山曼荼羅のように18・19世紀にいたって作成されたものもあるという。大高文献の「参詣曼荼羅一覧表」を見ると、「立山曼荼羅」が48点、「熊野那智参詣曼荼羅」が36点ある。この二つの霊場で合計84点を数えることができ、154点の半数以上を占めている。17世紀以降に多く作成されてきたのは、立山と熊野那智という二つの霊場ということである。

　本来、参詣曼荼羅が作成された目的は、伽藍の再建、復興を目指した勧進活動のためであり、16紀から17世紀にかけてという限定された時期に作成された参詣曼荼羅が、典型的な参詣曼荼羅ということができる。大多数の一般庶民を対象に作成されたであろうことは、通常、縦・横ともにその大きさが150cmから160cm前後に及ぶことから、一度に多くの人びとに見せるためのものであったことがわかる。

　参詣曼荼羅は、参詣者のための霊場とその周辺の図解案内図である。ほと

んどが大型の掛軸装で、紙本に安価な泥絵具が使用された。画面の背景を、赤土から採った顔料である黄土や白色顔料の胡粉によって塗りつぶされている。ほぼ正方形の平面の画面に、実際の地形や距離をデフォルメして描き、さらにその歪みを解消するため、所々に雲霞を配して遠近感や距離感を調節している。画面の上部には、多くの場合は三山が描かれ、左右に日輪・月輪が配されており、山々の下に、霊場が描かれるのである。

徳田和夫は、参詣曼荼羅の特徴として以下の８点をあげている（徳田 1990）。

①大幅（掛幅形式）の画面に泥絵具で彩色していること（紙本が大多数、絹本は三種のみ）。

②明らかに先行の本地・垂迹・本迹の各図像曼荼羅の影響下にあること（曼荼羅）。

③礼拝の対象となっていること（礼拝画・仏画・神画）。

④寺院・神社の境内一円（堂塔伽藍）と周辺を俯瞰的に描いていること（地図）。

⑤参詣路を配し、そこを行きかう参詣者たちの姿を描いていること（案内図・遊楽図）。

⑥寺社の行事や祭礼、神仏祭祀の儀礼、門前町の繁栄を描くものが多いこと（風景図・風俗画）。

⑦寺社に伝わる物語（縁起・霊験譚）を描きこむものが多いこと（縁起絵・説話絵）。

⑧絵解きを想定して制作していること（絵解式曼荼羅）。

これらの特徴をもつ絵画を、参詣曼荼羅と名付けたのである。

参詣曼荼羅の作者（絵師）や工房については、明らかではないが、京都の仏絵師の工房か、奈良を含めた大寺院の絵所などが想定されている。絵師で唯一明らかなのは、「富士参詣曼荼羅」（絹本）であり、画面の右下に狩野元信（1476 年〈文明 8〉～1559 年〈永禄 2〉）の朱印壺形印が押してあり、特定できる。

## 2　社寺参詣曼荼羅の歴史的背景

### （1）西国三十三所十六番札所

参詣曼荼羅を大きく絵画対象別に分類すれば、西国三十三所観音霊場の寺院・その他の寺院・神社となる。西国三十三所観音霊場寺院関係のものは 11 寺院あり、33 寺院の 3 分の 1 が現存する。三十三所の各寺院すべてに、各参

**図1　清水寺参詣曼荼羅**（清水寺本、清水寺所蔵）

参詣者の勧誘のために制作された参詣曼荼羅は、完成を見た伽藍とそこに参詣する人々を描いたものである。（室町時代　16世紀前半頃　一幅　紙本着色　縦161.5×横174.5cm）

詣曼荼羅が存在したものと考えられ、初期参詣曼荼羅の中心は、西国三十三所観音霊場寺院群であったといえる。

　音羽山清水寺は、西国三十三所の第十六番札所で、本尊は十一面千手千眼観世音菩薩である。三十三所もある観音の霊場をめぐる巡礼は、平安時代後半に始まったといわれているが、観音信仰をもとにした参詣が定着するのは室町時代後期である。観音とは、「観世音菩薩」の略称で、観音信仰は古く、紀元2世紀頃までに成立したとされる『法華経』の中に、観音菩薩が33の姿に化身して人びとを救ってくれるとある。その姿が33あることから、三十三所観音札所が設けられたと伝えられている。

　清水寺にはさまざまな縁起が伝えられているが、共通するのは、8世紀末に

大和の僧賢心（のちの延鎮）が山背（城）音羽の地にたどりつき、修行僧行叡と出会う。霊異を感じた賢心は、行叡の草庵に住みつき、滝のほとりで観音を念じつつ修行をしていたところ、彼の草庵に坂上田村麻呂が狩猟の途中に立ち寄り、二人は出会った。田村麻呂は妻三善高子の出産のための薬用に、鹿の角や肝をとるための狩猟であったが、賢心に帰依した田村麻呂夫妻は、尽力して千手観音像を本尊とする寺を建立した。これが寺の歴史の始まりである。清水寺参詣曼荼羅には、田村堂（開山堂）が描かれ、堂のなかに阿弥陀如来が安置され、向かって右側に行叡・賢心、左側には衣冠束帯姿の坂上田村麻呂と十二単衣姿の妻高子夫妻が描かれている。寺の開基に関わる縁起的人物の描写である。

　もう一つは、清水寺参詣曼荼羅の右下の延年寺谷を行く二人連れの図像である。図1の清水寺本では、前を行くのが剃髪姿の人物＝案内者で杖を担いでいる。後を行く人物＝狩猟者は頭巾を被り、手に弓矢をもっている。この図像は、もう1か所轟門近くに見ることができる。そこの図像では、前を行く剃髪姿の人物が後ろを振り返っており、手には弓矢をもっている。後ろを行く頭巾姿の人物は、逆に杖を担いでいる。それぞれに手にする物が逆転している。図2の中島家本では、二人とも剃髪姿であり、案内者は杖を担ぎ、後ろの人物は弓矢を持つ。この二人連れも同じく、轟門の近くに見ることができ、案内者は白い頭巾を被り後ろの人物を振り返っている。手にする物は変わらない。

　この二人の人物（案内者と狩猟者）をどのように考えるか。狩猟者を一般の参詣者と考えるか、清水寺の開創者坂上田村麻呂と捉えるかである。狩猟者を一般の参詣者と考えるより、坂上田村麻呂と捉えた方が納得がいく。その場合、清水寺の縁起的世界からすれば、案内者は賢心（延鎮）ということになる。清水寺本の図像を見てみると、先に指摘したように、清水寺寺内の図像で賢心（延鎮）が弓矢を持ち、田村麻呂が杖を持つというように図像の持ち物が逆転する。このことは坂上田村麻呂伝承に関わることがらと理解できる。それは田村麻呂が出産の妻のために鹿狩りに出たが、賢心に出会って彼に帰依し、殺生戒を犯すことになるため鹿狩りをやめたことの絵解きである。

　さてこの二人は、どこに向かっているのだろうか。それは二人の先にある田村堂である。田村堂の図像は、他の堂舎の図像と少し異なり、田村堂のみ正面が開け放たれ、なかに清水寺の縁起的人物四人の図像と阿弥陀仏が安置されている。中島家本では、音羽の滝の不動明王と田村堂のみ本尊が描かれ

ている（清水寺本には、不動明王は描かれていない）。

　中世後期になると、坂上田村麻呂伝説に変化が生じる。早くに蝦夷討伐の英雄として、東北地方から関東に根付いた田村麻呂伝説である。しかし、それが平安京では、奥州で奮戦する坂上田村麻呂でなく、鈴鹿山で凶賊（鬼）退治に奮戦する田村麻呂という伝説が、伝承されるようになる。これが能の『田村』や御伽草子の『田村の草子』など、庶民の間で伝承された田村麻呂伝説であり、清水の観音に助けられて、鈴鹿山で鬼退治をする話である。『田村の草子』（清水寺史編纂委員会編 1995）には、「上京して元服した田村麻呂が、天女の鈴鹿御前と共に鬼神を滅ぼす。鈴鹿御前は没するが田村麻呂は冥府から彼女をつれ帰る。坂上田村麻呂将軍は観音の、また鈴鹿御前は竹生島弁財天の化身で清水寺を建立」とある。とすれば、田村堂の女性には、三善高子と鈴鹿御前の二重の投影が考えられる。

　延年寺谷の道には、薪を運ぶ男たちの姿が描かれているように、山からの道である。音羽の滝の所からさらに田村堂に向かうということは、この延年寺谷の二人は清水寺にとって特別の意味があると考えられる。

　通常は画面左下の五条橋から本堂に向かうのが通例の参詣路であるから、やはり延年寺谷道を行く人物は、縁起的人物と想定できる。


## （2）清水寺参詣曼荼羅の概要

　清水寺参詣曼荼羅は、2点現存する。両本の絵師、制作年代ともに不明であり、制作年代については、図2の中島家本が少し遅れて制作されたと考えられている。両本の構図はほぼ一致するが、いくつかの点で図像に差異がある。例えば画面上部の雲上日輪・雲上月輪であるが、清水本には見当たらない。また、左下の五条橋の牛若丸と弁慶の姿や四条橋が中島家本には描かれているが、清水本には描かれていない。ここでは、清水寺本の図1を中心に見ていきたい。

　清水寺本の画面構成は、大きく二つの空間に分かれている。画面右上の舞台のある本堂や音羽の滝等で構成される空間は、清水寺の信仰の中心空間であり、聖域空間といえる。一方、画面左下の空間は、清水橋ともいう五条橋を起点とする、清水寺参詣道である。参詣者の案内図としての性格をも有した参詣曼荼羅においては、寺内と同じくらいに参詣道の描写も重要だったといえる。

　図1・2や図3のトレース図にみるように、清水寺参詣曼荼羅図の中心は、

**図2　清水寺参詣曼荼羅**（中島家本、徳田 1990 より転載）

箱書に、「洛東音羽山清水寺地主権現絵図　大横物一幅」とある。清水寺本と中島家本は筆写・制作年代ともに不明である。ただし、制作年代については、中島家本の方が少し遅れて制作されたと考えられている。（室町時代　16 世紀後半　一幅　紙本着色　縦 168.5 ×横 176.8cm）

清水の懸造りの舞台がある本堂であり、背後に東山連峰がそびえている。本堂の後方には、地主神社が描かれ、花見の酒宴が開かれている。本堂右手には、地蔵堂・釈迦堂・奥の院が配置され、本堂脇の階段を下ると音羽の滝にいたる。本堂と音羽の滝を行き来している願人たち、音羽の滝の水を汲む女性たちが描かれている。本堂に向かって左手に回廊が延び、その後ろに舞台の付属した朝倉堂、その左には、寺の開基に関わる田村堂と、勧進僧の住坊である成就院が配されている。さらに三重塔、西門・仁王門とつづく。以上、清水寺の境内が、図の上部部分に描かれている。

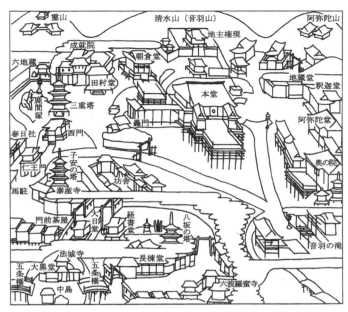

図3　清水寺参詣曼荼羅（清水寺本）描き起こし図（上野 2009 より転載）

　図4の「清水坂付近略地図」でみるように、中世の五条橋は、現在の松原橋であり、松原通が本来の五条大路であった。豊臣秀吉が新五条通と五条大橋を開通させるまで、松原通と大和大路通との交差点は、京都から奈良へ向かう大和街道ルートであり、交通の要地であった。ここから清水寺までは、ゆるやかな上り坂になっている。ここが清水坂であり、清水寺への参詣路である。「坂」には、勾配のある傾斜地のほかに、「境界」としての意味をもっている。略図に「鳥辺山墓地」とあるように、東山山麓には鳥辺野と呼ばれる平安京の葬送の地があったところで、死者は鴨川の五条橋を渡り、六道の辻を通り、鳥辺野に運ばれて葬られたのであ

図4　清水坂付近略地図（中西 2016 を改変）

る。いわば清水坂は、この世とあの世の境界という意味をもっていた。

　清水寺の参詣路は、五条橋をわたり第一の木戸を過ぎてすぐに長棟堂と呼ばれる癩者の収容施設がある。右手に六波羅蜜寺、さらに進んですやり霞から八坂の塔がみえる。湾曲に描かれた清水坂を上ると、左手に経書堂（来迎院）・大日堂（真福寺）が続き、第四の木戸を過ぎ、賑わう板葺きの門前茶屋を抜けると、泰産寺・子安塔が建つ。子安塔の入り口で柄杓を差し出すのは、寄進を呼びかける勧進の尼である。茶屋の店先では、客引きの女が呼び込みをしている。

## 3　社寺参詣曼荼羅をよみとく視点

　中世の人びとは、清水寺に何を願ったのであろうか。それは清水寺信仰とは何かということでもある。また、参詣曼荼羅に描かれている人物・地物（地上にある、すべての物）から、中世末期における「清水坂」という場をよみといてみよう。

### （1）清水寺の信仰

　清水寺の御詠歌は、「松風や音羽の滝の清水を結ぶこころは涼しかるらん」という。御詠歌にあるように、清水寺信仰の源となった一つには、この音羽の滝の清水がある。そこに音羽の滝と本堂の間を33度行き来して、ひたすら祈る願人たちの姿が描かれている。また、本堂および朝倉堂の男女、さらに泰産寺・子安塔の「柱」に祈る男女の姿がある（中島家本では、柱はないが、男の方が子どもを背負っている）。

　江戸時代の地誌『雍州府志』巻四（1684年成立）の「泰産寺」の項に、光明皇后が神託によって皇女（のちの孝謙天皇）をお産する。その夢が覚めて傍らに観音の霊像があり、この霊像を安置するために三重塔を建て、子安塔と称したとある。さらに光明皇后の湯施行に「清水坂ノ者」が登場する伝承が、『建久御巡礼記』にある（黒田1986）。また「清水寺」の項に、成就院の前にある三層の宝塔は、嵯峨天皇の女御春子（坂上田村麻呂の娘）の安産祈願のために田村麻呂が建立したとの記載がある。

　泰山寺の「柱」については、『言継卿記』に「子安観音堂において柱一本これを建てる、阿子誕生の立願なり」（天文13年3月7日条）とあるように、山科言継が安産のお礼参りに、柱を立てていたことがわかる。「子安」「泰産」

の名の通り安産祈願といえる。こうした安産祈願の習俗が、かつてあったという貴重な図像である。

　本堂・朝倉堂の祈願は、両堂に安置された仏への祈願である。本堂は本尊の観音であり、朝倉堂も観音が安置されている。清水寺の観音は子授けや安産祈願、さらに「つま娶」（申し妻＝妻を授けてもらおうと神仏に祈願する）に霊験があるとされる。『御伽草子』の「小男の草子」などにみられる申し妻の話は、室町時代になると一層庶民に身近なものになった（清水寺史編纂委員会編1995）。

　音羽の滝の清水が、清水寺の信仰の源の一つであり、「清水」を寺号や山号にしている寺院の多くは、清水の霊水が、現世利益的に病気や延命に効果ありと宣伝しているところが多い。清水寺の縁起（『清水寺縁起絵巻』）には、滝の水に対する特別の霊験は記されていない。しかし、参詣曼荼羅に描かれているように、現在でも三条になって流れている滝の水には、過去・現在・未来の願いを祈願して飲むという伝承がある（清水寺史編纂委員会編1995）。音羽の滝の水にうたれて祈願する願人の姿が、参詣曼荼羅に描かれ、さらにこの清水を桶に入れて頭上運搬する女性たち、天秤棒で運ぶ男性の姿が描かれている。両者とも門前の茶屋に運ばれ、茶として供されたものと考えられる。江戸後期の伝柳沢淇園著『雲萍雑志』（岩波文庫）に、「音羽の滝は、（中略）そのむかし音羽山のうち所々へ落ちたりといへり。此滝を汲みて湯あみするときは、瘧を癒やすこと功あるをもて、諸人下流を汲めり」との記載がある。病に効力ありとの伝承があったのである。

　また、地主神社の境内には、今日でも有名な一対の盲石がある。現在では「恋占いの石」として人気があり、目隠しをして一方の石から他方の石にめがけて歩き、石に辿り着いたら恋の願いが成就するというものである。恋愛成就の石となったのは何時か定かではないが、清水寺参詣曼荼羅には、桜満開の地主神社の境内に一対の石が描かれている。清水寺本では、向かって左側の石に、石に拝するような仕草の男が描かれている。当時の祈願者の姿であろう。目隠しはしていないようだが、目隠しをして一定の距離をおいた地点に到達できるかどうか占うというのは、神意を占うことでもある。『一遍聖絵』の第二巻四天王寺西門前の画面に、目隠しをした垂髪の人物が描かれている。このことについて四天王寺の別当でもあった天台座主慈円は、「わが寺の　浄土参りの遊びこそ　あさきものから　まことなりけり」とうたっ

た歌がある（清水寺史編纂委員会編1995）。この場合は、四天王寺の西門が浄土への入り口と思われており、浄土へ行けるかどうかを占うのである。地主神社の場合、何を占い願ったのかわからないが、観音信仰に関わることがらであったと思われる。

　以上、参詣曼荼羅の図像から清水寺の信仰を見ると、観音信仰にもとづく安産・子授け・つま娶といった霊験祈願、さらに滝の清水にもとづく治病の御利益が人びとを清水寺に引き寄せた理由である。

## （2）参詣路の地物と人物

　清水寺の参詣路は、まず五条橋から始まる。参詣曼荼羅に描かれる理由である。橋は東と西の二つあり、中州が存在していた。この中州が五条中島と呼ばれ、そこに法城寺という堂舎が存在していた。参詣曼荼羅中島家本には、五条橋西橋に弁慶と牛若丸の図像が描かれている。五条橋東橋には、祇園社に隷属している被差別民という犬神人が描かれている。五条橋は朱塗りの欄干に擬宝珠を備えた立派な作りである。中島家本に描かれる四条橋と比較するとその差異がわかる。実際は四条橋と同じ状況であり、理想の橋を図像化したものである。

　五条中島には、瓦葺きの法成寺という寺院が存在する。また板葺きの小屋には、勧進柄杓を差し出す僧と大黒像が置かれている。僧は清水寺成就院の勧進僧で橋の管理を担っている。五条橋が清水橋というゆえんである。五条橋・五条中島の景観は、他の絵画史料である「洛外名所図」「洛中洛外図（歴博甲本・上杉本）」にも描かれ、上杉本洛中洛外図には、「大こくどう」（大黒堂）との注記があり、福神信仰の存在も見られる。

　五条中島にあった法城寺は、その寺名は「水去りて土となる」に由来していた。こうした鴨川の治水信仰をになったのは、民間の陰陽師たちであった。安倍晴明が死後にこの寺に葬られ、世に晴明塚と称したとの伝承もあり、また、安倍晴明自身が癩病を煩って、ここに移り住んで余生を送っていたとの伝承もある。安倍晴明信仰を担う民間の陰陽師たちの居住空間が五条中島であった（瀬田2008など）。

　第一の木戸を抜けてすぐ左手に、「癩者」の収容施設で板葺きの長棟堂（四棟堂）がある。『梁塵秘抄』に「東の橋詰四つ棟」とある建物である。その

脇に藁葺きの小屋があり、小屋の中には剃髪の人物と白頭巾の人物が描かれている。剃髪の人物は柿色の衣で、白頭巾の人物は白装束で坐っている。白頭巾の人物は右手に「ざる（藁で編んだ器）」をもっている。下坂守は、この二人の人物は犬神人と癩者であり、長棟堂が癩者の住居で、清水坂の「坂者(さかのもの)」の管轄下におかれた堂舎とされている（下坂2003）。

さらに、勧進の柄杓を用いていなくて、「ざる」のような物乞いの器を用いていることから「正規の勧進」ではないとみている。

清水坂非人(ひにんしゅく)の中核は、癩者である。非人宿の最下層におかれた癩者は、宿の物乞いによる収入の面では、大きな役割を担っていた。清水坂でも癩者を前面に出した勧進活動を行っていたのである。

前述のように、五条橋に二人づれの覆面の人物が描かれている。覆面に柿色の衣という出で立ちで、肩からかけた弓の弦を収めた赤土器(あかどき)の姿で犬神人（弦召(つるめそ)ともいう）とわかる。坂者と呼ばれた犬神人が、洛中に弓の弦を売りに行く姿である。

小屋の剃髪の人物も犬神人である。黒田日出男（1986）が指摘するように、16世紀初頭頃から犬神人が覆面をしなくなってきたことの証左である。

さらに参詣路に見られる特徴的な人物を見てみよう。清水寺本には、第一の木戸を今過ぎようとする二人連れがいる。一人は左手に瓢箪(ひょうたん)をもち、もう一人は茶筌(ちゃせん)を挿した藁苞(わらづと)を担いでいる。彼らは鉢叩(はちたた)きと呼ばれる者たちであり、空也上人(くうや)を開祖と仰ぎ、瓢箪を叩きながら歌をうたって、茶筌を売っていた。引き札として配った極楽院空也堂発行の『王服茶筌由来記(おうふくちゃせんゆらいき)』（熊倉2021）によると、空也上人は、疫病の流行をとどめるために清水寺に登拝し観音を彫刻した。そしてこの観音を車に乗せ、庶人に念仏を勧め、また、観音に茶をささげ、病人に施したところ本復したという。清水寺の本尊十一面観音は、鉢叩きが斎き祀る仏ということになる。鉢叩きが描かれる理由があるのである。

さらに門前の茶屋の賑わいである。本図の音羽の滝から、水汲みの女たちが頭上運搬で、滝水の水を運んでいる。また男が天秤棒を担いで清水を運んでいる。この清水で茶を沸かせばさらなる霊験、御利益があるということである。茶店の亭主も茶筌を使用しているようだ。

こうした「清水」に関わる信仰に、長棟堂と同じく非人の救済施設があった。参詣曼荼羅には描かれていないが、細川武稔（2010）の研究によれば、「水

堂」と通称される神護寺という律院が15〜16世紀に参詣路（図4の略地図の三年坂付近）に存在したという。これも清水寺の「清水」に因んだ救済施設と考えることができる。参詣路は、第一の木戸から参詣路の途上においても、こうした長棟堂・神護寺といった癩者の救済施設が存在したことは、清水寺の参詣道そのものが救済の道であったといえるだろう。

### （3）描かれなかった清水寺門前

　本図には描かれなかった部分もある。それは何か。

　3節で述べたように、清水坂は葬送の地鳥辺野への通路である。そして清水坂非人である坂者たちは、葬送業務を担っていた。本図には、参詣道の経書堂の近くに三本の卒塔婆と石塔が描かれるのみである。八坂法観寺参詣曼荼羅には、本図とは趣の異なった清水寺参詣道が描かれている。八坂法観寺参詣曼荼羅には、本図と同じく三本卒塔婆と石塔が描かれているが、場所的には、「六波羅」と文字記載のある辺りである。清水寺門前近くには、茶屋は描かれていない、そこには「鳥部野」との記載と一群の荒涼とした墓場の風景が描かれている。

　また、「七条道場金光寺文書」（村井・大山編 2012）に、「東山の築地」に関する二通の売券（八二・八三）がある。二通の売券には、金光寺が取得した鳥辺野の荼毘所（火葬場）の所在地と四至について記されている。二通とも年代は1372年（応安5）である。荼毘所の所在を「清水寺領内赤築地、天神中路南頬也」とし、東は「けいせい（傾城）の地のついち（築地）」であった。さらに西は「天神大路の路」を限り、「南の東なから程は岸（崖）」を限り、「なかより西ははくろう（伯楽＝博労）の墓の後の石仏」を限るとある。大山喬平が指摘されるように、清水の門前は、赤築地の遊女が立ち、清水坂非人の経営する荼毘所、石仏を伴う墓所、清水観音の霊験にすがろうとして参詣する人びとが行き交う場所であった（大山 2012）。

　清水坂非人の中核を占める癩者は、近世に物吉村が成立し、そこに居住することになった。ここから彼らは京都市中に勧進に出かけた。中世・近世には、癩者は社会から隔離されていなかったのである。

　もう一つ注目すべきは、一木戸や経書堂付近に酒屋があったことである。応永32年（1425）11月10日の「酒屋交名」（『北野天満宮史料』六二）に、「清

水坂一木戸頬」の「木春」、「清水経書堂前東南頬」の「宗祐」、「清水主殿南頬」の「真清」とある。一木戸の長棟堂にならんで酒屋が存在し、第三の木戸の手前の経書堂付近にも酒屋が存在していたのである。また、14世紀半ばに記された祇園社執行顕詮の日記に、清水坂に多くの店屋が立ち並び、酒屋・土倉などの金融業者の存在も確認できるという（小林・高木・三枝 2016）。

　今日においても清水寺は、有数の観光名所であり、多くの生徒、学生が訪れる寺院の一つである。清水坂は参詣路・交通路としてにぎわい、人の往来が盛んな場であった。その場に、滝の清水による病を癒やす霊験があり、施行を受ける非人たちが集住したのは当然である。その参詣道の歴史的背景から差別の歴史をどう理解していくか、難しい課題である。しかし、清水坂にかつて坂者と呼ばれる清水坂非人が刻んだ歴史があり、近代以降に隔離されていった歴史とは異なるかたちで、都市のなかで生活していたことを再評価していかなければならない。しかし、そこにはやはり穢れ観念による差別があったことを認識しておかなければならない。

## 4　文化財を学びに活かす

　参詣曼荼羅という文化財の絵画資料をどのように、学びのなかで生かしていくのか。絵画資料は見てわかるという点に最大の利点がある。ただし、絵師は、人物・地物を様式化して描くので、絵画が絵空事か実景か判断が求められる。

　絵画資料の場合、多くはその資料の制作年代が問題になる。参詣曼荼羅の場合、製作工房や絵師を特定できないことが多いので、描かれている地物等によって類推することになる。清水寺参詣曼荼羅の場合、応仁の乱の兵火で清水寺が全焼し、堂舎の全体的な復興はほぼ1545年（天文14）頃までになされたといわれている。参詣曼荼羅の制作の目的は、参詣人の誘致、伽藍の再建・復興を目的とした勧進活動にあるのであるから、早くて15世紀後半から16世紀の中頃に制作された可能性が高い。下限をどこまでにするか。それは鴨川の五条中島の存在に注目し、中島が消滅する豊臣秀吉の御土居の構築（1591年）を下限とすることができるだろう。清水寺参詣曼荼羅は、おおむね15世紀中頃から後半の制作と考えられる。

　ところで、現行の学習指導要領では、生徒が身に付けるべき資質、能力を①知識・技能、②思考力・判断力・表現力、③学びに向かう力、人間性、の三点としている。①の知識については、「我が国の歴史の流れ」を世界の歴史を背景につかむこと、技能については、「諸資料から歴史に関する様々な情報を効果的に調べまとめる」こと、②については、①で得た知識・活用しながら歴史事象の意味や意義、伝統・文化の特色などについて、「時代や年代、推移、比較、相互の関連、現在とのつながり」などの観点から多面的・多角的に考察することや公正に判断すること、それらを思考・判断したことについて、説明し議論する表現力を養うことが掲げられている。要するに、大まかな歴史を学んだうえで、技能や思考力・判断力を用いて主体的に歴史を考察し、その結果を表現できるようになることを求めている。また、諸資料との関わりでは、資料の情報を的確に把握し、複数の資料の関係や異同に着目して、資料にもとづいて歴史が叙述されていることを理解することが求められているのである。

　それではこれまでの内容（とくに下坂20003など）をもとに、授業での展開について考えてみたい。参詣曼荼羅の右上部分＝（A）寺内と、左下部分＝（B）参詣路とに分けて、それぞれの人物についての分類を試みる。（A）寺内についての人物は、（ア）居住者、（イ）参詣者、（ウ）場と関わりのない参詣者、（エ）縁起的人物と分類できる。（B）参詣路の人物ついては、地物（橋・建物など）の図像との関連で、（カ）地物と密接に関連する人物と、（キ）関連のない人物とに分類できる。

　（A）寺内の人物の（ア）居住者については、まずその主要な者は清水寺の僧侶・比丘尼である。それらの図像は、多くは通絵図的、普遍的な図像であるといえる。しかし、僧侶・比丘尼の図像も様式化されているだけでなく、やはり地物との関わりのなかで描かれているものと考えられる。

　清水寺参詣曼荼羅には、寺内の僧侶・比丘尼を③袈裟を着用した僧、⑤小袖に袴を着した僧侶、ⓒ勧進の柄杓を差し出す僧侶の三種に分類できる。③の僧侶はどこにいるか。住坊・朝倉堂の前に各一人、回廊に一人の計三人。色のついた袈裟を着した稚児と従者の僧を従えた回廊の僧、黒染めの衣で稚児を従えた住坊の僧、従者を従えない朝倉堂の僧の順でランク付けできる。稚児も寺内の居住者である。⑤は、成就院の前で掃除をする僧、回廊を行く高僧に従う僧、西門から音羽の滝に向かう坂道で桜の小枝を持つ僧（清水本と

中島家本で図像が異なる。清水本は赤い衣で、左手に桜の小枝をもち坂道を駆けている。中島家本は右手で桜の小枝を持ち黒染の衣のようである）。このうち、清掃する僧の図像は、様式化された図像で参詣曼荼羅一般に見ることができる。ⓒは、轟門の「勧化所」（かんげしょ）（中島家本では柄杓のみ）、阿弥陀堂・釈迦堂（中島家本には見えない）、子安塔には勧進比丘尼、奥の院の勧進比丘尼（中島家本には見えない）がいる。勧進僧・比丘尼については、中世後期、清水の勧進は成就院によって執行されているので、彼らは成就院の傘下にあって活動している。僧の姿を見ても、僧侶の世界にも階層があったことがわかる。

　次に地物との関係によって配された参詣者の図像（イ）を見てみたい。参詣者の図像の多くは、様式化された普遍的な図像が多いが、その中で明確に地物との組み合わせによって描かれた参詣者の図像がみられる。それを理解することによって、参詣者が清水寺に何を願っているのかを理解することができる。

　まず、ⓐ本堂および朝倉堂で祈る男女、ⓑ泰産寺・子安塔で「柱」に祈る男女、ⓒ音羽の滝と本堂を往復する願人たち、ⓓ地主神社の境内の石にむかって歩む男、の図像である。前節（1）清水寺の信仰で詳しく見てきたように、観音信仰にもとづく、安産祈願、子授け祈願、申し妻などの祈願、さらに音羽の滝の治病の御利益を願っての参詣ということができる。前近代において、お産がいかに民衆にとって大変だったかを物語るものである。

　（B）の参詣路のなかで、とくに注目したいのは、（カ）の地物と密接に関連する人物である。長棟堂（四つ棟）とその脇の藁葺き小屋の人物および五条橋東橋の覆面の人物である。前節（2）参詣路の地物と人物でみたように、彼らは参詣路である清水坂の居住者であり、「坂の者」（清水坂非人）と呼称される癩者と犬神人である。彼らには、ケガレによる差別はもちろんあったが、都市のなかで、実態は過酷な生活であっても、都市住民として生活していた点を重視しなければならない。1907 年（明治 40）、「癩予防ニ関スル件」という法律ができ、療養所に入所させ、一般社会から隔離されることとなった。敗戦後の 1948 年（昭和 23）に成立した「優生保護法」では、その対象としてハンセン病が明文化された。昭和 28 年に制定された「らい予防法」は、隔離規定が存続し、1996 年（平成 8）になってようやく「らい予防法」が廃止された。2001 年 5 月 11 日、熊本地裁判決は、「らい予防法」の隔離規定を違憲判決とした。こうした近代のあゆみとともに考えていきたい問題である。

　（キ）の地物と関連のない人物では、第一の木戸を今通ろうとする二人組がいる（中島家本には見られない）。他の絵画資料には余り描かれないが、一人は手に瓢箪を持ち、もう一人は茶筅を挿した藁苞を肩に掛けている。鉢叩き（茶筅売り）である。彼らも前節（2）でみたように、空也上人の伝承を背景として、清水寺の十一面観音信仰を暗示する存在として意図的に描かれたといえる。

　以上、参詣曼荼羅という絵画資料を、とくに人物に焦点を当てて、中世の人びとの信仰や「清水坂非人」という差別されてきた人たちの存在、また、清水坂がもっている歴史的背景を理解することができる。

●参考文献
岩鼻通明　1987「参詣曼荼羅の読図に向けて」『藝能』第 29 巻第 10 号
上野友愛　2009「「清水寺参詣曼荼羅」の空間構成」『絵解き研究』第 22 号
上野友愛　2009「「清水寺参詣曼荼羅」試論」松本郁代・出光佐千子編『風俗絵画の文化学』思
　　文閣出版
大阪市立博物館編　1987『社寺参詣曼荼羅』平凡社
大高康正　2012『参詣曼荼羅の研究』岩田書院
大山喬平　2012「清水坂非人の衰亡」村井康彦・大山喬平編『長楽寺蔵　七条道場金光寺文書の
　　研究』法蔵館
金井清光　2003『中世の癩者と差別』岩田書院
清水寺史編纂委員会編　1995・1997・2000・2011『清水寺史』第 1 巻・第 2 巻・第 3 巻・第 4 巻、
　　清水寺
熊倉功夫　2021『茶の湯』中公文庫
黒田日出男　1986『境界の中世・象徴の中世』東京大学出版会
黒田日出男　1987「参詣曼荼羅と文芸」『国文学　解釈と鑑賞』第 52 巻 9 号
黒田日出男　1988「参詣曼荼羅の不思議」『週刊朝日百科　日本の歴史別冊　歴史の読み方1　絵
　　画史料の読み方』朝日新聞社
小林丈広・高木博志・三枝暁子　2016『京都の歴史を歩く』岩波新書
下坂　守　2003『描かれた日本の中世』法蔵館
瀬田勝哉　2008『増補　洛中洛外の群像』平凡社ライブラリー
タリア・アンドレイ　2018「勧進と中・近世日本の造形」『國華』第 1468 号
徳田和夫　1986「絵解きと物語享受」『文学』第 54 巻第 12 号、岩波書店
徳田和夫　1990「法楽と遊楽のコスモロジィ」『絵語りと物語り』平凡社
中西宏次　2016『京都の坂』明石書店
西山　克　1988「擬装の〈風景〉」『藝能』第 30 巻第 7 号
西山　克　1998『聖地の想像力』法蔵館
細川武稔　2010『京都の寺社と室町幕府』吉川弘文館
松井吉昭　2016「鴨川の五条中島と豊臣秀吉」早稲田大学教育総合研究所監修『歴史教育の中の
　　絵画資料』学文社
松井吉昭　2017「豊臣秀次事件再考」『日本史攷究』第 41 号
村井康彦・大山喬平編　2012『長楽寺蔵　七条道場金光寺文書の研究』法蔵館
※「清水寺参詣曼荼羅」の掲載許可をいただき、所蔵者各位に感謝申し上げます。

**民俗文化財** 祭礼・年中行事

# 人びとはどのような祈りや願いをこめて
# 祭礼や年中行事を行ったのか　　竹田和夫

祭礼や年中行事から地域に受け継がれてきた生活文化がわかる！

## 1　祭礼・年中行事とは

　地域で伝承されるいわゆる「祭礼」・「年中行事」は、文化財の範疇では民俗文化財に入る。この民俗文化財については、文化財保護法第2条第1項第3号で下記のように規定されている。

　　「衣食住、生業、信仰、年中行事等に関する風俗慣習、民俗芸能、民俗技術及びこれらに用いられる衣服、器具、家屋その他の物件で我が国民の生活の推移の理解のため欠くことのできないもの」

　この法は1954年（昭和29）の文化財保護法改正時の条文に「民俗芸能」(1975年〈昭和51〉改正時追加）と「民俗技術」(2004年〈平成16〉改正時追加）を付け加えたものである。

　民俗技術とは、生活や生産のための用具・用品などの製作技術をさしている。民俗文化財は、風俗慣習と民俗芸能に分かれる。風俗慣習には生産・生業、人生・儀礼、娯楽・競技、社会生活（民俗知識）、年中行事、祭礼（信仰）、衣食住がある。民俗芸能には神楽、田楽、風流、語り物・祝福芸、延年・おこない、渡来芸・舞台芸、その他、がある。民俗技術には生産・生業、衣食住がある。風俗慣習・民俗芸能いずれにしてもその内訳をみていくと多岐にわたり生活文化全般にまたがっている。地域における実態としては、使用する道具・舞台など有形の民俗文化財とも表裏一体のものとして伝承されている場合が多い。総合的な観点での価値付けと保護が求められる。特に寺社の定例の儀礼や地域の年中行事と重ねて見ていく場合が多い。

　筆者は長年文化財保護に従事したことが機縁となり、勤務地の民俗芸能を

はじめ他県の芸能にもふれる機会があった。現地で実際に見学させてもらうと、「地域」をあげてひたむきに保持の努力をしていることが見えてくる。これは映像を見るだけではわからない。また、保存会の人々と車座になり有り体に現状と課題の話をうかがうと、身につまされる厳しい話が多い。行政の仕事を離れた後も、東京の日本青年館で開催される全国郷土芸能発表会を何度か参観した。他にも、国立劇場で重要無形文化財田峯田楽（愛知県）と西浦の田楽（静岡県）の上演を同時に参観した。そしてこれと対照的な信州伊奈の祭り衆田楽座の新感覚の公演を新宿文化センターで自主的に鑑賞した。

　このような体験から、各地に伝承されている民俗芸能は外部から見た特別な文化財というよりは住民や自治体主体の「地域遺産」としての認識が求められる。本来の地域での保持の課題解決とあわせて、他地域の人々の目にふれることの必要性、それにより自地域のものとの差異と類似点を認識し全国的な視野のもとでの各地域の相互補完的保護への発展、また近年希薄な歴史学からの地域遺産としての位置付けや教育とのさらなる連携の必要性を感じた。

　上記の課題の中で、少し気になることがある。近年の日本史研究では地域遺産としての芸能についての研究・言及が以前ほどなくなっているのではないだろうか。

　いまあらためて着目したいのは、中世農民の豊かな農耕生活と村落の芸能・文化生活を浮かび上がらせた清水三男『日本中世の村落』（岩波書店、1996）、である。そのカバーには『岩波写真文庫73・佐渡』（岩波書店、1952）の鬼太鼓の写真が使用されている。若い世代とこの本を一緒に読んだことがある。筆者は彼らに対して下記のように問いかけた。これは筆者自身も結論は当初出ていなかった疑問である。「清水が分析対象にした地域の芸能ではないのに、佐渡の鬼太鼓がカバーに取り上げられたのはなぜだろうか？」がその問いかけである。対話の過程で以下のような読み取りができた。清水は、第五章第四節「村人と芸能」の冒頭で歌人長塚節の佐渡の紀行文にある「漁村の能（村々の能が息づいていることを描写）」を紹介した。佐渡の一漁村の生活は、そのまま中世郷村の姿に遡及できるとされている。この清水の本の内容から、日本史と芸能を総体としてイメージさせる好例として、現在でも佐渡の各集落で伝承されている鬼太鼓がカバー写真に選定さ

れたのではないだろうか。日本史と地域の芸能がつながることを学生も気づくことができた。

　文化財としての民俗芸能を、年中行事や他の文化財と広く連関させてとらえようとした場合、推奨したいのが、和歌森太郎『年中行事』（至文堂、1957）、桜井徳太郎監修『社会科のための民俗学』（東京法令出版、1981）である。さらに『日本の祭り』全30巻（朝日新聞社、2004）、やＢＳ『日本の祭り』『新日本風土記』の画像なども日本全体の祭り行事像を把握するには好素材である。こうして各地の民俗芸能をひもといていくと、民俗芸能が列島各地域とつながり現代社会に確実に息づいていることが若い世代からもリアリティをもって見えてくるのである。

　ただし、近時はコロナ禍で季節ごとの祭礼・年中行事の中止・延期が相次いでいる。高齢化・少子化加速による人口減が進む中、次世代への継承をさらに難しくさせている。

## 2　祭礼・年中行事の歴史的背景

　本稿では、民俗文化財のうち祭礼・年中行事等の風俗慣習と民俗芸能を対象としてみたい。教育現場で使用されている日本史のテキストをひらいてみたい。そこには、民俗芸能がひしめいている。民俗芸能は狭義でとらえる場合もあるが、地域の人々により踊りや歌のみを伝えてきたわけではない。文化財の区分でいう風俗習慣・民俗技術とも不可分である場合や文化財建造物の空間で文化財指定されている彫刻などを儀礼の中で使う場合もある。このように、ハード・ソフト両面の多様な文化と一体とらえるべきものが多い。

　民俗芸能を通して、中世荘園の生活を復原できたケースもある。この作業を行ったのが、中世史・民俗学双方に明るい石井進であった。石井の執筆による「中世の村と祭」『大系日本歴史と芸能第7巻　宮座と村』（平凡社、1990）を参照されたい。このシリーズは、ビデオもセットとなっていて映像と音声により本来の芸能の姿をイメージしやすくなった。その後、保存会や自治体による動画作成がなされさらに身近なものになっていった。

　和歌山県有田郡有田川町には、国指定民俗文化財杉野原の御田舞が現在

に伝わっている。この地域には、粟生の吉祥寺の薬師堂と杉野原の雨錫寺の阿弥陀堂という室町時代の建造物もある。前者は茅葺きの五間堂で、須弥檀と厨子を置く他は間仕切りがない開放的な建物である。1514 年（永正 11）に現在地に建立された。室町建築としての稀少性もさることながら長年にわたり信仰空間として特に芸能の発現の場として地域に根ざしていたことが特筆される。

　もう一つ特筆すべきは、この地域の水田が「わかやまの美しい棚田・段々畑」に 2020 年（令和 2）に選定されていることである。「有田川町久野原の棚田地域」、「杉野原の棚田地域」が対象となっている。現在広がる棚田は、近世から近代にかけての開発されたものが多いようではあるが、地名特に小字分析から開発は中世から始まっていたと想像できる。こうして、仏堂（文化財区分では建造物）・御田舞（民俗芸能）・棚田（文化的景観）が一体となっているという、まさに生きた歴史をイメージできる。

　以下、石井の分析に従い紹介したい。杉野原の御田舞は、豊穣を祈念し農作業のプロセスを歌・踊りで演じた予祝芸能である。2 年に 1 度 2 月 11 日に行われる。

　御田舞に先立ち、褌裸姿の男子が阿弥陀堂の外陣で「サイト」（いろりに似た火鉢）の周囲で円陣を組み謡囃子にあわせて裸苗押という押合いを行う。一方内陣が舞殿となり御田舞の次第が始まる。

　1 年間の稲作の過程を謡と舞踊で仕組む御田舞は、「かいなんだし、世の中踊り、四方踊り、岸刈、水向、牛呼び、世の中踊り、牛に伺詞、水向、牛洗い、肥さがし、野草踏み、堂塔ほし、祝詞、種蒔、芽干し、水向、福女踊り、こせあい、若苗取、田植え、穂参らせ、田刈り、籾摺り」で構成される。

　裸苗押しは、本来仏教儀礼である修正会（しゅしょうえ）に源を発する儀礼である。その詞章の中に室町期の歌謡の名残が感じられ、種蒔の詞章では、「地頭・地主・領家や本家や百姓衆に至るまで福の種を蒔いたり穂参らせでは」、舅「さては又領家や本家の御方へも」、聟「参らして候」、舅「さては又地頭・地主・百姓衆に至るまで」と書かれているのである。

　このように民俗芸能は、歴史学からの詞章の分析により従来ではできなかった歴史的位置付けが可能になることを提起したい。石井は本家－領家－

地頭－地主－百姓衆が中世荘園の主要階層を示し、御田の行事が中世以来の古い歴史をもつと指摘した。この地域の古名の「阿瀬川」の表現が用いられていることも、この詞章の古さの証拠とする。この御田舞は、高野山に源を発する有田川流域の一集落に伝存してきたが、他にも久野原の御田舞・かつらぎ町花園の御田舞がある。花園の御田舞は杉野原の御田舞と同様に似ていて、豪快で民謡的な独自の特徴も見られる。

　石井の研究をわかりやすく説いている文章が、実は高校の日本史教科書の中にある。教科書を見ると、『高校日本史Ｂ新訂版』(実教出版)は「惣村と一揆」の「歴史のまど　村の祭りと一揆」で、地域に伝わる芸能について写真を付して説明している。それは、阿弖河荘に属していた和歌山県有田川流域杉野原の御田舞についての言及で、雨錫寺の阿弥陀堂での舞奉納の稲刈りの場面である。

　この対象地域は、農民たちの「ミミヲキリ、ハナヲソギ…」の片仮名書きの訴状で知られる阿弖河荘（和歌山県）の荘域と重なる。中世の荘園や農民たちの生活を学ぶときには、荘園絵図の残っている荘園を取り上げることが多いの

図1　御田舞が行われる中世仏堂の
雨錫寺阿弥陀堂（有田川町教育委員会提供）

図2　御田舞の一場面（有田川町教育委員会提供）

だが、前掲教科書の説明からは文献史料にのみならず、御田舞という民俗芸能や中世仏堂という各種文化財を切り口として中世の生活の復原が可能となる。

　石井進は、晩年学際的な研究団体棚田学会長をつとめ全国各地をリュック一つで歩いてまわっていた。若い頃、柳田国男が主催する民俗学の研究会に出入りしその方面でも嘱望されていたという。石井は、民俗芸能を含む民俗文化財と歴史学の接続を説いていた。これは石井だけの成果にとどまらない。文化庁伝統文化課の芸能部門の主任調査官をつとめた星野紘の一連の著作を読むと例えば「一遍上人絵伝」で描写された社会や踊り念仏が、現代にも伝わる風俗習慣・民俗芸能等とつながっていることがわかる。さらに本田安次の膨大な芸能史研究の著作、新井恒易の田遊びの著作に接すると民俗芸能の歴史的位置付けはいまだ未完であることが見えてくる。

## 3　祭礼・年中行事をよみとく視点

　ここでは、代表的な祭礼・年中行事の事例をもとに日本史教育との接続を考えてみたい。

### （1）壬生の花田植え

　この行事について、『詳説日本史図録』（山川出版社）に掲載されていることを紹介したい。近年では、中学の教科書に掲載されることが増えているなか、高校のテキストでは意外と紹介されていないのであり、稀有な事例である。壬生の花田植えは、広島県山県郡北広島町壬生で毎年6月の第1日曜日に豊作を願って行われる伝統行事である。まず日本の重要無形民俗文化財に指定され、その後ユネスコ無形文化遺産保護条約の「人類の無形文化遺産の代表的な一覧表」に記載されている。同遺産には秋保の田植踊・馬場の田植踊・那智の田楽もあり、比較として提示する。男性が打ち合わせる「ささら」の拍子にあわせ、大太鼓や小太鼓、笛や手打鉦で囃し、早乙女が田植歌を歌いながら植えていくという風習である。「サンバイ」という田の神を祀り、無病息災と豊穣を願う農耕儀礼でもある。厳しい労働を励ます工夫もなされている。田植えには多数の人々が集まり、代掻きの牛は、

造花で飾った花鞍をのせている。華麗な装具をつけた飾り牛、早乙女は菅笠に緋の着物を身につける。囃子手の見事なバチさばきも見られる。現在西日本に残る花田植えとしては最大の規模を誇り、自然景観にもマッチし、夏の一大絵巻となっている。

　筆者は高校授業・大学講義で花田植えを紹介するときは下記の文献史料を掲げて古代以来の本来の田植えのイメージ形成を試みている。

　　史料1：『栄華物語』御裳着の巻1023年（治安3）に記される土御門殿での田植えを囃す楽の場面。早乙女・田鼓打ち・ささら摺り・笛吹きたちの囃子・歌を描写する。

　　史料2：田植の楽かどうかは確認できないが、「類聚国史」帝王部十一の866年（貞観8）閏3月1日条に観桜の際の「東門ら御し耕田を観る。農夫田婦雑楽を皆作る」の記事がある。

　さらに、絵画史料「大山寺縁起絵巻」と「たはらかさね耕作絵巻」「紙本著色月次風俗図」も活用する。以下、それぞれの史料における芸能の位置付けを示してみる。

　　「大山寺縁起絵巻」：すりささら、鼓、腰鼓、笛をもつ者が田植を囃している姿が描かれている。

　　「たはらかさね耕作」：土牛・田の神祭・播種・田植・潅漑・祭礼踊り・田草取り・収穫・脱穀・貢納・収納祝など11段の農耕年中行事の図からなりたっている。中世末期の稲作農業を知るうえで貴重な手がかりとなるが、利用には十分な注意が必要である。

　　「紙本著色月次風俗図」：16世紀中ごろの農村の田植えを描いたとされる。早乙女たちが笠をかぶりはなやかな衣装を身に着け、紅たすきをかけて田植えを行う。田楽の集団も描かれている。烏帽子をかぶって翁の面をつけた男や黒色尉面の男が舞い、太鼓・小鼓や笛の男たちが囃している。

　こうして、3種類の絵画史料と現代に伝わる壬生の花田植えの動画や写真と突き合わせ、比較することで、受け継がれた衣装・道具・所作や変化した部分を明確にすることができた。

## (2) 風流踊り－久多踊

　多くの高校の日本史図説には、「洛中洛外図屏風」を出典とする風流踊り
が掲載されている。現在に伝わる文化財としての風流踊りとして、筆者は京
都府の久多花笠踊を提示することが多い。これは、室町時代に流行した風流
踊の伝統を残すと伝えられる奉納踊である。花笠は手作りで、かつては各家
に一つ、200 種類あったと伝えられているが、現在は 5 か所の花宿で作られ
た十数基が奉納されている。8 月 24 日の深夜、花笠を持った男性が、上の
宮神社に集まり、祝詞をあげ、花笠踊を奉納する。奉納の後、大川神社を経て、
志古淵神社の神前に花笠を奉納したあと、再び花笠踊りを奉納する。1997
年には、国の重要無形民俗文化財に指定された。久多荘については、国立公
文書館の『朽木家古文書』（京都市歴史資料館『久多荘文書』2018）、同館企画展「久
多荘中世村落のすがた」から、踊りの演じられた地域全体の中世社会をイメー
ジすることが可能である。無形の芸能と有形の中世史料が、セットで残って
いるのは全国的にも稀有な事例である。

　筆者が勤務する新潟県の高校生・新潟大学学生には、ごく身近な比較素材
として佐渡市に伝わる花笠踊りを紹介している。佐渡には幾種類かの花笠踊
りが伝えられているが、新潟県無形民俗文化財に指定されている下久知八幡
宮のそれは、踊り子が赤・黄・青・紫・白の花がついた笠をかぶって踊り、
奈良春日大社や京都賀茂社から伝えられたとされる。

　「御田踊」（田植えを祝う）、「神事踊」（豊作を祝う）、「千代踊」「金田踊」（い
ずれも収穫を祝う）から構成され、これに獅子舞や鬼の舞が加わる。さらに
大学生により踊りが催行される集落を調べた『新潟大学民俗調査報告書第
20 集下久知の民俗―新潟県佐渡市下久知―』（新潟大学人文学部民俗学研究室、
2014）の成果も活用する。芸能自体を示すこと、その背景にある島内や集落
の人々の日常や習俗を学ぶことで民俗芸能の本質が見えてくるのである。

## (3) 『政基公旅引付』から見る和泉国日根野荘の芸能

　応仁・文明の乱の収束まもない和泉国日根野荘（大阪府泉佐野市）に赴いた
前関白九条政基の書いた記録に、『政基公旅引付』がある。ここには、荘園
に生きる人々が主体となり、「催し」、「踊る」芸能、「祈る」習俗が満ちている。
これについて先学により季節単位の動向が残された史料から明らかにされて

きたが、筆者は大学の文化財の民俗芸能に関する講義で本史料を用い、荘園の生活をまず季節単位でよみといてみた。そして四季折々に催されるさまざまな民俗芸能を抽出・整理し、最後に、現代でも維持されている泉佐野市の地域行事との比較を試みた。講義では、大学生たちから下記のような感想が出されたので紹介したい。

①社寺の境内空間が風流の芸能を演ずる場・雨ごいを祈る踊りの場となっている。

②寺社の門前でも同様に行われる。正月の三毬打（さぎちょう）（左義長（さぎちょう））門前で焼く（ドンド）。7月には、槌丸の村の瀧宮の堂前で風流念仏が催されている。

③多彩な芸能と祈りが繰り返し行われている。7月には、槌丸（つちまる）の村の瀧宮の堂前で風流念仏が催行され、その後も風流・猿楽能の記載がある。

④荘内の村単位での芸能が相互に催行されている。

⑤共同体内部の親交や下向した領主との親睦一体化がみられる。

すべての受講生が共通してコメントの最後に寄せてくれたのは、「芸能」「習俗」が地域に占めた意義と今後の課題である。

## （4）祇園祭（ぎおん）の山鉾（やまぼこ）

教科書・図説掲載の芸能の資料でも、特に扱われる頻度が高いのが祇園祭である。運営の主体となった町衆を語るときの表象として扱われることが多い。行事自体に踏み込むことを提案したい。文化財の立場から確認したいことがある。山鉾町が主催する行事が「祇園祭」と認識されることが多く、その中の山鉾行事だけが重要無形民俗文化財に指定されていることである。山鉾巡行では、多彩な美術工芸品で装飾された重要有形民俗文化財で山鉾が公道を巡るため、「動く美術館」とも言われている。

この文化財指定されている山鉾を中心に祇園祭を考察しようとした時に、適切な教材がある。それは『図説日本史通覧』（帝国書院）である。巻頭には、「洛中洛外図（上杉本）にみる京都の庶民の暮らし－祇園祭－京都がもっともはなやぐ一日」が、見開きで掲載されている。ここで示された屏風を詳細に見てみよう。屏風の一つ上京隻では、千本閻魔堂（せんぼんえんまどう）で狂言が演じられている。また同じく屏風の下京隻では、山鉾の詳細な説明（白楽天山と鶏鉾）がある。鉾を移動させていく人々の姿も克明に読み取ることが可能である。またあわせ

て、花や蝶の飾りをつけた笠をかぶる風流踊りの説明も付されている。御所の南庭では、正月節会の舞楽が催されている。

　筆者はこのように図説の説明をベースとして、上杉本以外の洛中洛外図屏風や近世の祭礼図と比較を授業で試みている。図像ごとに細部について異なる描写が確認できる。この背景や理由について、政治史・社会史と重ねていくのである。当然不明な部分もある。参考となるのが、佐藤直市「町衆と祭り」（前掲『社会科のための民俗学』所収）である。これは、山鉾の配置図・一覧、粽・手拭等の民俗資料、体験と伝承の収集を基本にした授業実践の指導案である。この現代版ともいうべき授業に挑戦した。折しも2008年7月から12月にかけて、栃木・群馬・埼玉県では合同企画で「山・鉾・屋台スタンプラリー」を行った。このイベントの写真や資料を生徒・学生に示すことで、山鉾が決して祇園祭だけのものではなかったことを知ってもらうと同時に、身近な地域の祭とクロスする親近感を得たことは収穫であった。

### （5）中世・近世の芸能

　日本史図説の近世では、都市・農村それぞれの芸能を紹介している。いずれも、宝暦・天明もしくは化政文化に位置付けている。神田明神祭礼図（絵画）『図説日本史通覧』（帝国書院）、三社祭『最新日本史図表』（第一学習社）、村芝居（香川県）『新詳日本史』（浜島書店）である。その他、農村での秋の氏神の祭礼（絵画）『日本史のアーカイブ』（東京法令出版）もある。これらは地域史の成果や各種資料と組み合わせることにより、「民俗芸能」として特別視されることなく、生活史・文化史に落とし込むことができる。

　中世に遡及すると、室町期に伏見宮貞成親王が書いた記録『看聞日記』が公刊され、誰もが読むことができる。この記録では、親王の膝下伏見荘における以下の年中行事を詳しく知ることができる。

　　正月（三毬打（左義長）・風流松拍（松囃子））、2月（鶯合）、3月（桃花宴）、4月（なし）
　　5月（菖蒲葺ほか）、6月（夏越祓）、7月（盂蘭盆）、8月（八朔御憑）、9月（秋
　　祭・相撲）、10月（なし）、11月（雪消）、12月（煤払・歳暮）

　そしてこれらの行事の過程では、さまざまな芸能が演じられている。記録で示された諸芸能は、現在国内各地で伝承されているものも多く中世社会で

のありかたを再生するときの導きとなる。また、他の中世の寺社・公家の記録を丹念によみといていくと、断片的ではあるが芸能の記載は存在する。地域の文化財学と芸能史をあわせて深めていくときに、われわれは再度文献史料を精査・精読し芸能の歴史的位置付けを試みたいものである。

●**参考文献**

新井恒易　1970『中世芸能の研究呪師・田楽・猿楽』新読書社

新井恒易　1974『続中世芸能の研究田楽を中心として』新読書社

新井恒易　1981『農と田遊びの研究』明治書院

新井恒易　1990『日本の祭りと芸能』ぎょうせい

加藤秀幸　1993「『俵かさね耕作絵巻』孝」『東京大学史料編纂所研究紀要』3

黒田日出男　2018「『月次風俗図屏風』を読み解く～田植えと田楽、そして一番の楽しみは食事～」『日本史かわら版』第6号、帝国書院

西角井正大　1990『民俗芸能』ぎょうせい

星野　紘ほか編　2013『民俗芸能探訪ガイドブック』国書刊行会

星野　紘　1996『歌垣と反閇の民族誌中国に古代の歌舞を求めて』創誠社

星野　紘　2002『歌い踊る民』勉誠出版

星野　紘　2007『世界遺産時代の村の踊り無形の文化財を伝え遺す』雄山閣

本田安次　1993-2000『日本の伝統芸能本田安次著作集』全20巻、錦正社

# 復活した神楽
## 無形文化財継承への努力

島村圭一

埼玉県久喜市鷲宮に鎮座する鷲宮神社は、平安時代以来、現在の埼玉県東部に広がる太田荘の中心にあり、この荘園の総鎮守であったとされ、「鷲宮催馬楽神楽」を伝えている。

鷲宮の神楽の史料上の初見は、『吾妻鏡』の1251年（建長3）の記事であるが、1726年（享保11）に大宮司大内国久が記した『土師一流催馬楽神楽歌』に、神楽で歌われる歌詞や使われる衣装などに関する詳しい記載があり、現在の神楽はその頃に成立したものと考えられている。曲目は古くは36座あったといわれるが、現在は12座で、曲目の大半は『古事記』や『日本書紀』の神話を題材にしており、演劇的要素はなく、舞踏劇となっている。2人以上の連舞が多く、古い祭りの儀式や作法をしのばせる典雅な舞いである。

鷲宮催馬楽神楽は一社相伝の社伝神楽で、かつては世襲の神楽役が知行を与えられており、近代に入っても世襲による伝承が続いた。しかし、第二次世界大戦後には伝承者が次々と亡くなり、白石國蔵のみとなった。このような状況が続いた1955年（昭和30）、白石の笛の演奏がNHKラジオで放送されたのを機に、地域の若者十数人が集まり、「鷲宮神社神楽復興会」を結成して白石の指導を受け、同年の秋季祭で12座の一部を公開することができた。

鷲宮催馬楽神楽は、1960年に埼玉県の無形文化財に指され、「復興会」は「鷲宮催馬楽神楽（土師一流催馬楽神楽）保存会」と改称し保存活動を行い、1976年には国の重要無形民俗文化財に指定された。また、久喜市立鷲宮中学校では、1980年に「郷土芸能クラブ」が設けられ、1993年（平成5）からは「郷土芸能部」として活動し、神楽を継承する人材を育成している。神楽は、現在、1月1日の歳旦祭など年6回、鷲宮神社神楽殿で催されている。

無形文化財は後継者不足の問題などがあり、継承が難しくなっているものも少なくない。鷲宮催馬楽神楽は一時期、伝承が危ぶまれたが、地域の人々の努力で復興し、継承されている事例である。

若き日の白石國蔵氏と鷲宮催馬楽神楽
（久喜市立郷土資料館提供）

# 第3章　近　世

**有形文化財** **茶道具**

# 茶道具は政治・文化・外交をどうつないだか

會田康範

茶器から中・近世の文化・政治・外交をよみとく

## 1 茶器とは

### （1）茶の伝来と茶の湯の展開

　お茶の木は、もともと熱帯や亜熱帯気候の地域に生育する常緑樹で、中国南西部の雲南省や四川省、インドのアッサム地方などが原産地とされる。そのため、お茶を飲むという習慣も中国で始まったとされ、唐の文人陸羽は、世界初の茶書となる『茶経』を著し、お茶の飲み方や効用などを紹介した。

　平安時代に天台宗を開いた最澄が唐から帰国の際にお茶を日本に持ち帰った当時、お茶は珍重で貴族や僧侶など一部の限られた人々の間で飲用されていただけであった。平安中期に藤原明衡によって編纂された漢詩文集『本朝文粋』巻12の中には「多く茶茗を煮て、飲めば如何。体内を調和して悶を散り病を除かむ」と記され、これによれば当時から人々がお茶の効用に注目していたことがわかる（小島 1964）。当時、お茶の飲み方は、その形状から「団茶」（餅茶）とよばれ、蒸した葉茶をつき固め四角形や円形などの固形にして乾燥させ、火であぶったのち粉末状に砕いて煮て飲むものであった。

　中世になると鎌倉幕府の3代将軍源実朝が禅僧栄西よりお茶の飲用を勧められたこともあって、お茶は武士の間にも広まっていった。栄西は、お茶の実を京都栂尾にある高山寺の僧明恵に伝え、明恵がこれを植えたところよく生育した。栂尾の茶はこのように始まり、明恵は修行の妨げとなる睡魔を払い除ける効果があるとして、お茶の飲用を多くの僧侶にも勧めたとされる。

　そして室町時代には、貴族や武士の間に遊興的な闘茶が流行した。これは栂尾の茶を「本茶」、他の産地の茶を「非茶」として味を飲み分け金品を賭

け勝敗を競うもので、それにより散財する者もいた。そこで室町幕府は闘茶での賭け事を禁じたが、いっこうに収まらず、『太平記』にはバサラ大名の佐々木道誉（高氏）が、莫大な景品を賭けた闘茶会を開いたことが記されている。

　こうした闘茶に対し、戦国期から織豊期には武将の古典文化への憧憬とともに、侘茶も大いに人気を博した。侘茶は村田珠光によって創始され、武野紹鷗、千利休（宗易）と続き、「わび・さび」を重視した喫茶法として整えられていった。当時最高の武家文人細川幽斎は、「武士の知らぬは恥ぞ馬茶湯、はじより外に恥はなきもの」という和歌を詠み、武将の心得として武芸、馬術と並んで茶の湯を知らないとこれ以上の恥はない、といい王朝古典文学とともに茶の湯の修養が武将にとっていかに重要であったかを述べている。また、薩摩の大名島津氏の部将であった日向宮崎城主の上井覚兼は「碁・将棋・茶湯・酒宴など慰み」とし、これによれば、武将の日常生活の一部に茶の湯があり、それが心を癒し慰める存在であったといえるだろう（米原1986）。

### （2）茶道具の種類

　一方、室町時代には日明貿易により中国から絹織物や生糸、銅銭などさまざまな唐物とよばれる舶来品が伝来した。中でも陶磁器などは重んじられ、その中にはお茶を飲用するために使用される茶器や茶道具も含まれる。

　近世後期、松江藩主松平不昧（1751〜1818）は茶器を集め、それらを『雲州蔵帳』の中で体系的に分類している。すなわち、優品の茶器を「宝物」・「大名物」・「中興名物」・「名物並」などに格付けしたのである。「大名物」には室町幕府8代将軍足利義政の時代を中心に蒐集された東山御物などがあり、また、江戸時代前期に新たな茶の湯を切り開いた小堀遠州が見立てた茶器は、「中興名物」とされた。不昧が1787年（天明7）に編集した名物茶器の図鑑『古今名物類聚』では、その凡例に「小堀遠州公古器を愛し給ひ、藤四郎以下後窯国焼等のうちにも、古瀬戸、唐物にもまされる出来あれども、世に用ひられざるを惜み給ひ、それがなかにもすぐれたるを撰み、夫々に名を銘せられたるにより、世にもてはやす事とはなれり。今是を中興名物と称す。それよりしてのち、古代の名物をば、大名物と唱る也」と記されている。

　総合芸術とも称される茶の湯では、茶碗や茶釜だけでなく多くの道具が使われる。点前で使用される主な道具には、茶入や棗、茶入や茶碗などを収

納する仕覆のほか、茶杓や水指、柄杓、茶筅、建水、香合などがある。また茶室の床の間に掛け軸や花入れがあり、棚に茶道具を飾ることもある。

　道具については、舶来の唐物に対し、侘茶の大成者千利休は簡素な道具を好んで使用し、これは「利休好み」とされ、朝鮮の日常生活で実用されていた高麗茶碗などが大いにもてはやされた。茶道具は、中・近世以降、現代まで茶人のほか愛好家による蒐集も盛んであり、文化財として各地の美術館や博物館にも収蔵されている。また、「用の美」という概念で日用の普段使いに供される道具の中に美をみた柳宗悦の意識も見逃せない。

## 2　茶器の歴史的背景とよみとく視点

### （1）茶器がつなぐ政治と文化

　中世の武家政権と茶の湯の関係は、前述のように鎌倉時代以来、密接な関係にあったことが知られる。戦国乱世を統一していった織田信長は、茶器や茶の湯を統一事業に連動させた。これが、信長の茶の湯に対する事績の代名詞ともなっている「御茶湯御政道」と称されているものである。この文言は、信長が挫折した全国統一事業を後継する豊臣秀吉が用いたもので、1582年（天正10）年10月に織田家への忠誠や自らの正統性を織田信孝の家臣斎藤俊堯と岡本良勝宛てに記した書状の中に、「御茶湯御政道といえども、我等ハ被免」とみられる。そして、「茶の湯と政道」との関係性をめぐるこの文言の解釈については、逆接的表現「いえども」に着目し、「政道」を禁止や禁制と解することによって、禁じられている茶会は信長が許可することで開催可能となるという解釈（竹本2006）ほか、学界ではさまざまな議論がある。

　1582年といえば、6月に本能寺の変で信長が急死し、その後、信長配下の司令官として中国遠征軍を率いていた豊臣秀吉が山崎の戦で明智光秀を滅ぼし、全国統一事業を継承していく段階にあたる。秀吉の書状には、その意志が滲み出ているとみることができるだろう。

　また、竹本千鶴の研究では、「御茶湯御政道」という茶の湯の政治的利用について、その実態は「ゆるし茶湯」という史料用語で理解することを指摘し、それは、信長自身が蒐集した名物茶器の披露、下賜、茶会開催許可という段階的に把握するものとなろう。そして、名物茶器の下賜についても竹本

表1　織田政権における「御茶之湯」の許可状況（竹本 2006、p.37 を一部改め簡略化）

| 許可された人物 | 許可年月日 | 下賜された主な道具 |
|---|---|---|
| 織田信忠 | 1578 年 1 月 4 日 | 初花肩衝（茶入）・竹の子花入 |
| 明智光秀 | 1578 年 1 月 11 日 | 八角釜・椿の絵 |
| 佐久間信栄 | 1578 年 1 月 30 日 | 雀の絵 |
| 羽柴（豊臣）秀吉 | 1578 年 10 月 15 日 | 乙御前釜・洞庭秋月 |
| 野間長前 | 1580 年 5 月 22 日 | 燕の絵・高麗茶碗 |
| 村井貞勝 | 1582 年 4 月 9 日 | 豊後天目 |

は、織田政権内で家督相続として信長から信忠へ、あるいは臣下への道具の下賜や「御茶之湯」の許可状況を表1のようにまとめている（竹本 2006）。

## （2）流転する茶器

　このように茶器は政治との結びつきを強めた結果、権力者らの間を流転するケースもしばしばであった。一例として、ある茶入の事例を紹介しよう。茶入はその形状により肩衝（かたつき）、大海（たいかい）、茄子（なす）、文琳（ぶんりん）などに分けられるが、ナス型の九十九茄子（つくもなす）・松本茄子・富士茄子は天下の三茄子とされ、その一つである大名物の富士茄子は、室町将軍足利義輝が所持したと伝えられている。しかし、その後、医師の曲直瀬道三（まなせどうさん）の手に渡り、以後、織田信長、豊臣秀吉、前田利家などの手を経て現在に至っている。そして、実際に所有者となった権力者は、それを披露する茶会を催したのである。信長は 1571 年（元亀 2）8 月 12 日の岐阜城での茶会、秀吉は 1587 年 10 月 1 日の北野大茶之湯などの例が知られている。

　また、縦長で肩の部分が突き出ている形状の肩衝では、天下三肩衝と称されるのが新田肩衝（にった）・初花肩衝（はつはな）・楢柴肩衝（ならしば）である。日本に伝来する以前は楊貴妃が所持したという伝承をもつ初花肩衝は、足利義政から鳥居引拙、商人の大文字などを経由して信長が入手した。その後、前述したように家督相続として信忠の手に渡るも本能寺の変で流出し、徳川家康を経て賤ヶ

図1　九十九茄子
（画像提供：静嘉堂文庫美術館／
DNPartcom）

岳の戦いでの戦勝祝いとして秀吉の手に渡った。秀吉の死後は、宇喜多秀家に相続され、関ヶ原の戦い後には再び家康の手へと流転の旅を紆余曲折繰り返し、現在は徳川記念財団の所蔵となっている。権威の象徴としての茶器が、政局の展開とともに権力者の元を流転した一例である。他方、楢柴肩衝は天下人の間を流転する中で1657年（明暦3）の大火災で破損、その後、修復されたというが現在の所在は不明とされ、新田肩衝も信長の手から大友宗麟を経て秀吉の手に渡り、その後、大坂の役では被災し、その後の修復を経て水戸徳川家に伝来し、現在は徳川ミュージアムが所蔵している。

### （3）目録化された茶器

このように優品の茶器だからこそ、ある人の手から別の人の手へと渡り歩くことも多く、それは楢柴肩衝や新田肩衝のように損失などのリスクも大きいことは当然といえる。こうした中で、江戸時代には茶器の所在情報や形状などをいわゆる目録化する動きがあったことも見逃せない。前にも茶器の格付けを行ったと指摘した松江藩主松平不昧が蒐集したゆかりの茶器は『雲州蔵帳』に収載され、そこに記載されている逸品の多くは現在、畠山美術館に所蔵されている。『雲州蔵帳』に記載がある「油屋肩衝」について、不昧は日本の宝とし「油屋肩衝は其方一人にて取扱い干し申すべき候」と置文し、取り扱い上の格別な注意喚起しているのである。

## 3　文化財を学びに活かす

千利休により完成された侘茶は、孫の宗旦に受け継がれ、その後、三千家（表千家・裏千家・武者小路千家）をはじめ、現代も多くの流派によって連綿と継承されている。茶会や茶事で最初に茶室に入れば、まず床の間を拝見するが、そこには書画の掛け軸があり花が活けられている。また、点前の後には用いられた諸道具を拝見する機会もあり、そこで目にする茶入、茶杓、茶碗などの茶道具一つひとつが日本文化を象徴する美術・工芸品である。さらには、服茶の前には菓子や懐石料理を食するが、そこには職人の精魂の込めた技術の粋も感じられる。

こうした茶の湯に関連する茶器などの諸道具、あるいは茶室を通じて日本

史学習を実践しようとすれば、それを単に作品と作者等を覚えるだけというような学習に陥らないよう注意が必要である。単なる文化史上の具体例として作品に対する知識のみならず、茶器であれば、それがどのような歴史的背景をもって現在に伝来してきたのか、こうした視点に立った学びを創造することが肝要である。

　そのためには、例えば、茶器であれば、日明貿易の輸入品の具体例でもあり、流通経済史と連携させることができる。陶磁器が輸入品であったということは、国内に需要があるがその需要を満たす条件が内的に整っていなかったことに他ならない。それが戦国・織豊期にかけては、製陶業が勃興し、唐物陶磁器と競合する形で国焼と称される国産陶磁器が流通していったこと、さらには豊臣政権による朝鮮出兵の際には、朝鮮人陶工が多数日本に連行され、それによりさらに各地での陶磁器の製造の契機となったことなども知られている。これらを接続させ、茶道具を通して政治や流通経済を見る視点を獲得する学びの創造が可能となるであろう。

　また、秀吉が全国統一事業を進めていく過程で、秀吉の意向を諸大名に伝達する回路として茶の湯宗匠らが機能したことも指摘できる。古くは桑田忠親、近年では山本博文が指摘したように、秀吉の茶頭であり、取次として側近の役割も担った千利休は、1591年、秀吉の命で自刃したことで知られている。利休は豊臣政権内で秀吉の弟羽柴秀長をして「内々のことは宗易（利休）に」といわせたほど、豊臣政権内に深くかかわっていた。そのため、自刃の背景には、政治的な問題があったのではないかとも推測されている（桑田1976、山本1990）。大名や武将にとって、茶の湯は修養すべき素養であり、だからこそ、茶の湯宗匠が豊臣政権と諸大名、あるいは大名間の意思伝達経路に重要な役割を果たした点も政治史と文化史を接続する視点になると考えている。

●参考文献
川添房江・皆川雅樹編　2016『新装版 唐物と東アジア―舶載品をめぐる文化交流史』勉誠出版
桑田忠親　1976『千利休研究』東京堂出版
小島憲之校注　1964『懐風藻 分荷秀麗集 本朝文粋』日本古典文学大系69、岩波書店
竹本千鶴　2006『織豊期の茶会と政治』思文閣出版
公益財団法人畠山記念館　2016図録『大名茶人松平不昧の数寄―「雲州蔵帳」の名茶器―』畠山記念館
山本博文　1990『幕藩制の成立と近世の国制』校倉書房
米原正義　1986『戦国武将と茶の湯』淡交社

文化的景観　棚田

# 人びとは棚田をどのように開発し、維持してきたのか

竹田和夫

棚田に刻まれた人々の生活・生業の営みがわかる！

## 1　棚田（文化的景観）とは

　棚田とは、傾斜地で階段状につくられた水田をさす。『高野山文書』1338年（建武5）では、紀伊国伊都郡志富田荘（和歌山県かつらぎ町）の棚田の反別、収穫量が記載されている。「棚田一反御得分四十歩ハ…」と棚田が史料に見える。考古学の分野では、群馬県沼田市で、古墳時代後期（6世紀中頃）の棚田遺構が見つかっている。現在、農林水産省では傾斜の度合いで棚田を定義している。すなわち、傾斜度が20分の1（水平距離を20m進んで1m高くなる傾斜）以上の水田をさしている。

　1998年（平成10）に文化庁が発行した『月刊文化財』1月号（400号）は、棚田の特集を組んだ。従来は文化財の指定対象分野をテーマにしているこの雑誌が、文化財としては未指定の分野である棚田をテーマとして選んだことには大きな意味があった。ここには、棚田学会初代会長となる石井進の「棚田への招待」、民俗文化財部門の主任調査官大島暁雄の「耕して天に至る―棚田（千枚田）保護の現在―」、荘園景観の研究で著名な海老沢衷の「棚田と水資源―豊後国大野荘の場合―」、広大な中山間地棚田地域を県域に含む新潟県でさまざまな分野の指定・保存に従事する筆者の「新潟県の棚田・千枚田について―岐路に立つ Sacred Fields」、三重県で棚田保存に尽力する前千雄の「貴重な文化遺産を後世に―丸山千枚田―」文化庁で名勝や史跡整備を担当した本中眞の「フィリピン・イフガオ地方の高地性棚田景観」などが、学際的かつ現場の課題も見据えた文章で寄せられた。この特集が試金石となり、棚田が文化的にも価値を有することが一般にも認知されていったの

である。こうして、文化庁本中眞らにより文化的景観制度が起ち上げることになる。

　棚田について、さまざまな角度から学ぶ場として棚田学会が結成された。これは学会としては実にユニークな存在で、学際的な研究成果とともに地域社会に還元するさまざまな活動を支援し紹介している。初代会長であり歴史学・民俗学の立場から推進した石井進を記念した賞を設けており、全国の棚田の保全関係者の顕彰を実施している。

　棚田を包含する文化財を、重要文化的景観として選定するこの制度は、2004年の文化財保護法の一部改正によって始まった。2021年（令和3）3月26日の官報告示時点で、全国で70件の重要文化的景観が選定された。この文化財保護法第二条第1項第五号では、「地域における人々の生活又は生業及び当該地域の風土により形成された景勝地で我が国民の生活又は生業の理解のために欠くことのできないもの」と記されている。

　文化的景観は、従来の文化財とはまったく異なるものである。人々の生活・生業の営みが土地に刻まれて形づくられた結果が景観で、土地へのかかわり方が変わると景観も変化する。本中眞の言葉を借りれば景観はいわば「生きモノ」といえよう。国は文化的景観を保護する制度を設けることによって、その文化的な価値を正しく評価し、地域で護り、次世代へと継承していくことをねらいとしている。

　文化的景観の中でも特に重要なものは、都道府県又は市区町村の申出に基づき、「重要文化的景観」（以下「文化的景観」略称）として選定されていく。

　その選定基準には、①農耕に関する景観地、②採草・放牧に関する景観地、③森林の利用に関する景観地、④漁ろうに関する景観地、⑤水の利用に関する景観地、⑥採掘・製造に関する景観地、⑦流通・往来に関する景観地、⑧居住に関する景観地、そしてこれらの複合による景観地があげられた。

　文化的景観の保存調査は、自然・歴史・生活または生業の3つの観点で実施される。自然の観点からは、通潤用水と白糸台地の棚田景観（熊本県山都町）、近江八幡の水郷（滋賀県近江八幡町）、歴史の観点からは菅浦の湖岸集落景観（滋賀県長浜市）・樫原の棚田及び農村景観（徳島県上勝町）、生活又は生業の観点からは宇治の文化的景観（京都府宇治市）・佐渡西三川の砂金山由来の農山村景観（新潟県佐渡市）などがある。

　結果として、通潤橋・中世以来の菅浦集落・水辺の近江八幡の町並み・佐渡金山など、日本史上でも著名な遺産や地域と重なる。そして選定された文化的景観全体を見渡してみると、大きな存在感と意義を示すものに棚田の景観がある。

　『文化的景観保護ハンドブック』（文化庁記念物課、2015）によると、文化的景観保護制度の創設を後押ししたのは、国内における棚田・里山の保全活動の高まりやそれを受けた棚田の名勝指定、世界遺産における文化的景観の保護の取り組みであった。

　このようにして、近年の行政や団体、学会の施策・活動・研究により棚田がどのように開発され、どのように維持され、今後それを未来に伝えるためには何が課題か明らかになってきたところである。さらに、棚田をも包含する文化的景観という概念で面的に価値づけをし、維持していく方向づけが軌道にのってきたのである。

## 2　棚田（文化的景観）の歴史的背景とよみとく視点

　まずは、国が選定した代表的な棚田（文化的景観）の事例をその歴史的価値とともに紹介してみたい。

### (1) 日根荘 大木の農村景観（大阪府泉佐野市、2013年10月選定）

　大阪南部・泉州の平野部から和泉山脈の犬鳴山麓にかけて、中世の荘園に由来する日根荘の農村が広がっている。大木地区は、樫井川が削った河岸段丘に位置している。この大木地区は土丸地区と合わせて入山田村と呼ばれ、領主だった関白九条政基が1501年（文亀元）から4年間滞在し、『政基公旅引付』を記した舞台となっている。

　風景を構成する要素であるため池や水路、農地、寺社仏堂の多くは中世に由来し資料や詩歌にも詠

図1　日根荘大木の景観
（泉佐野市教育委員会提供）

まれている。荘域から見通せる山系には、山岳信仰が根付いている。2013年10月17日に重要文化的景観に選定されている。日根荘の当時から、水利確保が課題で用水路や溜池が配置され、多くの史料や絵図に残され現在も生活の中に活かされている。山麓の急傾斜地には棚田がひろがる。歴史教育から見た魅力は、現在も残る景観・荘園絵図・史料『政基公旅引付』を組み合わせて、季節ごとに荘園の生活を追いかけ復元することができることである。日本史の単元でいえば、室町時代の農民・生活・産業（農業）で実施するのが適当であろう。

### （2）奥出雲たたら製鉄及び棚田の文化的景観（島根県奥出雲町、2014年3月選定）

　7か所の景観構成要素のうち、5か所までが棚田を含んでいる。ほかの2か所は、たたら製鉄の経営者の居宅で構成される。西日本に多い石積みではなく土坡の棚田で、約3kmにわたって山中を這うように用水路が引かれており、当時の測量技術の高さが窺える。もともと奥出雲町では、約1400年前から「たたら製鉄」と呼ばれる砂鉄と木炭を用いる鉄づくりが盛んに行われていた。奈良時代の『出雲国風土記』では、「生産される鉄は堅く、さまざまな道具をつくるのに適している」という記述がみられる。この地域には、たたら製鉄の跡を確認することができる。鉄づくりの原料である砂鉄入手のため、砂鉄を含む山を崩して水に流し、比重を利用した選別を行い採取する「鉄穴流し」が実施された。特筆すべきは、跡地が棚田として活用されてきたことである。鉄穴流しの跡地に新田が開かれている。

　また、鉱山開発と信仰が一体のものとしても残されている。鉄穴流しの際に、鎮守の杜や墓地など神聖な場所を削らずに残した小山が棚田に残っている。日本史の教科書では、近世の手工業鉱山業でたたら精錬が説明されており、天秤たたらの図も掲載されている。奥出雲の景観は、この内容の具体例として活

**図2　奥出雲のたたら製鉄及び棚田の景観**
（奥出雲町提供）

用することができ、あわせて棚田
の歴史的背景を学ぶ機会とするこ
とができる。

### （3）平戸島の文化的景観

（長崎県平戸市、2010 年 3 月選定）

長崎県平戸市の「平戸島の文化
的景観」は、①無形の文化財とし
ての要素（かくれキリシタン信仰など

図3　平戸島の文化的景観（春日の棚田）
（平戸市提供）

に関わる文化的伝統や社会システム）を背景とする集落、②棚田や牧野などの生業
空間、③原生林や里山などの自然空間、の要素によって構成されている。こ
れらは、文献、絵図、布教に訪れた宣教師の報告などにより、16 世紀頃から
その存在を確認することができる。②の中で春日の棚田は約 450 枚、16 世紀
より前にすでにある程度造成されていたと考えられる。海岸から山間部まで
よく耕作されており、現在も放棄は比較的少ない。谷の上方の棚田の石垣の
高さは数ｍにも及ぶ。2018 年に「長崎と天草地方の潜伏キリシタン関連遺産」
が、ユネスコの世界文化遺産に登録された。構成資産には、春日集落（棚田
景観が広がる）と信仰の対象としての安満岳が含まれている。日本史教科書の
南蛮文化の宣教師の布教、近世初期の禁教令の内容とクロスさせ、弾圧され
た人々の苦しみや営みをイメージできるのが平戸の文化的景観である。

このように前記３つの事例から、その開発の始期には幅があること、開発
の契機も政治的なものや宗教的なもの、さらにはきわめて技術的レベルの延
長と思われるなど多様であることがわかった。

### （4）田染荘小崎の農村景観（大分県豊後高田市、2010 年 8 月選定）

さらに、棚田（文化的景観）の歴史的背景を掘り下げてみようとしたきの素
材を提供しよう。まずは、九州の棚田（文化的景観）である。身近な素材とし
ては、『新日本史Ｂ　改訂版』（山川出版社）の中のコラム「資料にふれる−土
地に刻まれた歴史を読み取ろう」がある。コラムではあるが、棚田のイメー
ジを歴史的にわかりやすくとらえることができる。ここでは、大分県田染荘・
都甲荘、兵庫県大山荘が取り上げられているが、棚田は水田景観そのもの

史料 1　「永弘家文書」

（端裏書）
「□佐神領永正大まかりの取帳　永□
宇佐神宮御領
　　豊後国田染荘内　永正名大まかり□□□　見田取帳事
　さこ
一所段分米五斗五升　　　　　　　　　　清九郎
　さこ
一所二反分米五斗五升　　　　　　　　　清五郎
　さこ
一所三十代　山神免
（中略）
永享参年九月廿一日」

ももちろんのこと、絵図、小字地名、用水の確認、石造物などの素材を集積してはじめて価値が語られる。

　棚田開発の歴史的背景をさらに具体的にイメージするためには、海老澤衷『景観に歴史を読む　史料編』（早稲田大学、2005 所収の第 17 章 棚田景観の展開の説明と関連地域）が参考になる。まずは、棚田に関する数少ない文献史料をそこから抽出した。

　1431 年（永享3）9 月 21 日、豊後国田染荘内永正名大まかり取帳である。

　史料 1 に見える「名」は田染名内の「名」であり、大曲名は永正名の中に発生した二次的な「名」である。神免は、寺社に対する免田の意味として説明されていた。海老沢は棚田を、①山林の一部や段々畑を棚田にした長水路型、②狭い谷間を這うように上がる棚田の迫田型、③谷の開口部や丘陵地の先端部分など比較的開かれた空間に展開する短水路乾田型、の三種に分類していた。本史料の棚田は、「さこ」記載から迫田型としてとらえている。「大まかり」の地名は応永年間から見られ、1431 年段階で永正名大曲と

**図 4　田染荘における棚田景観**
（豊後高田市提供・友久亮撮影）

記される。田染荘では、迫田型棚田は室町期に開発されたと考えられる。富貴寺大堂、熊野磨崖仏、真木大堂の木造大威徳明王像などに代表される六郷満山文化が近くにある。これらの史跡を、実際に2万5千分の1地図でたどり、文化財分布マップなどで近隣の中世信仰遺産を確認し、そして写真などとあわせて全体を俯瞰すると、立体的な歴史的背景の復元が可能となる。

### (5) 佐渡の棚田・千枚田

　田染荘の次に、歴史的背景を考えうる好素材が、佐渡の棚田・千枚田の開発事例である。全国には意外と知られていないが、佐渡においても棚田の景観が広くみることができる。佐渡の場合は山間の棚田に加えて、海をのぞむ緩傾斜地の棚田の2つのタイプを有することが特徴である。山間の小倉の水では、慶安年間（1648～1652）～元禄年間（1688～1704）の新田改帳が残っている。この期間の開田の過程を知ることができる。また、地名や立地などの民俗学・歴史地理学的手法から中世に遡及する棚田開発を明らかにできる。中世的地名に付して、「ひらき」という文言が多数確認できる。

　ここで想起したいのが、狂言研究の指摘である。狂言「武悪」には、「われとしがひ（新聞）をするやうなやつじやつたに。」という一文がある。小山弘志（1958）、佐竹昭広（1967）、戸井田道三（1973）は、史料に見える「新開」や「ほまち」について室町期の史料を引用し、「山間の湿地に棚田を開いたりなどした」と棚田を想定した開発を示唆した。さらに、自己の所有が黙認される農民の自立の基礎であったとも評価する。東京大学史料編纂所の古文書・古記録・大日本史料・平安遺文等の各種データベースで「新開」を検索してみた。たしかに古代・中世・近世にまたがり、土地の開発としての意味も確認することができる。そして近世前期の佐渡の史料では「開き」「ヒラキ」を多数確認できた。越後で棚田地域が広がる山古志でも、『山古志村史　通史』（山古志村、1985）を読むと、やはり開発地名が多いことがわかる。佐渡や越後の棚田開発を史料で追っていくと、谷にはさまれた下方から山頂に向かい開発が進む場合が多い。

　一方、逆コースの開発も見られた。そして、地域では用水確保や切添新田としての位置をめぐる争論の対象にもなっていた。すなわち、新開にともない用水権が本田と新しく開発された切添で争論となったのである。佐渡の山

間地小倉の棚田地域は、木地師伝承の残る地域であり、山間にかかわらず古い舟絵馬が残っており、かつて船材や用具を海の村に供給したといわれ、民俗学的にもきわめて魅力的な地域である。

## 3　文化財を学びに活かす

文化財の範疇としても、まだ歴史の浅い棚田（文化的景観）であるが、教育ではどのように受け取られているのだろうか。そして、歴史的背景はどのように説明されているのであろうか。

棚田（文化的景観）という言葉こそ使用しないものの、地域の町並みや農村景観を素材にした教科学習をはじめ探究学習・総合的な学習など、学校あげての活動は早くから推進されてきた。文化的景観にビオトープの学びを包含している場合もある。特筆すべきは、新潟県安塚小学校の棚田学習の取り組みである。その成果は、石井里葎子『棚田はエライ！』（農山漁村文化協会、1999）で公表され話題を呼んだ。高校では、島根中央高校のようにユネスコスクールに指定され、世界遺産学習の中で景観保持活動を実践しているところもある。

大学教育で棚田（文化的景観）を重視しているのは、別府大学である。20年以上にわたり国東半島の田染荘に入り、学生たちが景観保存に関わってきている。その過程で大分県田染荘が国の重要文化的景観に選定され（2010）、国東半島・宇佐地域は「世界農業遺産」に認定された（2013）。大学生は、国東半島を中心に荘園村落遺跡調査や環境歴史学的調査の手法をベースに自然と人間の関係史の調査法を学んでいる。他にも、岩手県一関市の重要文化的景観、一関本寺の農村景観（史跡の名称としては骨寺村荘園遺跡）を対象にした、國學院大學歴史地理学吉田敏弘による調査、歴史学と教育学を導入した東洋大学須賀忠芳による観光学の踏査が行われている。

中学高校の教科書を広げてみると、中学社会科の地理・公民や高校地理では世界の棚田の掲載が目立つ。中国雲南省の大規模な棚田群、フィリピン・ルソン島のコルディリェーラの棚田群、バリ島のウブド近郊の棚田などである。国内の景観に目をむけると、中学地理教科書において、町並み景観保全と住みやすさ優先による現実社会との懸隔を考える記述がみられる。同じく

　副教材では、逆に農村景観に目をむけるものがある。例えば三重県の丸山千枚田を対象に、農作業や習俗を一年通して聞き取りを実施した『アドバンス中学地理資料』（帝国書院）もある。

　高校の補助教材では『最新日本史図表』（第一学習社）の裏表紙に、石見銀山遺跡とその文化的景観が大きく掲載された。同書では阿弖河荘の景観も写真で示してある。同書は長年にわたり荘園絵図について複数頁にまたがり取り上げ、徹底した絵図での景観分析ができる。また『新詳日本史』（浜島書店）では、日根荘日根野村荒野開発絵図・近世の日根野荘井川用水図が対比して掲載されている。教科書ではどうしても絵図は一枚しか掲載されず、景観の復元・生活のイメージ形成には限界があるが図説は見事にそれを補っている。

　筆者は上記の教科書により授業実施するときに、矢守一彦編『空からみた歴史景観』（大明堂、1976）も併用している。同書には、荘園景観が複数掲載されている。紀の川段丘の溜池と用水路などである。現代の景観を俯瞰すると、対象景観の本来の姿や変化をリアルに感じとれる。最近はドローンで撮影した景観写真を多数見れるようになったので、この作業はさらに容易になった。高校の現行の地理Ａ・地理Ｂ・同図説でも景観が素材になっている。文化的景観の範疇と重なるものでは、中国や東南アジアの棚田があげられている場合が多い。『共通テスト対策直前演習』（ラーンズ）を見ると、淀川水系の地理、秋田県花岡鉱山の景観が作問対象となっている。従来の歴史地理学的感性をこえた、新しい文化的景観を理解するセンスがないとなかなか解きにくい問題となっている。近年では、中学公民や高校政治経済の図説類でも景観が取り上げられるようになってきた。それに比すと、日本史世界史など歴史科目の教科書・副教材は、全体を見渡すと景観を取り上げられる機会は少ないといえる。学習指導要領において歴史科目でもとめられる地理的条件、地理科目でもとめられる歴史的背景、双方を相互にクリアするために、文化的景観は好素材になりうるのではないだろうか。何よりも全国各地に都市・農村を問わず多彩な景観が残っていて、身近な地域素材にもなりうる。

　次に、選定された棚田（文化的景観）の中から歴史教育との連携が好素材になりうるものを紹介したい。この田染荘の景観の学習を行う時に同時に示すのが、横井成行（海城高等学校）「『月次風俗図屏風』を用いた授業活用例」（日本史かわら版第6号（11月号）、帝国書院、2018）である。横井は、田植えと田楽の

場面で有名な「月次風俗図屏風」の読図作業を4つの班で実施した。その結果、「右下に切り立った崖が迫っているので、前に学習した「迫田」や「谷田」に近いのではないか。むしろ山のなかの田んぼじゃないか」という生徒たちの推論を導きだしている。この成果を事前に生徒たちに示すことで、筆者が担当する生徒・学生たちの感性を覚醒させることができた。

　中等教育と高等教育をつなぐ大学入試問題の中にも、棚田（文化的景観）が取り上げられている。一つは、2018年上智大学TEAP利用型入試問題である。水田想定の重要文化的景観が取り上げられ、「なぜ明らかな稲作不適切地を水田化していくのか？」について説明させる。もう一つは、2018年広島大学総合科文科系入試問題・国語である。樋口忠彦『日本の景観　ふるさとの原型』（筑摩書房、1993）が使用されている。

　以上、学校教育と文化的景観の接点についてリストアップしてみたが、棚田（文化的景観）は学習指導要領が大きく変わり新科目も創設される今後において、新しい素材としての活用が見込まれる。国内文化財の分野としては歴史の浅い棚田（文化的景観）であるが、その裾野の広さと現代の生活そのものを投影していることから、歴史・地理さらには政治・経済や生物などとも重ねることができる。将来への景観の維持のために、学際的な知恵が今後求められることになろう。その中で歴史学の果たす役割は大きい。

●参考文献

金田章裕　2012『文化的景観』日本経済新聞出版社

小山弘志　1958「狂言」岩波講座『日本文学史』第五巻　中世の演劇

佐竹昭広　1967『下剋上の文学』筑摩書房

竹田和夫　2002「棚田の文化価値について」『日本の原風景・棚田』第3号、棚田学会

竹田和夫　2009「海をのぞむ佐渡の棚田―水利確保・開発者・鉱山技術―」『日本の原風景・棚田』第10号、棚田学会

戸井田道三　1973『狂言　落魄した神々の変貌』平凡社

文化庁文化財部記念物課　2005『日本の文化的景観』同成社

宮本常一　1964『日本民衆史二　山に生きる人々』未来社

本中　眞　2012「「重要文化的景観」は、まちづくりやむらづくりのキーワードになれるか？」『月刊文化財』11月号、第一法規株式会社所収

※上智大学TEAP利用型入試問題の棚田・重要文化的景観についての問題の存在を教示いただいた會田康範氏に謝意を表したい。

富士塚

# 富士塚にどのような思いを寄せたのか

會田康範

富士塚から江戸時代の民間信仰や民衆文化に接近する

## 1 富士塚とは

　2013年（平成25）、日本最高峰の富士山が「富士山─信仰の対象と芸術の源泉」として、山そのものとそれに関連する他の要素もあわせ、ユネスコ世界遺産委員会から世界文化遺産に認定された。登山道なども含め、その構成資産は静岡・山梨両県の25件に及んでいる。なぜ自然遺産でなく文化遺産なのか、という疑問を持たれる向きがあるかもしれない。しかし、それは、富士山の自然環境的な要素とともに信仰や芸術を中心に日本的文化の形成に多大な影響を与えてきた特質が注目され、文化遺産として評価されたものと考えられよう。

　富士山に対する信仰は、浅間神社の創建や富士講などとして具現化されているが、信仰の様態としては、山頂へ登山する登拝のほか遠方からの遥拝もある。また、こんにち、民俗文化財に区分されている富士塚は、近世中期以降に江戸とその近郊地域を中心に富士講に集う地域住民の手によって築造された富士山を模したモニュメントである。富士講の手によらない富士塚の存在もあり、早い例では近世以前にさかのぼるものがあることも知られている。だが、ここで言及する対象としては、富士講によって築造された富士塚を中心に述べていく。その規模は、大きいものでは10m以上もの高さになり、実際に富士山に登拝した後に現地より持参した溶岩を配して築いたものも多い。黒色の溶岩は「黒砂」とよばれ、山のように盛り土したところに黒砂を配置した富士塚は、富士山の険しさや富士登山の困難さをリアリティ豊かに表現したものとみることができる。実際に築かれた富士塚には、頂

上に祠が建てられ、山裾には富士山の胎内を模倣した洞穴、また、その山頂に登るための登山道も造られ、ほんのわずかな距離であっても合目標識（合目石）などが設置されている。そして何よりも、近世の江戸とその近郊の地域住民にとっては、遥か彼方に仰ぐ富士山を身近に体感できる存在であった。

　このように富士山は古代以来、日本人の心のよりどころとして存在し続け、霊峰富士とも称され人々に崇められる信仰対象となってきた。そのため、富士山南麓の表口に位置する登拝道（大宮・村山口登拝道）がある静岡県富士宮市には、全国1,300余を数える浅間神社の総本宮である富士山本宮浅間大社が創建され、これを筆頭に各地に浅間神社が建てられている。

　「浅間」を冠した浅間神社の主祭神は、木花之佐久夜毘売命（別名浅間大神）で、木花之佐久夜毘売命は瓊々杵尊の皇后であったが、懐妊の際に貞節を疑われ、その疑念を晴らすため戸のない産屋の周りに火を灯し、3人の皇子を無事に出産したという。これにより木花之佐久夜毘売命は、安産や家庭円満の神とされ、さらに火難消除・航海・漁業・農業・機織等の守護神となった。

　富士山に登拝する信仰の旅、浅間神社への参詣は、近世に入って江戸やその近郊の住民の間で大流行した。各地で集団登拝を目的に富士講とよばれる組織が結成され、山麓では登拝者を補助する御師の活動も活発になっていった。そして、実際に登拝することがかなわない者のため、各地域に形成された講の尽力によってその地元に築造されたのが富士塚なのである。

　このように富士塚は、日本の各地に造営された塚の一種である。本節では、民俗文化財である富士塚からみえてくる近世日本の民間信仰や民衆文化の一端にアプローチしてみたい。

## 2　富士塚の歴史的背景

### （1）山岳崇拝・山岳信仰の展開

　日本では古来より普遍的に川や岩、樹木等々あらゆる自然物や自然現象に対し、霊威の存在を認めてきた経緯がある。こうした自然物や自然現象を畏怖、崇拝することをアニミズム（精霊崇拝）といい、縄文時代の人々の精神生活を理解する上で屈葬や抜歯、土偶の製作などとともによく知られるところであろう。前述した通り、富士山に対する信仰が可視化して表現されたの

は富士山南麓に創建された浅間神社に始まり、それが各地に勧請され、富士講としても大きな広がりをもって展開していった。

　神社の名称として取り入れられている浅間山は、長野県と群馬県の県境に位置している。富士山とともに麗しい山容を誇る関東甲信地方を代表する火山で、両県にまたがるその山麓には縄文遺跡なども多数分布している。ちなみに、長野県北佐久郡御代田町にある浅間縄文ミュージアムでは、八ケ岳山麓の縄文文化とは異なる浅間山麓の縄文文化の地域特質を示す展示をみることができる。

　縄文時代に続き、古墳時代には巨岩や絶海の孤島、円錐形に整った形をした山などには神々が宿るとして祭祀の対象となり、これらは祭祀遺跡や祭祀遺物とよばれている。一例として、奈良県の三輪山を神体とする大神神社や玄界灘の沖ノ島を神体として祀る宗像大社をあげることができるだろう。さらに平安時代になると、呪術的な山岳信仰として密教・道教・神道・陰陽道などの影響を受けた修験道が成立した。その創始者である役小角の生没年は不詳だが、7世紀末頃に大和の葛城山で修行を重ね、平安時代の始めに流行した密教にも長けていたとされる。

　修験道は中世になるといっそう盛んになり、山伏とよばれた多くの修験者が出現し、大和吉野の金峯山や大峰山、加賀・飛騨両国の境界に位置する白山、東北の出羽三山、紀伊の熊野三山などがその活動拠点となった。修験者は、山を崇拝するとともに修行の場として山に籠り、超人的な修行を重ねることにより神秘的な法力を身につけ、その特殊な能力にすがろうとした人々からは加持祈禱の依頼を受けることもあった。

　富士信仰は、こうした山岳信仰と同一線上に位置づけることが可能である。だが、その上で、近世になって富士塚の築造が隆盛したという時代的特質を踏まえておくことが肝要であろう。それは、比較的近い江戸やその近郊からであっても実際に富士山に登拝の旅を行うことは、現代と比べれば容易ではなかったこと、それ故に気軽に接することができ疑似的に富士山への登拝を可能とさせる富士塚を自らの地域社会で築造するという動きとして現れたものだとみておきたい。そこで、以下では、近世の富士講と富士塚の築造について概観しておこう。

## （2）近世の富士講と富士塚築造

　近世の民衆にとって講という社会集団のあり方は多種多様で、地域の生業や産業における同業者集団により経済的目的をもって成立したものがあった。さらに聖地巡礼や寺社へ参詣することを目的にした講には、富士講以外にも大山講や御嶽講など、各地にさまざまな講が成立していた。これらの講は、地域社会で信仰心に由来する共同体であり、地域住民が精神的繋がりを確認する一つの装置として機能した。中でも江戸市中においては富士講の結成が流行し、一つの町に一つの講があるという「江戸八百八講」と称された。厄除けや病気平癒などを願う商人らを中心に信仰を集めたが、その端緒は富士講の創始者長谷川角行（?～1646）の弟子である食行身禄にあった。

　伊藤伊兵衛を本名とする食行身禄は、1671年（寛文11）に伊勢国に生まれ、江戸に出て商家奉公人から独立し本町三丁目で呉服店を営んだ。この頃、その名を冨山平右衛門、その後冨山甚右衛門と改め順調に経営を拡大し、呉服商だけでなく、京橋に薬種店、大伝馬町に太物店、神田には燈油店を営んだ。しかし、次第に商人としての生活を否定するようになり、富士山烏帽子岳に入り修行を重ねた人物だとされる。

　身禄は商人として独立する以前の1687年（貞享4）に月行朝仲の教えを受け、富士山への信仰を深めるようになった。1733年（享保18）に烏帽子岳で断食し入定した身禄の教義は規律ある生活を求めるもので、江戸市中から江戸近郊の庶民へと受容されていき、富士信仰が呪術的な側面から実践道徳的な方向に転じ広がりをもつようになった点に大きな意義があるとされている。特異な神話的「知」の体系を育み、理想世界の実現が間近かだとされ、のちの天理教や大本教などの新宗教を先取りするものと評されている（島薗1997）。

　この身禄の弟子のひとりであった日行青山（本名は高田藤四郎）は、1779年（安永8）、江戸早稲田の地にある高田稲荷神社の隣地に身禄山と称した富士塚（高田富士）を築造した。これが江戸に所在した富士講の手によって営まれた富士塚の嚆矢とされ、この場所はのちに早稲田大学構内となり、さらに1963年（昭和38）には、早稲田大学構内から近隣に移築されている（図1）。富士講に執心した日行青山は造園を生業としていたため、造園の技術を活用して富士塚を築造し、地域で富士講の教線拡大を図ったものと考えられる。以来、これに倣うように江戸とその近郊の各地で、富士講の手による富士塚の築造

図1　1909 年（明治 42）ごろの高田富士
（早稲田大学歴史館所蔵）

が活況を呈したのであった（平野 2004）。

## （3）富士塚築造の目的

　こうして近世中期以降、各所でみられるようになった富士塚は、現在も東京都内や近県に多数存在している。そのうち、文化庁の Web サイトには、次の表1にある5基の富士塚が国指定の重要文化財として紹介されている。

　こうした文化財として保護されている富士塚がある反面、中にはこれまでの開発などに伴って損失したものや管理上の問題などから実見することができないものも多い。現在、前掲の高田富士も通常は非公開となっているが、神田町名主斎藤氏（長秋・莞斎・月岑の3代）によって書き継がれ 1836 年（天保7）年に刊行された『江戸名所図会』にはその景観が描かれている（図2）。

　また、これについて、1814 年（文化 11）頃に刊行された十方庵敬順の『遊歴雑記』には、形態と築造の目的について上の史料に記されている。

　これによれば、長四郎（高田藤四郎のことか）は、これまで富士講の先達として 30 回以上も富士登山を経験し、現地から溶岩を採取してそれを用いて

表1　国の重要文化財に指定されている富士塚（国指定重要文化財データベースをもとに作成）

| | 名称 | 築造時期 | 重文指定年月日 | 所在地 | 所有者／管理団体 |
|---|---|---|---|---|---|
| 1 | 木曽呂の富士塚 | 1800年（寛政12） | 1980年4月24日 | 埼玉県川口市大字東内野 | 川口市 |
| 2 | 志木の田子山富士塚 | 1872年（明治5） | 2020年3月16日 | 埼玉県志木市本町 | 敷島神社／田子山富士保存会 |
| 3 | 江古田の富士塚 | 1839年（天保10） | 1979年5月21日 | 東京都練馬区小竹町 | 浅間神社 |
| 4 | 下谷坂本の富士塚 | 1828年（文政11） | 1979年5月21日 | 東京都台東区下谷 | 小野照崎神社 |
| 5 | 豊島長崎の富士塚 | 1862年（文久2） | 1979年5月21日 | 東京都豊島区高松 | 浅間神社 |

豊島長崎の富士塚（表1-5、筆者撮影）

図2　『江戸名所図会』に描かれた高田富士（国立国会図書館ウェブサイトより）

史料1　十方庵敬順の『遊歴雑記』

　　されば、此水稲荷の地に新ふじを築し濫觴は、安永八己亥年当処の馬場下町長四
郎といひし者、生涯の内三十余度駿州ふじ峯へ登山して、芙蓉峯の土を取来り、是
を頂上に収めて築立たり、その高さ三四丈、富士の五合目に摸せしと也、是は男子
さへ心弱きものは、山に酔て十里の高嶽登りがたし、況や障り多き垢穢の婦人は山
荒すさまじくて、老若ともに登山なりがたきを嘆き、長四郎心願を起し、爰に富嶽
を摸して、男女・老少ともに心安く登山する様にとて築立しものなり、常は山の口
を閉て、上下することを禁ず、是は頂上より裾にいたる迄まはり〳〵登り下りする
路の左右、みな黒朴といへる石のみを集めて、明間なく築立たれば、只山のかたち
何の風情もなく、黒朴の石を束ね積上たるが如し、（中略）その後護国寺山内、又は
千駄がや八幡の社内等に、おの〳〵新ふじといふものを築、みな黒朴石にて束ね積
上たり、是長四郎が土砂のぞれ崩れん事を察し、黒朴を土留に遣ひたるにならふも
の歟、その後、彼処此処に新ふじとて築山するごとに、低きにもみな黒朴石を積上
るは、真似の真似損ひといふべし、

（朝倉治彦編訂『遊歴雑記』初編2、平凡社（東洋文庫504）、1989)

この富士塚を築造したとされる。実際の富士山に登山することが困難な老若
男女のために、気軽に富士登山を疑似体験することを目的として築造された
ことがわかる。その際、溶岩は盛り土が崩れ落ちることを防ぐために置いた
ものとされているが、これ以後、江戸およびその近郊各地でもこれを真似て
高さがそれほどない富士塚でも黒砂を配置することが標準化されていった。
それは崩落防止であるとともに、先述したようにリアリティを増す効果が
あったと思われる。

## 3　富士塚をよみとく視点

　さて、このような富士塚から、いま、私たちは何を学び、何を体得するこ
とができるだろうか。現在では、富士塚そのものを見聞したことがない、あ
るいは富士信仰に基づいて富士塚築造の主体であった講という存在自体、そ
れほど身近な存在ではなくなってきているのではないだろうか。とりわけ、
現代の高校生や大学生らの若い世代にはなおさらであろう。

　ちなみに、2018年（平成30）3月に告示された高等学校学習指導要領では
地理歴史科の科目として「日本史探究」が新設されたが、その「内容の取扱

139

い」として全体にわたる配慮事項の一つに、民俗学の成果の活用が明示されている。すなわち、「文化に関する指導に当たっては、各時代の文化とそれを生み出した時代的背景との関連、外来の文化などとの接触や交流による文化の変容や発展の過程などに着目させ、我が国の伝統と文化の特色とそれを形成したさまざまな要因を総合的に考察できるよう指導を工夫すること。衣食住や風習・信仰などの生活文化についても、時代の特色や地域社会の様子などと関連付け、民俗学や考古学の成果の活用を図りながら扱うようにすること」と言及されているのである。

　地域社会で生活する地域民衆の日常の生活風景を歴史的に理解することは、現代に生きる私たちの生活を相対化させる可能性をもっている。しかも、信仰のあり方を視覚に訴える文化財として富士塚の活用は、新たな歴史学習に内容的にも広がりを与える教材になるものといえるであろう。

　山岳崇拝や山岳信仰、あるいは民間信仰や民俗文化に関し、これまでの日本史学習での取り上げ方は断片的であり、また地域史学習やテーマ学習の素材として取り上げられることはあっても、通史的な学習の中に有機的に位置づけられてこなかったように思われる。例えば、手近なところにある高校日本史の教科書（『詳説日本史』山川出版社）では、「化政文化」の一節の中に設けられた小見出し「民衆文化の成熟」の中で「湯治や物見遊山など、庶民の旅も広くおこなわれ、伊勢神宮・善光寺・讃岐金毘羅宮などへの寺社参詣や、聖地・霊場への巡礼がさかんにおこなわれた。また五節句や彼岸会・盂蘭盆会などの行事、日待・月待や庚申講などの集まりのほか、町や村々を訪れる猿廻しや万歳、盲人の瞽女・座頭などによる芸能が人々を楽しませた。」と記されているが、寺社参詣に際して講そのものが地域社会でどのような役割を果たしたか、あるいはその具体的な活動の様相などに関する記述はみられない。

　そこで、この記述に即して富士塚を素材とする学習を構想する場合、富士信仰をめぐる民間宗教者の存在や富士塚築造に利用された溶岩の流通をテーマとして取り上げることも可能であろう。また、富士登拝のために組織された講がどのように富士までの旅を具体的に行ったか、という交通史からの視点も考えられるだろう。さらに、冒頭で触れたように文化遺産として富士山を捉えれば、近世の文化史的な側面から近世江戸のランドマークとして描か

れた浮世絵を活用することも考えられる。以下では、これらの点について、ささやかな提案を試みたい。

## （1）富士塚を通して多様な周縁的身分を理解する

　多くの人々の間では、近世社会には、いわゆる「士農工商」の語に象徴される厳しい身分制度が存在していたと理解されているだろう。豊臣政権による刀狩りや身分統制令により兵農分離が実現し、近世社会は身分の固定化が進んだというパラダイムである。確かにこうした通説化した理解は従来から根強くあるが、「士農工商」だけに集約されない多くの周縁的身分が存在していたことは、近年の日本近世史研究が明らかにしてきた成果である。それはすでに高等学校の日本史教科書レベルでも反映されつつあり、「士農工商」で語れない身分制度として紹介されているほどである（高橋・三谷・村瀬2016）。

　こうした成果の上に立つと、ここで取り上げた富士講中興の祖とされる食行身禄のような民間宗教者の存在から、近世社会における身分の多様性を具体的に考察することができ、ダイバーシティが尊重される現代社会ではいっそう意義深く、そのための有効な素材となるだろう。さらに、富士講によって構築され、地域に現存する実物資料でもある富士塚は、視覚を通じて具体的に民間信仰の様相を豊かに語ることができる。

## （2）描かれた江戸のランドマークとしての富士

　また、近世後期には各地で名所が生まれ、民衆の間では各地の名所を訪れる旅も盛んとなった。一方、こうした名所を描いた風景画も人気を博し、庶民も安価で入手できる版画として広く普及した。その代表的作者である葛飾北斎には名所を題材とした一連の作品群があるが、とりわけ有名な『富嶽三十六景』（全46作品）は秀逸である。ここに描かれた名所の内、現在の東京都内に該当するのは18ヶ所である。もちろん、この題材となった場所以外で富士山の眺望を楽しむことが可能だった地点は現在よりも多く、それは現在も都内に残る多くの「富士見」の地名からも推察することが可能であろう。こうしたことからも、民衆と富士山との文化的関係性を考察することを一つのテーマとすることもできるだろう。

　富士山が近世江戸の人々の間に浸透した時期は、それほど早い時期とは考えられていない。竹谷靭負によると、ランドマークとして江戸の景観の中心になったのは、江戸中期だという。たとえば、江戸前期である寛永期（1624〜1645）の景観を描いた『江戸図屏風』での富士山は左隻上部の隅に小さく描かれているだけであったが、その後、江戸中期に出現した絵師河村岷雪が富士山を江戸の風景の中心に押し上げたといっていい。（竹谷 2013）。これに連なるのが北斎であり、その背景には富士講や富士信仰の隆盛があることは否めないだろう。北斎の『富嶽三十六景』の一景である「諸人登山」は本作の構図の中で唯一富士山が描かれていないことで有名だが、富士山の代わりに富士の山頂を目指して登拝する富士講の姿を描いている。ここからも、当時の代参による富士講を理解することが可能である。

## （3）富士山と江戸をつなぐ経路

　3つめの視点としては、富士山と江戸をつなぐ流通や経済史的な視点である。富士講によって築かれた富士塚の構成要件として、表面に配置された黒砕がある。これは、実際にどのように現地から江戸やその周辺に運ばれたのであろうか。小石程度のものであれば実際に現地に赴いた参詣者自身が持ち帰ることも可能であろうが、個人で持ち帰ることが不可能な大きな石の場合、どのような経路や手段によって現地から運ばれたのか、興味深い視点である。また、代参として現地に向かった人々はどのような経路で旅をしたのだろうか。

　岩科小一郎や野村幸希によれば、各地に造営された富士塚は最古の高田富士に倣って築造され、その構成要件の外部的特徴の第一に塚表面が溶岩片で被覆されていることが挙げられる（岩科 1975、野村 1985）。その搬入経路としては、富士山麓山梨県側から江戸への流通経路として想定できるのが、相模川を利用した舟運である。山梨県の富士五湖周辺を水源とする相模川は神奈川県相模原市から厚木市、平塚市、茅ケ崎市へと神奈川県中部を南に貫流して相模湾に注ぎ、河口からは江戸湾へと繋がっている。野村の考察に従えば、都内に遺存する富士塚のすべてに黒砕の被覆があり、塚の多くは河川畔に占地されるのも、溶岩搬入との有機的関連性のよるものであろうと推測されている。その当否について、ここで断言することはできないが、富士塚を通して流通経済史的視点から前近代における舟運の意義を考察する素材として成

立する可能性はある。学習活動としては、「溶岩はどのようにして江戸やその近郊に持ち込まれたのか」という問いを立て、東京都内や近県の河川の流路を明示した地図を使い、富士塚の所在地を確認する作業から河川での溶岩の搬入を仮説として立てることも一案として考えられる。

　また、現代と比べ交通手段が未発達であったにもかかわらず、近世後期になって庶民の間で大流行した信仰としての旅にも注目したい。富士山などは信仰の対象として社寺などとともに参詣を目的に人気の旅先となった。各地から人々の移動が活発化した反面、代参として講の組織で出向いたことも多かった。富士塚は現地を訪ねることが叶わない人々のために地元との講組織などが主体となって建立されたものであるということから、前近代における共同体としての地域社会のあり方に対する理解を深めたい。

### （4）世界遺産としての学習

　以上のほか、世界遺産教育として活用することも可能である。世界遺産の理念は、環境教育や平和教育、異文化理解など、多面的に発展させることができる。田渕五十生によれば、ユネスコが推進している「持続可能な開発のための教育」に向け、世界遺産は、①世界遺産そのものについての教育、②世界遺産のための教育、③世界遺産を通しての教育を構成することになるという（田淵 2011）。このような学習は、初等・中等教育段階の総合的な学びとしてもその可能性を模索できると考えている。

## 4　文化財を学びに活かす

　筆者が勤務する本務校は東京都豊島区内にあり、そのキャンパス内には江戸時代の史跡が点在しており、「富士見台」とよばれた富士見茶屋跡やその付近には1810年（文化7）に俳人金子直徳が建立した「目にかゝる時や殊更五月富士」の句を刻む松尾芭蕉の句碑、また当時この地には街道が通っていたことを伝える道標も複数みることもできる。富士見茶屋跡の眼下には、キャンパスに隣接するようにJR山手線が通り、また、周囲にはマンションやビルが立ち並んでいるため、現在ではその場所から西方を眺めてみても富士山

の眺望を楽しむことはできない。

　しかし、区内にはこの富士見茶屋跡と同様に、富士山にまつわる史跡とし
て富士塚が複数現存し、かつて富士山は今以上に身近な存在であったことを
偲ばせる。現存する富士塚の中には、立入禁止のものもあるが、山開きとし
て一定の期間限定で登拝可能なものも多い。それは、現代でも地域社会に富
士塚が根づき、地域の人々の尽力によって維持管理されてきていることの証
左でもある。古来より、日本人の精神文化の基底に根ざした富士山に対する
信仰とそれを模し遥拝場所でもあった富士塚を通し、近世の民間信仰の具体
相を理解したい。

●参考文献
岩科小一郎　1975「東京の富士塚」『あしなか』148 輯
島薗　進　1997「富士講」鹿野政直・鶴見俊輔・中山　茂編『民間学事典 事項編』三省堂
高橋秀樹・三谷芳幸・村瀬信一　2016『ここまで変わった日本史教科書』吉川弘文館
竹谷靭負　2013『富士山信仰―その伝承遺跡を歩く』祥伝社
田渕五十生　2011『世界遺産教育は可能か』奈良教育大学出版会
永田生慈　2000『葛飾北斎』吉川弘文館
中村俊介　2019『世界遺産―理想と現実のはざまで』岩波書店
野村幸希　1985「富士塚考」立正大学史学会創立六十周年記念事業実行委員会編『宗教社会史
　　研究Ⅱ』立正大学史学会
平野榮次　2004『富士信仰と富士講』岩田書院

**有形文化財 アイヌ絵**

# 江戸幕府はなぜアイヌに種痘をしたのか

下山　忍

> アイヌ絵から国民国家への道すじをよむ！

## 1　アイヌ絵とは

### （1）アイヌ絵師・平沢屏山

　アイヌ絵とは、時期的には近世を中心に、アイヌの生活や風俗などを描いた絵画のことをいう。ただし、これらの絵画は、アイヌ自身によって描かれたものではなかった点にはまず留意する必要がある。そもそもアイヌの伝統的な精神観では、人間や動物の姿を写すとそこに悪霊が取り憑いて災いをなすとされていたことから、アイヌ自身が絵画を描くことはなかったのである。それゆえにアイヌ絵とは、蝦夷地を訪れた和人によって描かれたアイヌの生活や風俗を主題にした絵画ということになる。美術作品として貴重なばかりでなく、写真のなかった頃のアイヌについて知るための好適な資料と言える。

　よく知られているアイヌ絵師としては、宝暦年間（1751〜64）頃に活躍し『蝦夷絵』などを描きアイヌ絵の先駆者とされる小玉貞良、1798年（寛政10）の幕府蝦夷地調査に随行し秦檍麿の別名で『蝦夷島奇観』などを描いた村上島之允（1760〜1808）、その養子の村上貞助（1780〜1846）、谷文晁の弟で1799の幕府蝦夷地調査に随行した谷元旦（1778〜1840）、生没年不詳ながら19世紀初頭に松前を中心に活躍したとされる千島春里、19世紀後半に松前で活躍し『アイヌ狩猟図』などを描いた早坂文嶺、探検家で『蝦夷漫画』などを描いた松浦武四郎（1818〜88）、そして本稿で扱う平沢屏山（1822〜76）らがいる。

　これらのアイヌ絵師たちを大別すると、2つの制作者群のタイプがある。1つのタイプは蝦夷地に在住してアイヌ絵の販売を職業的に行っていた町絵師たちで、小玉貞良・千島春里・早坂文嶺・平沢屏山らがこれにあたる。そ

の作品には、発注者（購入者）の要望等を反映してアイヌの勇壮さを表現したり、エキゾチックな主題を求めたりする傾向がある。もう1つのタイプは、幕府の命令などによる調査や探検で蝦夷地を訪れた武士たちで、村上島之允・村上貞助・谷元旦・松浦武四郎らがこれにあたる。蝦夷地の探検やそこに暮らすアイヌの調査を目的としていることから、実証的学問を背景に写実的に描く傾向があるとされる（新明 2011）。

　以上のように、和人によって描かれるアイヌ絵は当然ながら和人の関心を反映している絵画であると言える。18世紀中頃から19世紀後半にかけて描かれているということは、その時期に和人のアイヌへの関心が高まったということができるが、これは蝦夷地におけるロシアの南下という国際環境の変化に時期的に符合している。こうした状況に対処して蝦夷地の調査を行う幕府はもとより、蝦夷地との交易に関わる商人たちにとっても貴重な視覚的情報であった。また、エキゾティズムをかき立てるアイヌ絵は、博物学的関心を広げていた国内の知識層や奇なるものを好んだ庶民の興味関心を反映して、盛んに模写され流布していったのである。

　さて、「種痘施行図」の作者である平沢屏山は、1822年（文政5）、陸奥国稗貫郡大迫（現在の岩手県花巻市）に生まれた。家は比較的裕福だったというが、父の死後困窮し、あるいは義母と折り合いが悪かったという話もあって、弘化年間（1844〜48）頃に弟と共に箱館に移住した。その地で絵馬を描いて生活し、酒好きだったことから「飲んだくれのえんまや（絵馬屋）」などと呼ばれていたという。この平沢屏山もそうであるが、先に挙げた小玉貞良や千島春里にも絵馬を描いていたという話があり、絵馬師からアイヌ絵師に転身する例は少なくない。

　平沢屏山はその後、箱館の豪商杉浦嘉七の知遇を得て、その請負場所である十勝や幌泉（襟裳）などでアイヌとともに生活をしてその風俗を詳細に描いた。1876年（明治9）に函館において54歳で死去したが、「種痘施行図」のほかに、「アイヌ風俗十二ヶ月屏風」、「アイヌ熊送の図」、「オムシャ図」などの作品もよく知られている（佐々木 1999）。19世紀になると、アイヌ絵は箱館開港によって来訪して来た外国人によっても収集されたため、需要も多く高額で売れたという。平沢屏山が活躍したのは、まさにこの時代であった。その後、蝦夷地が北海道と改称され、明治政府による同化政策が急速に推進

されるようになるとアイヌの生活も変化を余儀なくされ、アイヌ絵の制作も次第に影をひそめていった。そのような意味から、屛山は「最後のアイヌ絵師」とも呼ばれている（五十嵐 1999）。

## （2）『種痘施行図』の制作

　次に、東北福祉大学芹沢銈介美術工芸館所蔵「種痘施行図」の基本情報を整理しておきたい（濱田 2009）。「種痘施行図」は、紙本着色軸装で 116.0cm×103.1cm（「讃」があるので本紙部分は 70.4cm×92.2cm）である。1995 年（平成7）の阪神淡路大震災直後に個人所有者から大阪市の書店が購入、さらに札幌市の書店を介して芹沢長介が購入し、その後東北福祉大学芹沢銈介美術工芸館に寄贈したという経緯がある。同館では 2005 年（平成17）12月から翌年の3月にかけて、特別展「アイヌ文化の新資料―150 年前の集団種痘図・甲冑そ

**図1　平沢屛山筆「種痘施行図」**（東北福祉大学芹沢銈介美術工芸館所蔵）
函館在住のアイヌ絵師平沢屛山が、豪商杉浦嘉七の依頼によって 1857 年（安政4）に制作。いくつかある類図の中でも原図と考えられる。

の他」を開催し、「種痘施行図」も展示した。

　この「種痘施行図」は、1857年（安政4）に幕府が蝦夷地のアイヌに種痘を実施した様子を題材としており、箱館奉行所の一室を舞台としてアイヌの老若男女80数名・和人の医師や役人12名が描かれている。アイヌは裸足で縄状の帯を締め、海老のように腰をかがめて歩いている。男性は長い髭を蓄えて毛深く、女性は口の周りなどに入れ墨をするなどその特徴をしっかりと捉えている。

　この「種痘施行図」には、同様の構図をもつ絵画がいくつか知られている。「蝦夷人種痘之図」（越崎1945）や新明英仁のいう「桑田立齊アイヌ種痘接種図」（新明2011）などがそれである。これらと「種痘施行図」の関係について、濱田淑子は原図と模写図の関係にあるという（濱田2009）。

　すなわち、後述するように、蝦夷地でのアイヌ種痘に際して箱館奉行としてこれを推進したのは村垣範正であったが、前述の杉浦嘉七が知遇のあった平沢屏山に種痘の様子を描かせて村垣に献上した。これが「種痘施行図」の原図である。この時の種痘医・桑田立斎も、その2年後の1859（安政6）年にこの村垣のもつ絵画（原図）から模写図を描かせて所有した。これからさらに、桑田立斎の子孫が1940年（昭和15）、桑田模写図をもとに日本画家・林司馬に依頼して、2部の模写図を作成した。こちらは、現在1部を北海道大学附属図書館、1部を大阪大学医学部が所蔵する。すなわち、合計3種類の模写図があるということになる。

　東北福祉大学芹沢銈介美術工芸館が所蔵する「種痘施行図」には「安政四年　蝦夷土人種痘施接之図　村垣蔵」と書かれた軸題箋が残されており、村垣範正の家に所蔵されていたことを示している。そのような情報も踏まえ、この「種痘施行図」が1857年（安政4）に杉浦嘉七が平沢屏山に描かせた原図と考えられている（濱田2009）。

　さらにもう1点、ロシアのオムスク造形美術館所蔵の「種痘図」があり、2009年から翌年にかけて日本でも公開された。西洋紙に描かれた20.4cm×32.7cmという大きさであり、「種痘施行図」（本紙部分70.4cm×92.2cm）に比べて小さい。この「種痘図」は、ロシア科学アカデミー会員の植物地理学者エヴゲニイ・ミハイロヴィッチ・ラヴレンコから同館が1985年に寄贈されたもので、同氏が1949年にレニングラードの古書店で購入したという。日本

からロシアへの伝来の経緯はわかっていないが、「辰冬初日」と記されていることから、1868 年に平沢屏山自身が原図をもとに描いた図と考えられている（霜村 2009）。

　なお、「公命蝦夷人種痘之図」と名付けられた錦絵も残されているが（リッカー美術館 1980）、これは桑田立斎が 1859 年（安政 6）に描かせた模写図を二代歌川国貞に移させて木版刷物として知人に配布したものだという（越崎 1945）。

## 2　アイヌ絵の歴史的背景

### （1）1857 年（安政 4）の蝦夷地天然痘流行と江戸幕府

　次に、「種痘施行図」制作の背景について見ていきたい。「種痘施行図」には、以下に示したような塩田順庵の筆になる「讃」があり、その制作の経緯を知ることができる。なお、筆者の塩田順庵は、金沢生まれの儒学者で幕府医師・塩田宗順の養子である。幕命により箱館に渡って医学所などの設立にあたり、その後江戸に帰って幕府医学所の教諭となるなど、医学や箱館にもゆかりのある人物で、そうした経緯を踏まえ「讃」の執筆を依頼されたものと考えられる。以下、濱田淑子による翻刻（濱田 2009）に基づく筆者による書き下し文と大意（下山 2021）を示した（次頁）。

　塩田順庵の筆によってその功績を称えられている村垣範正は、「種痘施行図」の中では右上部に描かれている。左右に配下の武士を従えて水墨画の描かれた衝立の前に座し、桑田立斎らによるアイヌへの種痘接種に立ち会っている。ただし、松木明知は、村垣範正が記した「村垣淡路守公務日記」（『大日本古文書』　所収）にこの記事がないことから、実際には立ち会っていなかったと推察している（松木 2010）。

　村垣範正は、幕臣（旗本）の子として 1813 年（文化 10）に江戸築地に生まれた。通称を与三郎、あるいは淡路守、号を淡叟という。表 1 に示したものは、『国史大辞典』や『日本人名大辞典』等をもとに筆者が作成した略年表である。その経歴を見ると、若い頃から庭番を務めるなど幕府の情報収集に携わった能吏であることが窺え、長じて箱館奉行・外国奉行・神奈川奉行など幕末の外交の第一線で活躍している。村垣範正の名前は、中学校社会科はもとより

## 史料 1 「種痘施行図」の讃

【書き下し文】

　蝦夷の性は頑愚にして、論すべからざる者多し。痘瘡瘟疫の類の如くは、之を畏るること豺狼よりも甚し。一たび傳染する者有らば、輙ち父子相顧みず、委て山中に避く。或は一郷相率いて遷徙するに至り、竟に病者をして萬に一生無からしむ。

　丙辰の冬、鎮臺村公、西部を巡視し、痘瘡流行の運に會い遭う。男女少壯の死するもの算うるなし。惨毒見るに忍びざる者あり。是においてや、公惻怛の心から藹然啓發し、且つ謂うに、苟も是の如くんば、則ち戸口の減ずること、日に一日より甚し。何ぞ開拓の爲にこれを救ふこと、當に眉を燃やすを捍ぐが如し。具に其の狀を聞く。

　明年の夏、官痘醫を差しつかわし、之をして接法を行引せしむるも、第民肯んじて従わず。以爲らく、種痘は我を病ましむと、皆な風を望みて逃げ匿れるか。公又吏をして百方之を諭させ、始めて接法を施すを得たり。三月之間、陸續六千余人に至る。

　嗚呼、公は一念の仁、民を壽域に躋らす。かくの如く其れ多きなり。世公の德を倗へ、或いは圖をして之を傳ふる者あり。語に曰く、民は是國の本、又曰く、食を足らし、兵を足らす。公の織、巡撫に在り。能く其の慈愛惻怛の心に充ち、以て疫氓を憐れみ、税斂を薄くし、田野を辟き、稼穡を勧むるを先務と爲す。則ち七年を出ずして、必ず桑麻を相望し、鶏犬相聞こゆるに至らん。是に由り、吾が彊圉を固め、吾が邊虞を靖んじ、長く国家北顧の憂を絶つ。則ち亦、公の像を絵て之を鬻ぐ者有るを得るは、豈に止この小圖のみならんや。

塩田泰拝誌

【大意】

　蝦夷地のアイヌは疱瘡を恐れ、感染した者がいると親子でもこれを山中に遺棄したり、あるいは一つの村全体が他所に逃げ去ったりしたので、亡くなる者が多かった。

　安政 3 年（1857）の冬に、箱館奉行である村垣範正が蝦夷地西部を巡視し、疱瘡流行の状況を見たところ、成年男女や子どもの死者が数多く、見るに忍びない状態であった。村垣範正は、このようにアイヌの人口が日を追って減少していくのならば、蝦夷地の開拓にとって望ましいことではないので、彼らを救うのは焦眉の急であると考えた。

　安政 4 年の夏に、幕府は医師を派遣して種痘を行わせたが、アイヌは恐れをなして逃げ隠れしてしまった。村垣は部下の役人たちに命じてあらゆる手段を尽くして説得したので、ようやくアイヌに種痘を実施することができた。種痘は 3 か月間にわたり、6,000 余人に及んだ。

　村垣範正は、その後も善政を敷いたので、蝦夷地は桑や麻が生い茂り、鶏や犬の声が聞こえる平和な田園風景となった。これによって、周囲を強く固めて辺境の不安をはらい、長く北の憂いを絶ったのである。

表1　村垣範正略年表

| | |
|---|---|
| ・1813（文化10）年 | 江戸築地に誕生 |
| ・1831（天保 2）年 | 小十人格庭番となる（19歳） |
| ・1854（安政 元）年 | 勘定吟味役・海防掛・蝦夷地掛となる（42歳）<br>堀利熙と共に松前・蝦夷地を調査<br>下田でロシア使節プチャーチンを応接 |
| ・1855（安政 2）年 | 台場普請・大筒鋳造・大船建造等を命じられる（43歳） |
| ・1856（安政 3）年 | 箱館奉行となる（44歳）　　蝦夷地を巡察 |
| ・1857（安政 4）年 | 幕府に種痘の必要を上申（45歳） |
| ・1858（安政 5）年 | 外国奉行となり、箱館奉行も兼任（46歳） |
| ・1860（万延 元）年 | 勘定奉行・神奈川奉行も兼任（48歳）<br>日米修好通商条約の批准のため副使として渡米<br>（正使新見正興・目付小栗忠順） |
| ・1861（文久 元）年 | 対馬のロシア艦隊退去の交渉を担当（49歳）<br>箱館奉行となり、箱館に砲台建設指示 |
| ・1863（文久 3）年 | 作事奉行となる（51歳） |
| ・1864（元治 元）年 | 若年寄支配寄合となる（52歳） |
| ・1868（明治 元）年 | 病のため隠居（56歳） |
| ・1880（明治13）年 | 死去（68歳） |

　高等学校日本史でも扱うことはほとんどないが、ロシア使節プチャーチン来航、台場築造・大船建造の解禁、万延遣米使節（咸臨丸）、ロシア艦隊対馬占拠事件など幕末外交史の重要局面に当事者として関わっており、もっと広く知られて良い人物であろう。

　村垣範正が勤めた箱館奉行とは、幕府が重要拠点などに設置した遠国奉行の1つで、1799〜1821年の蝦夷地前期幕領期、1855〜1868年の同後期幕領期のいずれにも設置された。外国との交渉にあたる幕府中枢の優秀な人材を箱館奉行としたことに、幕府の蝦夷地を重視する姿勢を見ることができる（加藤・若園2018）。

　村垣範正の箱館奉行としての業績の1つは、前述の「讃」が称賛するように、1857年に、蝦夷地のアイヌの間に蔓延していた天然痘対策のために幕府に種痘医の派遣を要請したところにある。これは幕府が正式に認めた最初の種痘であり、江戸や大坂よりも早く実施されたことは注目に値する。3か

月にわたり 6,000 余人に接種した大事業であった。当初種痘を恐れて逃亡するアイヌを説得してようやく実現した経緯が「讃」に記されているが、「種痘施行図」が描く囲炉裏を囲んで談笑するアイヌの様子に、落居した状況が読み取れる。また、衝立の背後には漆器や陣羽織などアイヌが欲する宝物等が描かれており、これらが種痘接種の褒美として与えられたという説得の背景も窺うことができる。

　なお、「讃」には、蝦夷地を巡回した村垣範正が「惨毒見るに忍びざるものあり」と、天然痘に倒れるアイヌに憐憫の情をもったとあるが、種痘接種のより本質的な動機は蝦夷地の人口を維持して「田地をひらき稼穡（農業）を勧め」ることにあり、それは「国家北憂」（ロシア南下）への対応だったことも記されており、蝦夷地直轄化の中でのアイヌへの種痘における幕府の基本的な姿勢をここからも確認できる。

### （2）　牛痘種痘法の展開

　次に、種痘を接種した桑田立斎について述べる。表 2 に『国史大辞典』や『日本人名大辞典』等をもとに筆者が作成した略年表を示した。桑田立斎は、幕末に活躍した蘭方医で、牛痘種痘の実施と普及に専念し、生涯 10 万人種痘の悲願を立て、7 万人余の実績を上げた。種痘針を握ったまま亡くなったという逸話も残り、死後「幕末のジェンナー」とも称せられた。

　その子孫でもある歴史家桑田忠親によれば、1857 年に幕命を受けて蝦夷地に渡った際には、西村文石・井上元長・秋山玄潭という 3 人の弟子、4 人の若党、それに 1 人の種痘児とその父母を伴ったという。これは、種痘児の膿は次第に感染力を失うので、その道程で別の子どもに植え次ぐというリレー方式を採ったということであった（桑田 1981）。

　この時、幕府は東蝦夷地を桑田立斎、西蝦夷地を箱館の医師深瀬洋春に担当させたので、桑田立斎は、箱館・鷲木・国縫・長万部・幌泉・十勝・厚岸・根室・野付・泊と回った。「種痘施行図」は箱館奉行所を舞台としており、桑田立斎は、衝立を背にする箱館奉行村垣範正の前で緋毛氈に座り、アイヌの手を取って種痘を施す剃髪の人物に描かれている。その左隣のやはり剃髪の人物は、弟子の医師西村文石である。ちなみに、桑田立斎や西村文石の左隣に巻紙に何かを記している武士がいるが、これは種痘を実施したアイヌの

表2　桑田立斎略年表

・1811（文化 8）年　越後国新発田に誕生（父は新発田藩士村松喜右衛門）
　　　　　　　　　　　江戸の坪井信道の学塾で蘭学（医学）を学ぶ
・1841（天保12）年　蘭方医桑田玄真の養子となる（31歳）
・1842（天保13）年　江戸深川に小児科を開業（32歳）
・1849（嘉永 2）年　オランダ商館医モーニッケから牛痘種伝来
　　　　　　　　　　　江戸鍋島藩邸から入手して種痘に成功（39歳）
・1857（安政 4）年　幕命により蝦夷地に渡り、アイヌに種痘を実施（47歳）
・1868（明治元）年　死去（58歳）

名前等を記録している箱館奉行所の役人と思われる。

　そもそも種痘とは、毒性を弱くした天然痘（疱瘡）の病原体（痘苗）を人の皮膚に接種して、その部分だけに軽い痘瘡を起こさせて免疫を得る方法である。天然痘はウイルスを病原体とする感染症で、致死率が非常に高いことから恐れられ、神仏に頼ってこれを退散させようとした「疱瘡神」や「疱瘡絵」などの民間信仰の証跡も各地に残る。医学的には、古くは鼻孔に疱瘡患者の膿のかさぶたの粉を吹き込んだり、皮膚を切って膿をすり込んだりする人痘種痘なども行われていたが、効果や安全性に問題があった。画期的な治療法としては、イギリスのジェンナーが1796年に発見した牛痘種痘法であり、その後急速に世界中に伝播した。恐れられていた天然痘も牛痘種痘法によって克服され、1980年（昭和55）にはWHOが天然痘根絶を宣言するに至っている。

　我が国では1806年に起きたフヴォストク事件（文化露寇）の際にロシアに拉致された中川五郎治が、帰国後の1824年（文政7）頃松前藩領で種痘を実施したが途絶えていた。牛痘はすぐに感染力を失うので、保存が難しかったのである。大きく動いていくのは、略年表にも示した通り、1849（嘉永2）年に、オランダ商館医モーニッケが牛痘をもたらすことに成功したことにある。これは各地の蘭方医たちに広がっていった。

　桑田立斎には、佐賀藩医の楢林宗健から江戸藩邸の伊東玄朴に伝来した牛痘が伝えられた。大坂の緒方洪庵が入手するのもこの時である。こうした蘭方医たちの努力にもかかわらず、種痘は公認されなかった。これは、幕府

医官を占める漢方医らの妨害によるものであったとされる。しかし、桑田立斎らの蝦夷地での種痘の成功はこうした情勢を一変させた。1858年には伊東玄朴・大槻俊斎らが「神田お玉が池種痘所」を設置し、これは1860年（万延元）には幕府直轄となっていったのである（新村2006）。

## 3 アイヌ絵をよみとく視点

### （1）「種痘施行図」をどうよみとくか

　以上のような情報を踏まえ、「種痘施行図」（図1）を実際の授業場面でどのように活用できるかについて考えてみたい。例えば新科目「歴史総合」には「問いを表現」する学習活動が設定されている。資料から情報を読み取ったりまとめたりすることにより、生徒の興味・関心や疑問などを見いださせ、これを問いという形で表現させるのである。筆者は生徒の疑問から問いに昇華させるには、教師の問いかけや相互のやり取りが重要であると考えている。

　これを念頭において活用する場合は、まず何の事前知識も与えずに「種痘施行図」を見せ、生徒に疑問を挙げさせる。その鮮明な画面は、生徒を引きつけることになると思われる。筆者が勤務する大学の学生の協力のもとに実施したところ、次のような疑問が出た。

　・ちょんまげの人とそうでない人がいる。

　・ちょんまげの人は何を監視しているのか？

　・下の方にいるちょんまげの人は何を書いているのか？

　・坊主頭の人は、半裸の人の手を取って何をしているのか？

　・半裸だったり粗末な服を着ている人たちは何者なのか？

　・半裸の人たちはなぜ腰をかがめて歩いているのか？

　・屏風の後ろに置かれた品々は何か？　何のために使うのか？

　・そもそもこれは一体何の集会なのか？

　各自が挙げた疑問を発表させて共有すると、相互の学び合いからさらに深い読み取りになっていった。「種痘施行図」を注視すれば、月代で和服を着た人たち（和人）と、総髪で半裸の人たち（アイヌ）が居ることには容易に気がつく。そこから「どんな人たちなのだろう」、「何をしているのだろう」という興味・関心が高まっていくものと思われる。教師がはじめからすべて説

明してしまうのではなく、こうした生徒の疑問にのみ答える方法が良い。知識は与えられるものではなく、自ら獲得するということを示すためである。もし、時間を取れるのならば生徒に調べさせても良い。この生徒と教師のやり取りで、生徒は、和人とアイヌが描かれていること、和人は箱館奉行村垣範正とその配下の武士（図2-1）、種痘医桑田立斎とその弟子であること、アイヌに種痘を接種している場面であること（図2-3）、屏風の後ろにある品々は種痘を終えたアイヌへの褒美であることなどの知識を獲得していく。ちなみにアイヌが腰をかがめて歩くのは、ヲンガミという敬意を示す作法である（図2-4）。

　学生たちに協力してもらったのはここまでだったが、実際の授業では、次にグループ活動に移行し、追究したい課題を挙げさせて、議論の中で「問い

1：箱館奉行村垣範正とその配下の武士

2：記録をする武士

3：アイヌに種痘をする桑田立斎とその弟子　　4：腰をかがめて歩くアイヌ

図2　「種痘施行図」（図1）の部分拡大

を表現」させることになると思われる。その問いは生徒たちの表現に任せるが、内容的には「どのような経緯で国民国家は誕生したのだろうか」というような主題に集約されていくと思われる。

「歴史総合」の大項目Ｂには、(3) 国民国家と明治維新という中項目が設定されているが、ここで国民国家の形成の背景などに着目して主題を設定し、国民国家の特徴や社会の変容などを多面的・多角的に考察させ表現させることが考えられる。国民国家とは、一国家の領域には一国民しかいないというイデオロギーに基づき、文化・言語・宗教などの異なる先住民などの集団に「国民」としてのアイデンティティーをもたせようとするところに特徴があるという（歴史学研究会1994）。

「種痘施行図」は幕末にアイヌに種痘を接種した様子を描いており、感染症対策など医療史の視点からも興味深い資料であるが、こうした国民国家形成の視点からも扱える教材である。すなわち近代における「国民」や「国民国家」を学習する上で、領域内の異民族（先住民）であるアイヌをどう「国民」化していったのかという視点から扱うのである。

明治政府によるアイヌの同化政策については現行の教科書等にも取り上げられており、例えば中学校の『新編新しい社会歴史』（東京書籍）では土地や漁場を奪われ伝統文化を否定された面について記述し、高等学校の『日本史Ａ 現代からの歴史』（東京書籍）では1869年（明治2）の開拓使設置から1899年（明治32）の北海道旧土人保護法までの略年表を載せている。

これに先立つ江戸幕府の施策としては、「撫育」政策がある。すなわち、公正な交易、和人による非道の防止、病人による手当など慈悲深い施策によってアイヌを日本側に引きつけようとする政策である（坂田2018）。「種痘施行図」はアイヌの「国民化」が「撫育」を伴って幕末から始まっていることを示す資料であり、我が国における国民国家形成に関する多面的・多角的な考察を行う上で好適な教材であると言える。

## （2） アイヌ施策推進法と教材化の視点

アイヌの教材化を考える上で見落すことができないのは、1997年（平成9）に成立した「アイヌ文化振興法」であり、これは2008年（平成20）の「アイヌを先住民族とする国会決議」を経て、2019年（令和元）に成立した現在の「ア

イヌ施策推進法」に引き継がれている。これを受けて基本方針が定められ、学習指導要領も「先住民族であるアイヌの人々には独自の伝統や文化がある」ことに触れることを規定している。

　例えば、2017年告示の小学校学習指導要領（社会編）では、小学校の歴史学習全体を通して配慮すべき事項として、我が国の歴史は長い歴史をもち伝統や文化を育んできたことや、祖先の生活や人々の努力が今日の生活と深く関わっているように気付かせることを挙げ、その中で先住民族であるアイヌに独自の伝統や文化があることに触れることを求めている。

　こうした方向性は、中学校や高等学校の学習指導要領にも共通しており、さらに内容項目との関連の中で示されている。2017年（平成29）告示の中学校学習指導要領（社会編）では、B・(3)・(イ)江戸幕府の成立と対外関係の中で、蝦夷地におけるアイヌの北方との交易や交流について扱われている。いわゆる「四つの口」における国際交流に関する視点である。2018年（平成30）告示の高等学校学習指導要領（地理歴史編）「日本史探究」では、B・(3)・ア(イ)日明貿易の展開と琉球王国の成立、C・(3)・ア(ア)貿易の統制と対外関係で示されており、中学校と共通する近世の国際交流のほかに中世の国際関係に関連して扱うことが求められている。

　学習指導要領「解説」において、アイヌに触れているのは以上であるが、高等学校「日本史探究」では、例えばD・(1)・ア(ア)対外政策の変容と開国では、欧米諸国のアジア進出が進展する国際環境の中での幕府の対外政策の変容に関する問いを設定することが求められており、国際環境の変化と松前藩の政治的意図や、蝦夷地幕領化の切り口から扱えると考えている。

　現行の中学校教科書、例えば『新編新しい社会歴史』（東京書籍）を見ると、中世や近世で扱うほか、近代における「国境と領土の確定」の頁で「北海道の開拓とアイヌの人々」という項目を挙げて、土地や漁場を奪い伝統文化を否定したアイヌへの同化政策について取り上げている。こうした同化政策については高等学校教科書でも扱われており、例えば『日本史A　現代からの歴史』（東京書籍）は、1869年（明治2）の開拓使設置から1899年（明治32）の北海道旧土人保護法までの年表を掲載している。また、『新編新しい社会歴史』（東京書籍）は現代の「持続可能な社会に向けて」の頁で、「日本社会の課題」という項目を設けて人権の尊重・差別や偏見の撤廃を挙げ、部落差別・在日

157

韓国朝鮮人・女性・子ども・高齢者・障がい者とともにアイヌを例示しているが、当然ながらこうした視点も忽せにはできないものである。

　こうしたことから、新学習指導要領においても、中学校社会ではC・(1)・(イ) 明治維新と近代国家の形成、C・(2)・(イ) 日本の経済の発展とグローバル化する社会、高等学校「日本史探究」でもD・(1) 近代への転換、D・(4)現代の日本の課題の探究などでも扱われることになるものと考えられる。

　さて、アイヌ施策振興法には「アイヌの人々が民族としての誇りをもって生活することができ、及びその誇りが尊重される社会の実現を図り、もってすべての国民が相互に人格と個性を尊重し合いながら共生する社会の実現に資することを目的とする」とある。アイヌ文化の独自性を学ぶことは、アイヌだけにとどまることなく、日本列島各地を文化的な多面性で捉える複眼的で豊かな歴史認識につながっていき、そうした歴史認識の醸成が共生社会の実現に資するのではないかということである。多様性の尊重、共生社会の実現という現代的課題の実現のためには、その基盤としての歴史認識を学ぶ必要があり、アイヌ絵はそうした学習の好適な教材になりうるものと思われる。

●**参考文献**

五十嵐聡美　1999「最後のアイヌ絵師—平沢屏山」財団法人アイヌ文化振興・研究機構『アイヌの四季と生活—十勝アイヌと絵師・平沢屏山』

加藤博文・若園雄志　2018『いま学ぶアイヌ民族の歴史』山川出版社

桑田忠親　1981『蘭方医桑田立斎の生涯』中央公論社

越崎宗一　1945『アイヌ繪』北海道出版文化センター

坂田美奈子　2018『先住民アイヌはどのような歴史を歩んできたか』清水書院

佐々木利和　1999「平沢屏山とアイヌ絵」財団法人アイヌ文化振興・研究機構『アイヌの四季と生活—十勝アイヌと絵師・平沢屏山』

霜村紀子　2009「平沢屏山とその時代」財団法人アイヌ文化振興・研究機構『アイヌの美—カムイと創造する世界』

下山　忍　2021「『アイヌ人物屏風』と『種痘施行図』—2つのアイヌ絵の教材化をめぐって—」『東北福祉大学芹沢銈介美術工芸館年報』12

新明英仁　2011『「アイヌ風俗画」の研究—近世北海道におけるアイヌと美術』中西出版

新村　拓　2006『日本医療史』吉川弘文館

濱田淑子　2009「平沢屏山筆『種痘施行図』」『東北福祉大学芹沢銈介美術工芸館年報』1

松木明知　2010「新出の平沢屏山のアイヌ種痘図に関する一考察—オムスク造形美術館所蔵の『種痘図』を巡って」『日本医史学雑誌』56巻3号

リッカー美術館　1980『蝦夷風俗画展』図録

歴史学研究会　1994『国民国家を問う』青木書店

## 博物画と自然科学

### 近世の本草学の発達

會田康範

　自然界に所在する動物や植物、鉱物などは、天産物とも総称される。西洋では、これらの特徴を捉え分類する学問をナチュラルヒストリー（natural history）といい、直訳的には自然史であるが、日本ではかつて博物学と解されていた。

　ナチュラルヒストリーが隆盛する契機となったのは、15世紀から17世紀の大航海時代であった。ポルトガルやスペインなどの王侯貴族らが、探検家を非ヨーロッパ地域へ遠洋航海させ、その結果、彼らが各地で収集したそれまで未見であった文物が王侯貴族らの手にわたった。そしてこれらに多くの興味や関心が寄せられ、王侯貴族らは自邸のギャラリーなどに同好者らを集め、鑑賞する機会をもったのである。

　こうした博物学は、フランスの哲学者ミシェル・フーコー（1926〜1984）によれば、可視的なモノに命名する学問とされた。18世紀のスウェーデンの博物学者で「分類学の父」とも称されるカール・フォン・リンネ（1707〜1778）は、人間を肌の色の違いで知的・怠惰・剛直などに分類したこともあり、博物学には人間の序列化につながる危うさを内包する側面があることも指摘される。

　一方、東洋では古代より中国を中心に本草学が起こり、中世には明の李時珍が『本草綱目』を著し、学問的に大成させた。本草学は動物や植物、鉱物などの薬効を究明するもので、近世の日本でもその研究が盛んとなった。

　18世紀前半、日本では享保の改革が行われたが、その際、全国的な物産調査が行われ、同時に実施された政策の一つに朝鮮人参の国産化がある。前代の正徳の政治では、貿易における金銀流出を防ぐ国益思想に基づき貿易制限が強化された結果、それまで朝鮮から輸入品であった朝鮮人参の国産化が進んだのである。こうして天産物への関心が高まり、これ以降には各地で本草学が展開し、江戸では田村藍水（1718〜1776）、京都や大坂では小野蘭山（1729〜1810）や木村蒹葭堂（1736〜1802）、やや遅れて尾張では伊藤圭介（1803〜1901）といった本草学者が出現した。

　西洋と東洋でルーツの異なるこの二つの学問だが、対象とした天産物を絵画化して理解を深めようとした点において共通する。その絵画は極めて写実性豊かであり、それはこれらの学問が自然界に存在するあらゆるモノを目に

見える違いで分類・整理することに由来するものといえよう。

　さらに、19世紀には、長崎にシーボルトが来日し、日本の自然科学への関心がさらに向上した。各地より本草学者ら長崎に遊学し、この頃になると博物図譜とよばれる写実的な絵画がさかんに描かれるようになった。1828年に岩崎灌園は『本草図譜』を完成させ、これは日本の代表的な博物図譜である。

　現在、東京国立博物館が収蔵する博物図譜は、webサイトでみることが可能となっている。ぜひ、そこで絵画資料としての博物図譜の世界を訪ねてみるのも面白いだろう。

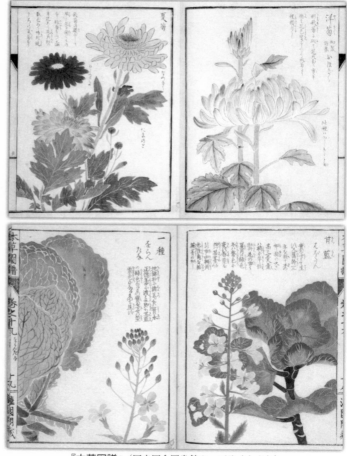

『本草図譜』（国立国会図書館ウェブサイトより）

第 4 章　近現代

有形文化財　雛人形

# 雛人形にどのような思いを託したのか

柳澤恵理子

雛人形から近代の「良妻賢母思想」をよみとく！

## 1　雛人形とは―言い伝えの謎―

　「雛人形」と聞くと、どのようなことが思い浮かぶだろうか。まっさきに自分の家の雛人形を思い浮かべ、雛祭りの時の家族の思い出を振り返る人も多いだろう。男雛に女雛、三人官女、五人囃子…胡粉で塗られた繊細な顔に、色とりどりの美しい王朝風の装束。平安時代の貴族を彷彿とさせる小型で華麗な雛人形達に、日本の伝統文化を感じる人もいるのではなかろうか。毎年、雛祭りが近付くと、街の人形専門店や大型百貨店などで雛人形が販売され、さらには駅などの公共の場に飾られることもある。雛人形展を開催する美術館や博物館も多く、東京国立博物館の「おひなさまと日本の人形」展、三井記念美術館の「三井家のおひなさま」展、徳川美術館の「尾張徳川家の雛まつり」展など、商家や大名家に伝わる雛人形の展覧会は、その優美さ、豪華さから毎年人気を博している。このように、現在雛人形は、家庭や公共の場で毎年見ることができるものであり、非常に身近な存在であると言える。

　一方で、雛人形はいつからあるのか、雛祭りはいつから始まったのかなど、どれほどの人が知っているのであろうか。少なくとも筆者が子どもの頃は学校でも家庭でも学んだ記憶はなく、雛祭りは「女の子のためのお祝い事」で、「昔からある日本の伝統行事」であると漠然と捉えており、その時期に雛人形を飾っていた。また、3月3日を過ぎて人形をしまうのが遅れると「お嫁に行けなくなる」などと言われもした。実は、現在伝わっている雛祭りはそこまで古いものではなく、18世紀中頃に成立した行事である。当初は宮廷社会において「雛遊び」という非公式の行事であったものが、次第に3月3日に行

われるようになり、17世紀以降、武家社会の中で正式な年中行事として定められたのではないかと言われている（是澤 2013）。それから徐々に民間へと広まり、今日のような女児の誕生や健康を祝う行事となっていった。

　では、「雛人形をしまうのが遅くなるとお嫁に行けなくなる」といったことは、一体いつから言われ始めたのであろうか。もちろん、聞いたことがない人もいるだろうが、老舗の人形店はこうした言い伝えに対する回答をそれぞれのホームページ上に載せている。約300年の歴史を持つ人形店・吉徳では、「娘を嫁がせることが親の義務だった時代、娘を他家へ嫁がせることを「片付ける」と表現していました。そこからいつまでも雛人形を片付けないでいると、娘が片付かないという言い伝えが生まれたようです（諸説あります）。」と述べている[1]。同じく人形専門店の久月でも、「雛人形をしまうのが遅れるとお嫁に行くのが遅れる」といった質問に対し「根拠のないこと」と答えている[2]。両人形店が述べるように、あくまでも言い伝えであり、誰がいつ言い始めたのか定かではない。

　しかし、この言い伝えからは、雛人形にどのような役割が課せられてきたのかを知ることができるのではなかろうか。実は明治期以降、雛祭りは文部省の国定教科書「国語」の独立した一課として取り上げられ、国家主導の良妻賢母教育のために利用されたことが指摘されている（増淵 1995）。教科書だけでなく、婦人雑誌においても、雛祭りは女子のしつけ教育になるという考えや、良妻賢母となるための教えを習得するものであるという認識が反映されていた（古城 2004）。「雛人形をしまうのが遅くなるとお嫁に行けなくなる」という言い伝えは、片付けができない女性は、良妻賢母となることはできないという、当時の女性に対する教育理念から生み出されたものなのではなかろうか。

　また、内裏雛（男雛と女雛）や三人官女、右大臣・左大臣といった人形の種類から、雛人形は明らかに天皇制度を視覚化したものであるとも言われてきた。江戸期の雛人形に関する俳諧を見ると、民間においてすでに「内裏雛＝天皇」という認識があったことが窺えるが、一方で地方では、内裏雛を「在原業平」とする俳諧もあることから、江戸期の人々にとって雛人形はなんとなく朝廷の人間を模したもの、という認識であった（間瀬 1992）。一般の民衆にとっては、天皇など雲の上の存在で、むしろ無関心に近かった。それが大きく変わったのが明治期以降であった。天皇の地方巡幸や御真影の普及によ

り、民衆の目にも天皇の姿が徐々に写るようになるのである（多木2002）。この「天皇の視覚化」は、特に昭和期以降の内裏雛の並び方にまで影響を与える。元々、内裏雛は向かって右に男雛、左に女雛を配置していたものが多かった。それが、1928年（昭和3）の昭和天皇即位式で皇后が天皇の左に立たれ、その御真影が新聞を通して全国的に広まったことから、日本画家であり人形蒐集家でもあった西澤笛畝（にしざわてきほ）（1889〜1965）が内裏雛の並びを即位式や御真影にならうよう提案した。それに東京雛人形卸商組合が賛同したことで、東京を中心に内裏雛の並びが御真影の並びにならうことになったという（是澤2013）。このことは、教科書における「ひなまつり」の挿絵にも示されている。雛祭りは、第2期国定教科書（1910〜1917）から登場してくるが、第3期国定教科書（1918〜1932）までは男雛が向かって右、女雛が向かって左に並んでいたものの、第4期国定教科書（1933〜1940）から左右逆となる。後述するが、第4期国定教科書の編纂趣意書に「内裏雛の左右は御真影の位置に従うことにした」とはっきり記載されているのである。京都を中心とした関西地方では、現在も古式を重んじて向かって右に男雛、左に女雛を飾るのが主流のようであるが、関東地方では向かって左に男雛、右に女雛を飾ることが多い。

　このように、今日に伝わる雛人形に関する言い伝えや内裏雛の並び方は、近代以降に創出されていったものなのである。本稿では、現代の私達にとっても身近な「雛人形」や「雛祭り」を教材化し、日本の近代を見つめる学びの提案を行いたい。

## 2　雛人形の歴史的背景

### （1）古代の雛人形

　日本における人形の歴史は古く、元々は "ヒトガタ" として祓（はら）いに使われるもので、その起源は奈良時代とされている（是澤2013・2015）。薄い木板で作ったヒトガタで身を撫で、息をふきつけることによって自身の穢（けが）れや罪を移してから川や海に流す。このような身を清める信仰行事が、宮中では毎月の晦日（みそか）に行われていた。毎月の祓い以外には、現在も全国の神社で行われている6月と12月の大祓（おおはらえ）、そして、3月の巳の日に行う巳日祓（みのひのはらえ）があった。巳日祓は中国の故事にならって行われていたもので、『源氏物語』〈須磨（すま）〉帖では、

3月の最初の巳の日（上巳）にヒトガタを舟に乗せて海に流す様子が記されている。なお、「水に流す」という行為に関しては、「曲水の宴」というものもあった。庭にある水流に盃を流し、その盃が自分の元に流れてくるまでに歌を詠むという、貴族の優雅な遊びであった。

　また、『源氏物語』が生み出された平安期には、貴族の子ども達が人形を使って行う「ひひな遊び」（雛遊び）という、ままごと遊びのようなものも存在した。例えば『源氏物語』〈紅葉賀〉帖には、新年早々、若紫が雛や小さな道具・御殿などを座敷中に並べて遊びに熱中する様子が記されている。正月に雛遊びを行っていることから、雛遊びの季節は3月と定まっていなかったようである。また、同じく『源氏物語』の〈夕霧〉帖において、雲居雁が子ども達と「雛つくり拾ひ据えて遊び給ふ」という描写があること、〈総角〉帖で大君が衰弱している様子を「中に身もなきひひなを臥せたらむ心ちして」と形容していることから、おそらくこの頃の雛遊びで用いる人形は、紙製の簡素なもので、自立せず、床から起こして動かして遊ぶようなものであったのではないかとされている（川名2010）。その他、幼児を災厄から守るための魔除けとして「天児」「這子」といった簡素な姿の人形も作られていたことがわかっている（三田2016）。

　以上のように、古代よりあったヒトガタを用いて祓いを行うという俗習や3月上巳の祓、「曲水の宴」という貴族の遊び、雛遊びという女子のままごと、「天児」「這子」といった幼児を災厄から守るための人形などが複雑に絡み合って、やがて雛祭りという行事が形作られていったと考えられている。

## （2）近世の雛人形

　現在に繋がる雛祭りが18世紀中頃に完成するまでは、「雛遊び」と呼ばれていた（是澤2013）。16世紀中頃から終わり頃までには、雛遊びは3月3日に行われるようになったが、公家社会においてそれは正式な年中行事ではなく、内々に催されるものであった。ところが、17世紀以降、雛遊びが武家社会にまで広まると、大々的に祝われるようになる。1637年（寛永14）3月6日、尾張徳川家の義直より家光養女の大姫へ「雛十対」（雛人形）が、1644年3月1日には尾張徳川家輿入れ後の家光息女・千代姫へ老中より雛人形が献上されたことはよく知られている。また、延宝期（1673~1681）の俳諧に、「ひな」や

「内裏雛」を題材にしたものが次々と登場することから、雛遊びはこの頃、武家だけでなく民間にも普及していたと考えられている（間瀬 1992）。さらに江戸では、17 世紀の終わり頃から町に「雛市（ひないち）」が立ち、雛人形や雛道具が売られていた。公家や武家のものであった雛の文化は、町人社会へと急速に広まっていくのである。

　さて、元は紙製の簡素なものであった雛人形であるが、現在の形に至るまで様々な形式の雛人形が生まれた。形式は大きく分けて「立雛（たちびな）」と「座雛（すわりびな）」がある。立雛は古くからある形式の雛人形で、本体が紙で作られており、自立しない。そして、雛飾り（ひなかざ）りが盛んになってくると座雛が登場する。町人社会における雛人形は、錦（にしき）や金襴（きんらん）をふんだんに用いた豪華な衣装をまとうようになるが、それは実際の装束とはかけ離れたものであった。一方で、髪型から衣装まで公家礼式を忠実に再現した「有職雛（ゆうそくびな）」と呼ばれるものも存在した。18 世紀中頃、公家と武家の文化が混じりあい、京と江戸でそれぞれ独自の雛文化が確立してくる頃に生まれた、公家ならではの雛人形であった。

　民間の雛人形・雛道具は年々派手になっていき、やがて幕府より奢侈禁止令（しゃしきんしれい）が出されるようになってくる。1649 年（慶安 2）の雛道具に対する禁令に始まり、1704 年（元禄 17）には「束帯ひな（そくたい）」の華美を戒める禁令が出された。極めつけは、1721（享保 6）の全国触れである。この頃、70cm を超える大型な雛人形も登場したことから、人形の高さは 8 寸（約 24cm）以上にしてはいけない、雛道具は蒔絵（まき え）など豪華なものにしてはいけないという制限がかけられた。以後、度々雛人形や華美な雛道具に対する禁令が出されるようになる。そして、宝暦期（1751〜1764）までは雛人形の製作主体は京であったが、1761 年に京の次郎左衛門雛創始者・菱屋次郎左衛門（じ ろうざ えもんびな）と卸製造業者・鍵屋吉右衛門が江戸に移住すると、江戸が雛人形製作の中心地となった。「雛遊び」より「雛祭り」という言葉が主流になり始めるのも、この時期であった。18 世紀を境に、雛道具を中心とした「雛遊び」から、雛人形を飾ることを楽しむ「雛祭り」へと変わっていくのである。

　安永期（1772〜1781）になると、現代の雛人形の原型とされる「古今雛（こ きんびな）」が登場する。古今雛は目にガラスや水晶をはめ込んだ、写実的で面長（おもなが）の顔立ちに、装飾的で豪華な衣装が特徴の江戸製の雛人形である。17 世紀の終わりまでは、雛人形は床の間など平たい場所に置かれていたが、次第に台の上に載せられるようになり、安永期には江戸において雛壇が 4〜5 段となり、内裏

雛の他に五人囃子なども載せられるようになった。そして雛祭りは、子ども
から大人まで、すべての女性のための行事となり、そこに女児の誕生を祝う
という意味合いも加わっていった。よって、現代に繋がる雛祭りが完成した
のが、一般的に 18 世紀中頃だと言われている。

　古今雛はたちまち江戸市中で人気を博し、禁令が無視されて雛祭りが華美
になってくると、雛人形や雛道具に対する厳しい取り締まりが実施された。老
中・松平定信（1759〜1829）による寛政の改革での雛弾圧が最も過酷なものであっ
たとされており、1790 年（寛政 2）の「雛市改め」では、8 寸以上の大きさの雛
人形どころか、それ以下の大きさであっても手の込んだ雛人形はすべて違反と
なり、厳しい取り調べの結果、違反した人形や雛道具は壊され、江戸の雛商人
100 名以上が処罰されたという。三田村雅子によれば、松平定信は大変な『源
氏物語』愛好者で、有職故実にも詳しく、娘の烈子が輿入れする際は 50cm 以
上ある内裏雛と同じ大きさの 7 人雅楽を贈っており、むしろ雛人形愛好者でも
あったという。だからこそ、庶民が雛を崇めることが、天皇憧憬に繋がること
に気がついていたのだと主張する（三田村 2008）。幕府の権力を保持するために
は、天皇の権威を象徴させるような豪華な雛人形を排除する必要があったのだ。

　ところが、幕末期になると、一変して雛人形の持つ政治性に頼るようになる。
平飾りであった関西の雛人形に比べ、江戸の雛人形は段飾りで、それはまさに
段の頂点に座す内裏雛、すなわち天皇を下から仰ぎ見るような構造である。つ
まり、雛壇は天皇制から成るヒエラルキーを表象したものであったのだ。三田
村は、13 代将軍・徳川家定（1824〜1858）の時代の大奥で、雛壇が 9 段、12 段
にもなった背景には、幕末期に傾き始めた将軍の権威を運用するために「雛壇」
という天皇の権威を借りざるをえなかった事情が存在すると述べている（三田
村 2008）。

　このように、江戸後期から雛人形はすでに天皇制空間を現出させるものと
して機能していたのであるが、雛人形のそうした機能は時勢によって抑制さ
れたり、あるいは利用されたりした。そして、幕藩体制が終焉を迎え明治と
いう新しい世になってからも、雛人形・雛祭りは無意識に政治性を帯び、特
に子ども達への教育に利用され続けることになる。

## 3　雛人形をよみとく視点

### （1）近代以降の雛人形・雛祭り

　ここでは、雛人形やそれに関連する資料を活用してどのような授業を展開することができるのか、具体的に述べていきたい。まず、前項「雛人形の歴史的背景」を踏まえたうえで、明治維新後、雛祭りはどうなったのかを確認する。

　維新後、明治新政府は西欧諸国から率先して産業や文化、思想、生活様式などを摂取し、富国強兵の政策をかかげて新しい国家の樹立を目指した。そうしなければ、国際社会の中で諸外国と渡り合い、国家として生き残っていくことができないと考えたからである。福澤諭吉の言説を借りるならば、近代化するということは、ヨーロッパ化するということであった。そのためには、明治期以前からの古い慣習を排除する必要があった。日本ではそれまで太陰太陽暦を用いていたが、1872年（明治5）12月、西欧諸国にならい太陽暦へと改暦が行われる。これに伴い、翌年、江戸初期から幕府によって定められてきた五節句（人日（正月7日）・上巳（3月3日）・端午（5月5日）・七夕（7月7日）・重陽（9月9日））の制度が突如廃止され、公式の祝日ではなくなった。節句行事や人形の売買は続けられていたものの、次第に雛祭りは廃れ、人形も売れなくなっていった。客と値段の駆け引きをする雛市の喧騒はすっかり影をひそめ、雛人形は現在のような、最初から正しい値段がつけられた百貨店での販売へとシフトしていくのである（是澤2013）。

　このように、維新後の政策によって雛祭りをはじめとした節句行事は一時期下火となるが、日清・日露戦争の勃発により、国家主義思想が強まってくる中で再び息を吹き返してくる。

### （2）雛人形・雛祭りに投影された「良妻賢母思想」

　ここでは、雛人形や雛祭りが近代における「良妻賢母思想」のために利用された実態を見ていきたい。

　五節句が公的な祝日でなくなった一方で、長く続いた慣習は世間に根強く残り、雛祭りは重要な行事であり続けた。1894年に勃発した日清戦争をきっ

かけに国家主義思想が高まってくると、尚武を象徴した端午の節句を筆頭に、再び雛祭りが盛んになり始める。増淵宗一は、男の子は「おもちゃ」、女の子は「人形」を好むものとする性別教育、固定観念が、明治最初の教科書から大正、昭和戦前の教科書にいたるまで一貫して刷り込まれていったことに注目し、日清戦争中の 1894 年に刊行された『尋常小学読書教本』では、人形遊びをしていた少女が人形の衣装の汚れに気づいて洗濯をするという文章例題と、母親が娘に人形の着物を縫わせようと裁縫を教えるという文章例題が掲載されていることから、少女達が人形を介して良妻賢母の疑似学習を行うことが、ナショナリズム傾向の強い教科書において奨励されていると述べる（増淵 1995）。

「良妻賢母」という言葉自体は、明治期以降に登場したものである。江戸期まで女性は嫁した先に従順な「良妻」であることが求められ、子を養育する母としての役割は特に求められなかった。それが明治期以降、欧米の女子教育論の影響もあり、強い国家を作るためには質の良い国民を養成する必要があることから、その国民を養育する「賢母」が、女性に期待されるようになった（小山 1991）。そのために女子は教育を受ける必要があるとされ、特に日清戦争後、教育界では、戦争に勝利した理由として日清両国における女子教育の進展の違いが挙げられ始めた。さらに、女子教育を発展させることによって、女子は知識による内助の功や国民的自覚によって国家を強くするという教育論が登場する。小山静子は、明治期の「良妻」とは知識を持った賢い女性のことであり、江戸期までの嫁した先に従順な「良妻」とは大きく異なっているとし、また、こうした教育論が登場してきたことについて、「女が抽象的人格としての国民としてだけでなく、家事・育児を通して国家に貢献する具体的国民としてとらえられたことを意味しており、まさにここに良妻賢母思想登場の意義があったといわねばならない」としている（小山 1991）。「良妻賢母」の育成は、当時の女子教育において必須であった。

さて、雛祭りが教科書に登場してくると、雛祭りそのものが少女に良妻賢母教育を施すものとして、その地位を確立させていく。増淵によれば、1900年の『尋常国語読本甲種』巻 2 で、初めて雛人形が取り上げられたという（増淵 1995）。そこでは、少女達が野原で草をつみ、それを実際に切り刻むなどして料理の真似事（ままごと）を始め、部屋に飾られたお雛様に料理をあげる遊びをしている様子が挿絵とともに記されている。古城絵里香は、「「良妻

賢母」の概念は体系的に学校教育に組み込まれ、広く浸透したため、家事の真似事をして遊ぶ雛遊びが「良妻賢母」になるための訓練と見做されたのは自然なことであろう」としている（古城 2004）。雛祭りでのままごとは、良妻賢母の育成に直結するものとされ、雛祭りは独立した一課として、1910 年の第 2 期国定教科書より取り上げられるようになった（増淵 1995）。

　また、古城は、明治後期から昭和初期にかけての婦人雑誌における雛祭りに関する記事について詳細な考察をしている。例えば、日露戦争中、1905 年に刊行された『女鑑』（創刊は 1891 年）における雛祭り関連の読者投稿文を取り上げ、当時の女性達の間でも雛祭りは良妻賢母になるための教えを習得するものとして認識されており、「楽しく、くだけた雰囲気がある子供の楽しみのための雛祭というより、母親の管理下にあるしつけの延長線上としての雛祭、雛人形である」と述べる（古城 2004）。

　以上のように、雛人形・雛祭りが特に日清戦争後、良妻賢母思想とその教育のために利用された事例を、先行研究を元に確認していった。なお、近代以降の教科書は『日本教科書大系近代編』（講談社）にも掲載されており、地域によっては資料として保存している博物館もある。実際に画像や実物を示しながら説明しても良いだろう。

## （3）「御真影」の影響

　日清戦争前後に高まっていった「国家主義思想」もまた、近代における雛人形・雛祭りに投影された思想であった。1911 年の『三越』（三越百貨店の機関雑誌）に掲載された高島平三郎の「家庭教育より見たる雛祭」では、高島が「先づ第一に大きい立場から考へて見ると雛祭は我國の國體と云ふことに關係を持つて居ります。あの内裏様と云ふのは畏くも天皇陛下、皇后陛下に擬してあるのです。」と述べ、さらに「雛祭と云ふことに依つて自分の家の歴史なり或は昔からの日本の國體、君臣の關係などと云ふことを説いて聞かせるには最も宜しい時であると思ひます」と主張している（高島 1911）。こうした高島の主張に対して、久保田健一郎は「高島にとっての雛祭り、そして雛人形は、国家と家族を教えるための道具なのである」とし、さらに雛祭りや雛人形に関するこのような見方は、少なくとも都市部には一般に広まっていたとする（久保田 2007）。古城も、明治期では「良妻賢母」を実現するための手段として利用されていた雛祭り・

雛人形であるが、大正期では新教育運動の影響もあって家族団欒の象徴となり、太平洋戦争時には愛国的行事として位置付けられていたと述べる（古城 2004）。このことから、雛人形・雛祭りは、日清戦争後に高まった国家主義思想をさらに盛り上げるために、都合の良い媒体だったのではなかろうか。

　さらに雛人形は、天皇や皇后の肖像写真である「御真影」の影響を大きく受けることになる。倒幕に成功した明治新政府は、天皇を頂点とした新しい国家を確立し、国内外に示さなければならなかった。そのためには巡幸や御真影を利用して天皇を「視覚化」し、国家の象徴として民衆に強く印象づける必要があったのである（多木 2002）。

　明治初期、諸外国と様々な交渉を行い、国家元首としての天皇の存在を国外へ示す必要性が生じてくる中、1872 年に写真家の内田九一（1844〜1875）によって初めて明治天皇の肖像写真が撮影された。その時の写真は、天皇は和装で和椅子に腰かけ、正面向きで全身姿を写されたものであったが、翌年断髪したため、再び内田の手によって今度は軍服姿で撮影が行われた。天皇は椅子にもたれた、ゆったりとした姿勢で撮影されており、多木によれば、それが「威厳を失う姿勢であることは、西欧の宮廷文化ではよく知られて」おり、「内田の最初の天皇の写真はまだ「国家の象徴」というにはほど遠かった」（多木 2002）。一方で、国内におけるこれらの写真の影響は大きかった。1873 年に奈良県令・四条隆平（1841〜1911）が新年や天長節などの祝日に天皇の写真を政庁に掲げて拝礼したいとの理由で、宮内庁に天皇の写真の下賜を申請したことが御真影礼拝儀礼の始まりであり、その年の 11 月にはすべての府県に写真を下付することが決められた。このように天皇の写真は、「一方では在外公館における主権の象徴であり、他方では地方官庁における民衆の礼拝の対象物という二重の政治的機能を果たすようになっていた」という（多木 2002）。その後、1888 年に明治天皇の御真影が再び作られた。この時の御真影はエドアルド・キヨッソーネ（1832〜1898）というイタリア人画家が描いた絵を複写したものであったが、内田の写真とは違い、天皇は背筋をまっすぐに伸ばした威厳のある姿、理想の天皇像であった（多木 2002）。明治政府は、この「理想の天皇像」として完成した御真影を、初等教育機関にまで行きわたらせていくのである。1888 年の御真影が完成した翌年、政府は御真影を高等小学校まで下付することを決めた。史料 1 に、1900 年の「小学校令施行規

史料1 「小学校令施行規則」

> 第二十八条　紀元節、天長節及一月一日ニ於テハ職員及児童、学校ニ参集シテ左ノ
> 式ヲ行フヘシ
> 　一　職員及児童「君力代」ヲ合唱ス
> 　二　職員及児童ハ天皇陛下皇后陛下ノ御影ニ対シ奉リ最敬礼ヲ行フ
> 　三　学校長ハ教育ニ関スル勅語ヲ奉読ス
> 　（以下略）

則」を示す。

　この頃の小学校において紀元節などの特別な日に御真影に敬礼する儀式が
行われていたことが窺える。さらに、御真影の下付は、国内においては地方
官庁、軍隊、学校という順番であったのが、1928年の昭和天皇・皇后御真影
下付の際には、学校が筆頭となった（小野2007）。学校教育に御真影が深く関わっ
てくるようになったのである。

　ここで再び教科書に注目したい。第2期国定教科書から登場することになっ
た「ひなまつり」であるが、第2期の『尋常小学読本』巻4の「二十三ヒナ
マツリ」および、第3期国定教科書『尋常小学国語読本』巻4の「二十二ヒ
ナマツリ」の挿絵を確認すると、男雛が向かって右、女雛が向かって左に配

図1　1928年刊行『尋常小学国語読本』
　　巻4「二十二ヒナマツリ」挿絵
　　　（狭山市教育委員会提供）

図2　1935年刊行『小学国語読本尋常科
　　用』巻4「十九ひなまつり」挿絵
　　　（狭山市教育委員会提供）

### 史料 2　『小学国語読本尋常科用』巻 4 編纂趣意書（註 3）

第十九課「ひなまつり」。舊来の習慣によると、内裏雛の並べ方は、左を尊ぶ意味から、男を左にしたが、現今は御眞影奉掲の御位置に従ふのが普通になつて居るから、挿畫も之に従ふ事とした。

置されていることがわかる（図1）。内裏雛の左右に決まりはなかったが、日本では伝統的に左を大切にする風習があったため、向かって右に男雛、左に女雛を置くことが多かった（是澤 2013）。ところが、第 4 期国定教科書『小学国語読本尋常科用』巻 4「十九ひなまつり」では、男雛が左、女雛が右と逆になっているのである（図2）。ここで、『小学国語読本尋常科用』巻 4 の編纂趣意書を確認してみる（史料2）。

　先述したように、1928 年の昭和天皇即位式で皇后が天皇の左に立たれ、その御真影が全国的に広まったことから、東京を中心とした内裏雛の並びが御真影の並びにならうようになった（是澤 2013）。この「御真影にならう」ということが、教科書における雛人形にも反映されたことが窺えよう。国語の教科における「ひなまつり」は、御真影への崇拝をさらに高めるものとして機能していたと言える。

　以上のことから、雛人形・雛祭りは江戸後期から時代ごとの様々な思想に利用され、翻弄されてきたことがわかる。特に明治期以降は、子ども達の教育に大きく利用されてきた。明治期より御真影が作られ始め、天皇は神格化され、日本は天皇制国家としてその支配体制を維持してきた。それは敗戦まで続いたが、敗戦後すぐに御真影の礼拝が取り止められたわけではなかった。多木は、1945 年 9 月 22 日の「ホルトム博士の神社神道に関する勧告」において、学校における御真影礼拝の儀式は廃止されるべきであるが、御真影を特別な場所に安置するのではなく、校長室など近づきやすい場所に掲げるべきである、と記されていることに触れ、「御真影が天皇自身と同一化されてきた経緯からして、いきなり廃止することが国民にあたえる影響の大きさを考慮したからであろう」と述べている（多木 2002）。戦後も皇室は存続し、現在に至っている。御真影の影響を受けた内裏雛の並びは、その後、特に旧式に戻されるわけではなく、今日まで続いているのである。

## （4）芸術作品としての人形

　それでは、現代において雛人形はどのように扱われているのであろうか。戦後、雛人形は良妻賢母思想や国家主義思想のために利用されるものではなくなり、さらに御真影に擬せられることもなくなった。現代においては、雛祭りは再び女児の健やかな成長や健康を祈るための行事となっている。今日ではむしろ、雛人形は「人形」として鑑賞するものへと転じ、家庭よりも公共の場や博物館などで見ることが多くなってきたように思われる。18 世紀後半以降、大量生産された雛人形は「商品」の代表格であり（増淵 2000）、江戸期から職人が作るものであったため、ある時期まで文化財としての価値が低いものであった。これは雛人形に限らず、日本の人形全体に言えることである。芸術作品としての人形の歴史を辿ると、西澤笛畝や吉徳第 10 代・山田徳兵衛（1896〜1983）らを中心に、職人ではなく作家としての意識に目覚めた人形師達の尽力により、1936 年の改組第一回帝展に初めて鹿児島壽蔵、野口光彦、野口明豊、羽仁春水、平田郷陽、堀柳女ら 6 名の人形作品が入選したことに始まる（是澤 1993）。これにより、人形は芸術作品として社会的に認知され始め、1955 年に堀柳女と平田郷陽が重要無形文化財保持者（人間国宝）に指定されてから、現在までに 7 名の人形作家が人間国宝となっている。

## 4　文化財を学びに活かす

　昭和 30 年代より人形が芸術作品として認識され始めたものの、未だ人形そのものに対する国宝指定は無く、重要文化財や重要有形民俗文化財などに指定されているものもさほど多くはないのが現状だ。100 年以上の歴史を持つ奈良国立博物館では、2009 年（平成 21）にはじめて雛人形の展示が開催されたが、当時の教育室長であった吉澤悟は、「奈良の地に人形文化がなかったわけではありませんが、絢爛たる寺社の宝物の前には影が薄く、モードの中心地たる京都の株に並ぶべくもないと思われがちでした。また、雛人形をはじめ人形そのものが文化財としてよりも、玩具や民芸品的な認識に留まっていることも事実です」と述べている（吉澤 2009）。このような現状について、増淵は「われわれ日本人形玩具学会としては、優れた古人形、古玩具などの作品について調査し、その価値を評価し、保存状況、修復の必要性などにつ

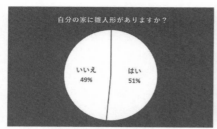

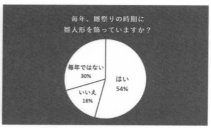

図3　「自分の家に雛人形がありますか？」　アンケート結果（対象：大学1〜4年生男女72名　実施時期：2021年6月）

図4　「毎年、雛祭りの時期に雛人形を飾っていますか？」アンケート結果（対象：大学1〜4年生男女72名　実施時期：2021年6月）

いて把握し、それらを対社会的に周知させ、その文化財的価値を認知してもらうべく努力する必要がある」と述べている（増淵2009）。なぜ文化財的価値を高める必要があるのか。それはもちろん、後世へと伝えていくためである。後世へ伝えていくためには保存や修理などにかける資金が必要である。自治体によっては文化財にかける公的資金が減少している中、例えば国や財団などの助成金を得る努力をしていかなければならない。これは人形に限らず、他の文化財についても同様であろう。

　2021年（令和3）6月、筆者は教鞭を取る大学で大学生72名に対し雛人形に関するアンケートを実施した。「自分の家に雛人形がありますか？」という質問をしたところ、「ある」と答えた人は51％であった（図3）。現代においても、雛人形を所有する家庭は少なくないと言える。ところが、この「雛人形がある」と答えた人を対象に「毎年、雛祭りの時期に雛人形を飾っていますか？」という質問をしたところ、「はい」が54％、「いいえ」が16％、「毎年ではない」が30％であった（図4）。雛人形を持っていても、すべての人が毎年雛祭りの時期に雛人形を飾っているわけではないのである。家庭で活用されない雛人形は、いずれ忘れ去られていってしまうかもしれない。

　人形を適切に保存し、後世へ伝えていくためには、増淵が言うように「国宝」や「重要文化財」などの指定が必要である一方で、指定があってもなくても、「文化財」として大切にするという姿勢を我々は持つべきではなかろうか。特に、次代を担う子ども達にそういった意識を持ってもらうためにも、本稿で述べてきたように、雛人形を活用した授業の実施が効果的であると考える。例えば、自分達が暮らす地域の雛人形を活用する方法がある。筆者が現在勤務する埼

図5　岡野人形製の雛人形（1958）
（狭山市教育委員会提供）

図6　雛人形外箱蓋裏に
貼られた銘札
（狭山市教育委員会提供）

玉県の狭山市立博物館には、多くの雛人形が収蔵されている[4]。埼玉県は岩槻や鴻巣に代表されるように、日本最大の日本人形生産地であり、特に「岩槻人形」「江戸木目込人形」は、経済産業大臣から埼玉県の伝統的工芸品として指定されている。2020年には、さいたま市岩槻区に日本初の人形専門公立博物館である岩槻人形博物館が開館した。人形と密接な関わりがある押絵羽子板も、春日部や所沢が県内有数の生産地として知られている。狭山市では、昭和初期頃から人形の部品を作る仕事が行われており、昭和40年代には、市内で最も大きな商店街であった入間川商店街に40を超える人形職人が存在した[5]。入間川商店街において人形店として知られていた中には「川島屋（楽山）」と「岡野人形店（渓玉）」などがあり、博物館には、両店で販売されていた雛人形や五月人形が収蔵されている（図5・6）。学校が地域の博物館と連携を取り、地域特有の雛人形を利用した授業を展開することが可能であろう。そうすることで、子ども達は雛人形だけでなく、自分達が住む地域の歴史やそれに関連した資史料にも興味を持つようになるかもしれない。

　雛人形のように流通したものであっても、自分達が生まれ育ってきた地域、あるいは自分の家の歴史を伝えるものとして守っていく姿勢が重要である。なぜならば、少子高齢化が進む中、雛人形・雛祭りなどの文化がいつまで継承されるかわからないからだ。だからこそ、今、身近にあるものを大切にする。文化財を活用した歴史教育を行い、その姿勢を育むことこそが、文化財その

ものを守ることに繋がるのではなかろうか。

●註

(1) 吉徳HP「雛人形を片付ける時期や時間帯はいつが適切？」（https://www.yoshitoku.co.jp/hina/column/care/dolls-clean-up）（2021年7月30日閲覧）

(2) 久月HP「よくある質問」（https://www.kyugetsu.com/faq）（2021年7月30日閲覧）

(3) なお、すでに2011年4月にレファレンス協同データベースにおいて、第3期国定教科書における内裏雛の左右が、第4期では逆になっていることについての質問があり、その回答について『小学国語読本尋常科用』巻4の編纂趣意書の記述が挙げられている。（https://crd.ndl.go.jp/reference/detail?page=ref_view&id=1000084293）（2021年8月2日閲覧）

(4) 狭山市立博物館の雛人形調査に関しては、狭山市立博物館元学芸員の吉田弘、狭山市教育委員会会計年度任用職員の神山陽子、安富恵之、山田久美子の協力を得た。

(5) 狭山市の人形づくりに関しては、狭山市立博物館の展覧会図録『栗原霞崖展』（1995年）、および『収蔵品展入間川商店街―繋がるモノ・人・街―』（2020年）を参照されたい。

●参考文献

小野雅章　2007「1930年代の御真影管理厳格化と学校儀式―天皇信仰の強制と学校教育―」『教育学研究』第74巻第4号、pp116-127

川名淳子　2010「王朝文化と子ども―〈遊び〉が語る子どもの領域―」秋澤　互・川村裕子編『王朝文化を学ぶ人のために』世界思想社

久保田健一郎　2007「近代日本における物を介した人間形成の変化：人形を巡って」『大阪大学教育学年報』12、pp1-10

古城絵里香　2004「婦人雑誌にみる雛人形―明治時代後期から昭和初期まで―」『別府溝部学園短期大学紀要』第24号、pp13-19

小山静子　1991『良妻賢母という規範』勁草書房

是澤博昭　1993「人形とナショナリズム」『人形玩具学会』第3号、pp27-34

是澤博昭　2013『決定版日本の雛人形江戸・明治の雛と道具六〇選』淡交社

是澤博昭　2015『子供を祝う端午の節句と雛祭り』淡交社

高島平三郎　1911「家庭教育より見たる雛祭」『三越』1（2）、pp70-81

多木浩二　2002『天皇の肖像』岩波書店

増淵宗一　1995『少女人形論　禁断の百年王国』講談社

増淵宗一　2000「雛の節句・家族・人形―十九世紀を中心に」『日本の美学』31、pp52-63

増淵宗一　2009「文化財と人形・玩具　日本人形学会および会員ができること、なすべきことは、、、」『日本人形玩具学会誌』第20号、pp78-80

間瀬久美子　1992「意識のなかの身分制」朝尾直弘編『日本の近世7　身分と格式』中央公論社

三田覚之　2016『おひなさまと日本の人形』東京国立博物館

三田村雅子　2008『記憶の中の源氏物語』新潮社

吉澤　悟　2009「展示の現場から　雛人形」『奈良国立博物館だより』69

**未文化財** 地形図

# 高度成長で国土はどう変わったか

浅川俊夫

地形図から高度経済成長期の国土の開発や生活の変化をよむ！

## 1 地形図とは

　近年、多発する自然災害に関連してハザードマップ（防災地図）が取り上げられる機会が増えている。ハザードマップをはじめ、登山・ハイキング用の地図、道路地図など、私たちの周りにはさまざまな地図がある。そうした地図の基本になっているのが、国土交通省国土地理院が発行している「地形図」である。

　地形図とは、「地表面の自然および人工物の位置・高さ・形状を、基準点等に基づき縮尺に応じて正確詳細に表示した地図」（日本国際地図学会編 1985）である。国土地理院では、同院で発行し、この定義に当てはまる地図のうち、縮尺が1万分の1、2万5千分の1、5万分の1の地図を、それぞれ縮尺を冠した地形図（たとえば、「2万5千分の1地形図」）としている。一般に地形図と言えば、これらの地図のうちのいずれかであるが、普通は、後述するように国の「基本図」として位置付けられている「2万5千分の1地形図」（以下、縮尺を示す部分は1/2.5万と表記）を指すことが多い。

　日本における地形図の歴史は、明治初期に遡り、現在に至っている（表1）。

　明治政府は、当初、殖産興業や地租改正などを目的として、民政を掌る役所に地図行政や測量に関わる部門を設置した。しかし、1877年（明治10）に西南戦争が勃発し、西郷軍との、戦地の地形や道路といった地理的情報量の差によって苦戦を強いられたことをきっかけとして、陸軍による地形図の作成が始まった。1878年には陸軍参謀本部に地図課・測量課が設置され、まず関東地方と京阪地方の地図作成を始めたが、作成された地図は、いずれも作

表 1　地形図に関わる主な出来事（織田 1974、田代 2016 などにより作成）

| 年 | 元号 | 地形図に関わる出来事 |
|---|---|---|
| 1869 | 明　2 | 地図行政を掌る民部省地理司設置 |
| 1871 | 明　4 | 工部省測量司設置、開港地などの三角測量開始 |
| 1874 | 明　7 | 内務省地理局新設。地理司、測量司の業務移管 |
| 1877 | 明 10 | 西南戦争勃発。陸軍が迅速測図班編成、派遣 |
| 1878 | 明 11 | 陸軍参謀本部設置。地図課・測量課が設置され迅速測図作成に着手 |
| | | →関東地方「1/2 万迅速図」、京阪地方「1/2 万仮製図」 |
| 1884 | 明 17 | 内務省地理局事業、参謀本部に新設の測量局に統合 |
| 1888 | 明 21 | 測量局が分離。参謀本部直属の陸地測量部発足 |
| | | 1/2 万「正式地形図」を基本図とした全国測量計画策定 |
| 1890 | 明 23 | 財政難から基本図縮尺を 1/5 万に変更 |
| 1894 | 明 27 | 日清戦争（〜95 年） |
| 1895 | 明 28 | 陸地測量部、「1/5 万地形図」作成開始 |
| 1910 | 明 43 | 主要都市などで「1/2.5 万地形図」の作成開始 |
| 1923 | 大 12 | 関東大震災 |
| 1924 | 大 13 | 本州・四国・九州・北海道の「1/5 万地形図」完成（翌 25 年刊行完了） |
| 1941 | 昭 16 | 太平洋戦争（〜 45 年）。重要施設などを隠す「戦時改描」。41 年から地形図一般販売禁止 |
| 1945 | 昭 20 | 陸地測量部廃止、内務省地理調査所設置（48 年組織変更で建設省に） |
| 1952 | 昭 27 | サンフランシスコ平和条約発効、独立回復 |
| 1953 | 昭 28 | 第 1 次基本測量長期計画制定 |
| 1956 | 昭 31 | 経済白書「もはや戦後ではない」。この頃から高度経済成長（〜 73 年） |
| 1960 | 昭 35 | 地理調査所が国土地理院に改称 |
| 1964 | 昭 39 | 1/2.5 万地形図を正式な基本図とした第 2 次基本測量長期計画制定 |
| 1983 | 昭 58 | 北方 4 島などを除き、1／2.5 万地形図の全国整備完了 |
| 2007 | 平 19 | デジタル社会への対応を見据えた「地理空間情報活用推進基本法」制定 |
| 2009 | 平 21 | 基本図体系を紙媒体からデジタル形式の「電子国土基本図」へ移行 |
| | | 1/1 万地形図、1/5 万地形図の更新停止 |
| 2011 | 平 23 | 東日本大震災。「電子国土基本図（地図情報）」公開 |
| 2013 | 平 25 | 「電子国土 Web システム」が「地理院地図」へ |
| 2014 | 平 26 | 北方領土を含む国土全域の 1/2.5 万地形図の整備完了 |

成速度が重視され、今日、三角点、水準点として知られている基準点に基づくものではなかった⁽¹⁾。このため、これらの地図は「1/2 万迅速図（関東地方）」「同仮製図（京阪地方）」（傍点筆者）と呼ばれている。

　1884 年（明治 17）には、陸軍に地形図作成が一本化され、1888 年には陸軍陸地測量部が発足し、これ以降 1945 年（昭和 20）の第二次世界大戦終了まで、国内の地形図に関わるすべてを参謀本部直属の機関が担うことになった。陸地測量部は発足と同時に、三角・水準測量によって設置する基準点に基づいて作成する「1/2 万正式地形図」を国土の全容を示す基本図として、体系的に整備を進める全国測量計画を立案した。しかし、折からの財政難などから、基本図の縮尺は 5 万分の 1 に変更された⁽²⁾。この「1/5 万地形図」は、1895 年から作成が始まり、約 30 年後の 1924 年（大正 13）、本州・四国・九州・北海道の同地形図が完成した。なお、主な都市部では「1/2.5 万地形図」（京浜、京阪神地域では「1/1 万地形図」）も作成されている。

　1945 年の敗戦によって、地形図作成は、廃止された陸地測量部に代わって内務省（1948 年建設省に組織変更）地理調査所が担うことになった。1960 年（昭和 35）には同調査所が国土地理院に改称され、それ以降、国土地理院が、1964 年に制定された第 2 次基本測量長期計画の下で、新たに基本図とされた「1/2.5 万地形図」の全国整備をはじめ、地図作成に関わる唯一の国家機関として、今日までさまざまな地図の作成を担っている。

　新たに基本図となった「1/2.5 万地形図」は、航空写真を用いた写真測量などによって作成が進められ、1983 年（昭和 58）には現地調査ができない北方 4 島などを除いて全国整備が完了。2014 年（平成 26）には北方 4 島などを含む国土全域の整備が完了した。2022 年（令和 4）4 月時点で、日本の国土は 4,421 面の「1/2.5 万地形図」で表示され、私たちは書店などでそれらを自由に手に入れて、国土の様相を知ることができる。

　この間、2007 年（平成 19）に制定された地理空間情報活用促進基本法の下で、2009 年には、基本図の体系が紙媒体の「1/2.5 万地形図」からデジタル形式の「電子国土基本図」に移行した。これをうけて、国土地理院ではインターネット上で「電子国土基本図」を公開（2011 年）。現在は、同院ホームページ「地理院地図」⁽³⁾から、従来の「1/2.5 万 1 地形図」に相当する「電子国土基本図」を見たり、印刷したりすることができる。その一方で、デジタル形

式への移行と同時に、100年余にわたって作成され続けてきた「1/5万地形図」の更新が停止され、新たな情報を盛り込んだ同図は作成されないこととなっている。

## 2　「文化財」としての旧版地形図

### （1）旧版地形図

「同じ区域に新しい修正図などが刊行されたために、現行の地図として利用できなくなった状態の地図」（日本国際地図学会編1985）は旧版地図と呼ばれているが、旧版地形図もそうした旧版地図の一つである。前節のように、日本の地形図には150年余りの歴史があり、その間に作成された全国の地形図が、現在は旧版地形図として残されている。

　これらの旧版地形図は、文化財保護法などに規定されている文化財ではない。しかし、近年では、文化財を「長い歴史の中で今日まで守り伝えられてきた文化的な財産」[4]ととらえ、地域の風土によって形づくられた景観や伝統的な建物が残る町並なども、その範疇に入るようになっている。このことからすれば、日本の近現代における歴史の中で、景観や町並みについて、国土全体を網羅して、かつ、後述する「図式」という統一基準で、今日まで継続的に記録してきた資料は、地形図の他にはないだろう。地形図はまた、景観や町並みにとどまらず、当然のことながら、それらをつくり出している自然環境や土地利用なども記録している。そうした地形図によって示された、ある地域の、ある時期の記録である旧版地形図は、私たちにとって、今後も守り伝えていくべき重要な「文化的な財産」の一つであると言えるのではないだろうか。

### （2）図歴と図式

「文化財」としての旧版地形図が持つ価値を正しく評価し、それを学校教育などで利用するためには、図歴と図式に留意する必要がある。

　図歴は、表2に示したように、ある地域を対象に作成された地形図などの履歴である。この図歴を確認することによって、旧版地形図が示しているのは地域のいつを記録したものなのか、逆に、ある時期の地域を記録している

表2　1/5万地形図「塩竈」の図歴

| 測量年 | 更新履歴 | 発行年月日 |
|---|---|---|
| **1912（明 45）** | **測　図** | **1917/06/30（大 6）** |
| 1925（大 14） | 鉄道補入 | 1926/06/30（大 15） |
| 1928（昭 3） | 鉄道補入 | 1930/03/30（昭 5） |
| 1933（昭 8） | 修　正 | 1935/12/28（昭 10） |
| 1944（昭 19） | 部分修正 | 1946/11/30（昭 21） |
| 1950（昭 25） | 資料修正 | 1950/03/30（昭 25） |
| 1951（昭 26） | 資料修正 | 1951/02/28（昭 26） |
| **1951（昭 26）** | **応急修正** | **1952/07/30（昭 27）** |
| 1959（昭 34） | 部分修正 | 1962/06/30（昭 37） |
| 1966（昭 41） | 編　集 | 1968/10/30（昭 43） |
| 1969（昭 44） | 修　正 | 1969/10/20（昭 44） |
| 1972（昭 47） | 修　正 | 1974/04/30（昭 49） |
| 1975（昭 50） | 修　正 | 1977/02/28（昭 52） |
| **1978（昭 53）** | **二次編集** | **1980/04/30（昭 55）** |
| 1983（昭 58） | 修　正 | 1986/02/28（昭 61） |
| **1992（平 4）** | **修　正** | **1993/02/01（平 5）** |

表中の太字は、今昔マップ on the web に
収録されている旧版地形図。更新履歴の
詳細は、国土地理院ＨＰ「更新履歴につ
いて」（https://mapps.gsi.go.jp/history/
update_history_name.html）を参照。
（国土地理院ＨＰより作成）

図1　今昔マップ on the web の画面
左：1/5万地形図「塩竈」（1951 年応急修正）　右：同（1978 年第二回編集）

のはどの旧版地形図なのかを知ることができる。国土地理院ＨＰ「地形図・地勢図図歴」[5]には、保有する旧版地形図などの図歴と画像が公開されている。

　図式は、「地図に表示する記号や文字等、すべての事項を定めた規程」[6]である。最も古いと言われる「明治13年式図式」（田代2016）から、最新の「平成25年式図式」まで、十数種類が定められ、これに従うことで、国土全体の統一した地図（地形図）が作成されてきた。こうした図式の中で、私たちが旧版地形図を利用する場合、最も深い関わりを持つ事項が、地図記号と総称される建造物の用途や土地利用などを表す記号に関する内容である。つまり、旧版地形図を利用するには、その地形図の図式では、どんな記号があり、何を示しているのかに留意することが重要である。とは言え、実際にはそれぞれの図式の詳細を知る必要はない。旧版を含め地形図には、地図部分の周辺に「記号」（昭和30年図式以前は「符號」）という形で地図記号の「凡例」が示されているので、それを確認すればよい。

### （3）旧版地形図の閲覧と入手

　では、どうしたら旧版地形図を閲覧したり、手に入れたりして利用できるだろうか。

　書籍としては、地理学の分野で、主な時期の旧版地形図と執筆時点での最新地形図とを対比しながら、全国主要地域の変容を追った二つのシリーズが刊行されている。一つは12巻からなる『日本図誌大系』（朝倉書店、1972-1980）、もう一つは10巻構成の『地図で読む百年』（古今書院、1997-2006）である。いずれも多くの公共図書館などに所蔵されていて、旧版地形図を容易に目にし、その解説を読むことができる。ただし、扱われている地域と旧版地形図は限られている。

　利用したい地域の、利用したい時期を記録した旧版地形図は、前述した国土地理院ＨＰから図歴を調べることで、国土地理院の本院（つくば市）、全国10か所の地方測量部・支所で該当する旧版地形図を閲覧することができる。また、所定の手続きをすれば複製の購入（謄抄本交付）も可能である。

　こうしたアナログ的な閲覧・入手の方法に対して、デジタル化された旧版地形図を閲覧することができる時系列地形図閲覧サイト「今昔マップ on the web」（図1）や、そのＰＣ版（Windows版のみ）で画像などへの保存や出力も

可能な時系列地形図閲覧ソフト「今昔マップ3」[7]を利用する方法が広く行われるようになってきている。両者とも、首都・中京・京阪神の三大都市圏、関東地方・東北地方太平洋沿岸地域、そして県庁所在地をはじめとした各道県の主要都市・地域について、迅速図・仮製図を含む主な時期の旧版地形図を、極めて簡単な操作で画面に表示し、見ることができる。また、各図の更新履歴や地図記号（符號）も画面上で簡単に確認できるように設定されている。さらには、最新の地形図（電子国土基本図）を含め時期の異なる旧版地形図を同時に表示して比較したり、旧版地形図と空中写真やさまざまな主題図と並べて表示したりすることもで容易で、非常に応用性に富んだ旧版地形図の利用を可能にしている。

## 3　地形図をよみとく視点

### （1）よみとく視点

　日本の近現代史を学ぶ上で、政治の歩みと並んで経済・産業の歩みは不可欠な内容である。手元にある日本史の教科書の頁を簡単にめくっただけでも、「殖産興業」、「産業革命」、「大戦景気」、「金融恐慌」、「戦時統制」、「経済復興」、「高度経済成長」、「石油危機」、「バブル経済」、「平成不況」といった多くの項目や用語が目に入る。

　これまでの学習では、そうした経済・産業の歩みを学ぶ手掛かりとして、経済成長率や生産量、貿易量の推移といった統計資料が使われてきた。しかし、そうした資料による学びは、国や地方レベルからのマクロな視点からのものになり、どうしても観念的な理解、言葉としての理解になりがちになる。

　経済・産業の発展や衰退は、多くの場合、地形・水・生物といった自然環境の改変や土地利用の変化などをともない、日本各地の景観や町並みを変容させてきた。旧版地形図は、そうした改変や変化、変容を目に見える形で記録している。つまり、経済・産業の歩みを「見える化」したものであると言えよう。そうした旧版地形図を学びの資料とすることによって、経済・産業の歩みは、学習者の生活圏というミクロな視点からとらえることができるようになり、実感的に理解できるようになるのではないだろうか。

## （2）仙台市東部の高度経済成長期

　本稿では、近現代史のなかでの経済・産業の歩みのうち、日本経済の「勃興期」（宮崎ほか2021）とされる高度経済成長を取り上げ、それによって生活圏レベルの地域やそこに住む人々の生活がどう変わったのかを、旧版地形図を主な資料として見ていく。その対象として取り上げる生活圏レベルの地域は、仙台市東部に位置する蒲生地区周辺とした（図2）。

　次頁の図3は、高度経済成長直前の蒲生地区とその周辺を示した旧版1/5万地形図である。図中左下の「蒲生」「和田新田」「追分」の集落がある地域と、貨物線と海岸線との間で「貞山堀」に沿って延びる4kmほどの地域が、当時の蒲生地区である。

図2　蒲生地区の位置

　まず、図3を手掛かりに、高度経済成長直前の地域や人々の生活の様子を考えてみたい。図の中央には、貨物線に囲まれ、区画整理された街区とその中に工場☆や発電所⚙の地図記号が付された建物もあり、工業団地

表3　蒲生地区に関わる主な出来事

| 年 | 元号 | 蒲生地区に関わる主な出来事（江戸時代以降以降） |
|---|---|---|
| 1601 | 慶長　5 | 伊達政宗、居城を仙台城に |
| 1670 | 寛文10 | 塩竈との間の運河着工（73年完成「御船入堀」）。 |
| | | →城下への物資中継・集積地として繁栄（後には藩米のみに制限） |
| 1870 | 明治　3 | 名取川・七北田川河口間の運河「新堀」着工（72年完成） |
| 1883 | 16 | 野蒜築港に連動した御船入堀・新堀・木曳堀改修拡幅工事（89年完成） |
| | | →阿武隈川ー塩竈間運河「貞山堀」舟運による卸売業拠点に |
| 1887 | 20 | 上野ー塩竈間東北本線開通。以降、貞山堀舟運衰退で農業中心の集落に |
| 1964 | 昭和39 | 新産業都市「仙台湾地区」指定。蒲生地区に掘込式港湾建設決定 |
| 1967 | 42 | 港湾工事着工（71年開港）。整備計画地区の移転対象約320戸1600人 |
| 1989 | 平成元 | 仙台市の政令指定都市昇格とともに新設の宮城野区に |
| 2011 | 23 | 東日本大震災。約1500戸のほとんどが流出 |

（大和田2019、仙台市史編さん委員会2014などにより作成）

**図3　高度経済成長期直前の「蒲生」地区周辺**（「今昔マップ on the web」を一部改変）
1/5万地形図 1952年応急修正版「仙台」・1951年応急修正版「塩竈」を約50％縮小した。

と思われる地区がある。しかし、蒲生地区を含めて、図中の大半の地域には
水田が広がり、その中に屋敷林に囲まれた集落が点在しているという、典型
的な農業地帯の景観と人々の生活があったことがうかがえる。1918年（大正
7）には国内総生産の工業構成比が50％を超える「工業国」になった（宮崎ほ
か2021）とはいえ、工業地帯は東京、大阪、名古屋といった大都市周辺や一
部の地方都市で形成されていたにとどまり、当時、国土の大半は近代以前か
ら引き継がれてきた農業地帯が広がっていた。

　蒲生地区には、そうした地域とは少し違った歴史もあった（表3）。それも、
図3中にその痕跡を見ることができる。図の中央を、「蒲生」集落付近の七
北田川河口近くから平野部を海岸線に平行し、やがて丘陵部を縦断して塩竈
湾に至る運河「貞山堀」である。

　『仙台市史　地域編』（仙台市史編さん委員会2014）と『宮城県の歴史散歩』（宮
城県高等学校社会科研究会歴史部会編2004）によれば、「貞山堀」は、阿武隈川河

**図4　高度経済成長終焉直後の「蒲生」地区周辺**（[今昔マップ on the web」より)）
1977 年改測 1/2.5 万地形図の編集版 1/5 万地形図「仙台」・「塩竈」を約 50％縮小した。

口から仙台湾岸に沿って北上し、名取川河口、七北田川河口、そして塩竈湾に至る全長約 33km の大規模な運河である。名称の「貞山」は仙台藩祖伊達政宗の法名に因むが、江戸時代に運河全体が開削されたのではなく、江戸時代初期に開削された部分と明治初期に開削された部分とから成る。

　蒲生地区の「貞山堀」は、4 代藩主綱村の時に、七北田川を利用しつつ、仙台城下と古代以来の主要港であった塩竈湊を結ぶ水路として開削された。

　しかし、水路は、七北田川の影響を受けて水位が変動しないよう、川とは直接結ばれず、塩竈方面からの城下への物資は南端の「蒲生」でいったん陸揚げ、積替えの必要があった。そのため「蒲生」はさまざまな物資の中継・集積地として「塩竈湊」を凌ぐほどの活況を呈したが、その後、塩竈湊民の意を汲んで出された藩命で、扱う物資が藩米のみに制限され、繁栄は限定的なものになった。

　明治に入ると、名取川河口と七北田川河口を結ぶ運河「新堀」が開削され、

さらには、新政府の東北振興策の一つである野蒜築港と連動する目的で、宮城県の手で、「新堀」と政宗の時に開削された阿武隈川・名取川河口を結ぶ運河「木挽堀」、「御船入堀」の大規模な改修拡幅工事が行われた。これにより、1889年（明治22）には阿武隈川河口から塩竈湾までを、海域に出ることなく結ぶ運河が完成し、「貞山堀」と名付けられたのである。

　改修拡幅工事の一環で「御船入堀」と七北田川が結ばれ、仙台藩の消滅で扱う物資の制限もなくなっていた「蒲生」は、再び活況を呈するようになっていた。この「貞山堀」の完成で、その繁栄は続くかに見えた。しかし、堀の完成に先立つ1884年（明治17）には台風被害で野蒜築港が放棄され、1887年には上野－仙台－塩竈を結ぶ鉄道が開通して物資輸送の主役になったことから、「貞山堀」舟運は急速に衰退していった。それとともに、「蒲生」の賑わいも消えて農業中心の集落へと変わっていった。

　ただ、物資輸送路としての「貞山堀」は役割を終えたが、沿岸航路としての役割は後まで残った。大和田（2019）は、住民に取材して、図3が作成された時期にも蒲生－塩竈間に定期航路があったこと、「貞山堀」の水が清冽で米研ぎなどにも使われていたことなどを報告している。

　図3が作成されてから間もない1950年代後半から、日本は実質国民総生産の成長率が年平均10％前後で伸び続ける高度経済成長の時期を迎える。そうした高い経済成長の要因として、佐藤ほか（2017）は次の五つを挙げている。

　第1に、社会資本の充実・景気調整手段として積極的な財政投融資が行われたこと。第2に、高い教育水準が労働生産性を高め技術革新を容易にしたこと。第3に、低廉かつ大量な石油輸入が可能になりエネルギー革命の恩恵を享受できたこと。第4に、国民所得の伸びで国内市場が拡大したこと。第5に、固定（為替）相場制の下での実質的円安進行を背景に輸出が拡大したことである。これらはいずれも、日本全体を視野に統計資料の分析などによって導かれたものである。そして、五つすべてではないにしても、生活圏レベルの地域の中で旧版地形図という目に見える形で確認することができる。

　前頁の図4は、1973年（昭和48）の石油危機で高度成長が終焉した直後の蒲生地区とその周辺を示した旧版地形図である。図3と比較しながら、地形環境や土地利用の変化を読み取って[8]、高度経済成長期を経た地域の景観や人々の生活の変容を考えていく。その際、経済成長の五つの要因と関連付け

て考え、要因の実感的な理解につなげることも必要である。

　図3との比較でまず読み取れるのは、蒲生地区の地形環境と土地利用が大きく変わり、砂浜と平地に水田が広がっていたところが大きく掘り込まれて港湾施設「仙台港」（正式名称は、仙台塩釜港仙台港区）になり、その周辺が火力発電所、石油基地、製鋼工場などの工業地帯になっている変化である。

　1962年（昭和37）、政府は、経済成長を持続・拡大させつつ、「都市の過大化を防止し地域格差を縮小する」ことを目的に、「全国総合開発計画」（全総）を策定した。目的達成のため「拠点開発方式」が打ち出され、この開発の担い手として、15地区の新産業都市と6地区の工業整備特別地域が指定された。図中の「仙台港」と工業地帯は、1964年に指定された新産業都市「仙台湾地区」における中核事業として位置付けられ、建設と整備が進められてきたものである。これに先立つ1961年には、宮城県内で「中央に追いつけ、時勢に遅れまい」（大和田2019）とする機運を背景に、基幹産業を鉄鋼業と石油化学とし、仙台市東部海岸に大規模な新港湾を建設することなどを盛り込んだ「仙台湾臨海地域開発の構想」がまとめられていて、この新港湾計画が新産業都市指定の理由の一つとなった（宮城県2021）。「仙台港」建設は1967年に始まり、1971年には最初の入港船が入港し、開港式が行われた。

　港の完成と周辺の工業地帯の出現は、地域の景観だけでなく、当然のことながら人々の生活も大きく変えた。港の建設などに伴って、蒲生地区では約320戸、約1,600人の人々が、仙台市内や隣接する多賀城市内、利府町などに移転を余儀なくされたが、大和田（2019）によれば、その約8割が農業を営んでいた人々であった。大和田（2019）はまた、そこにあった祭りなどの民俗文化が消失したり、変容したりしたことを報告している。地区の歴史の証人である「貞山堀（御船入堀）」も、図の比較で明らかなように、蒲生地区ではほとんど失われている。

　図3との比較からは、港や工業地帯周辺に残る水田地帯を通る道路の形状の変化から、圃場整備が進められてきた状況を読み取ることもできる。

　佐藤ほか（2017）は、高度経済成長の第4の要因の国民所得増加の背景として、1961年の農業基本法制定などによる農業経営の大規模化や米価引き上げ策により、農家収入の増加が図られたことを挙げている。圃場整備は、農業経営の大規模化やそれに連動する機械化・省力化と一体の事業であり、高度経済

成長の要因が生活圏の中で目に見える形で現れていると言えるのではないだろうか。いささか強引な見方をすれば、すでに取り上げた「仙台港」は第1、第5の要因にかかわる社会資本の充実を目的に行われた巨額の財政投融資や輸出拡大の目に見える形であり、工業地帯の石油基地や製鋼所などは第3の要因であるエネルギー革命の恩恵の目に見える形と言えよう。

　これまで蒲生地区で見てきた高度経済成長期における生活圏の景観や人々の生活の変容は、大小の違いはあっても国内の多くの生活圏で見ることができ、旧版地形図でとらえることができる。さらに言えば、近現代の150年余りにわたり、統一した規格で、かつ継続的に国土の状況を記録してきた地形図は、近現代史をたどる上で有用な資料であると考えられる。

●註
(1) 三角点や水準点の基準点に基づかず作成された地図では、各地点での経緯度や平均海面を基準とした高さ（標高）が求められないため、1面の地図内では問題は生じないが、異なる地図を利用する場合に、位置のズレや高さの違いといった問題が生じる。
(2) 縮尺を2万分の1から5万分の1に変更することで、単純には同じ面積の作図に要する作業は約1/6（2/5 × 2/5）になる。つまり、1/2万地形図1面を作成するための費用と人員で、1/5万地形図6面が作成できることになる。なお、地形図作成が始まった当時の様子は、新田次郎の『新装版　劒岳―点の記』文春文庫などで知ることができる。
(3) 国土地理院ＨＰ「地理院地図」（https://www.gsi.go.jp）（2021年8月24日閲覧）
(4) 文部科学省ＨＰ「文化財ってな～に？」（https://www.mext.go.jp/kids/learn/quiz/property/mext_0001.html）（2021年8月25日閲覧）
(5) 国土地理院ＨＰ「地形図・地勢図図歴」（https://mapps.gsi.go.jp/history.html）（2021年8月24日閲覧）
(6) 国土地理院ＨＰ「地図記号と地形図図式」（https://www.gsi.go.jp/KIDS/KIDS05_00001.html）（2021年8月24日閲覧）
(7) 「今昔マップon the web」は、次のサイト（https://ktgis.net/kjmapw/index.html）にアクセスすれば利用可能。「今昔マップ3」は、次のサイト（http://ktgis.net/kjmap/）にアクセスし、アプリをダウンロードして、それぞれのＰＣにインストールする必要がある。両者とも、国や自治体、企業ではなく、埼玉大学教育学部の谷謙二氏が開発し、無償で運営・提供している。両者の操作方法や機能には若干の違いがある。画像などへの保存や出力ができるという点で、「今昔マップ3」の方が教材づくりなどに利用しやすい。
(8) 比較して読み取る活動は、前項で紹介した「今昔マップon the web」や「今昔マップ3」を使うと二つの旧版地形図を画面上で重ね合わせることができるので、地形図の読み取りが苦手な者でも比較的容易に進められる。

●参考文献
大和田雅人　2019『貞山堀に風そよぐ　仙台・荒浜　蒲生　新浜　井土　再訪』河北新報出版センター
織田武雄　1974『地図の歴史―日本編』講談社現代新書
佐藤　信ほか　2017『詳説日本史研究』山川出版社

仙台市史編さん委員会　2014『仙台市史　特別編 9　地域誌』仙台市

田代　博　2016『地図がわかれば社会がわかる』新日本出版社

日本国際地図学会 編　1985『地図学用語辞典』技報堂出版

宮城県　2021『仙台港開港 50 周年記念誌』宮城県

宮城県高等学校社会科研究会歴史部会 編　2004『宮城県の歴史散歩』山川出版社

宮崎　勇ほか　2021『日本経済図説　第 5 版』岩波新書

**未文化財** 商店街

# どのように商店街は変化してきたのか

山下春菜

商店街から地域の人々のくらしの変化がみえる！

## 1　商店街とは

### （1）商店街の定義

　中小企業庁によれば、現在の商店街は、「①小売業、サービス業等を営む者の店舗等が主体となって街区を形成し、②これらが何らかの組織（例えば○○商店街振興組合、○○商店会等で、法人格の有無およびその種類を問わない。）を形成しているもの」と定義される。つまり商店街には、店舗が集まった「場所」である側面と、その空間を「組織」が作り上げ、管理している側面があるということになる。

　商店街という「場所」について考える時、肉屋・八百屋・魚屋や衣料品店、といった専門の小売商店が集まり、近隣の人々が買い物に利用する場所、というイメージが浮かぶ。日本の商店街の起源は、城下町や宿場町、門前町などの、人が往来し、集まる場所に見ることが出来る。商店街という空間は、小売商店が集まらなければ出来ない。しかし、我々にとって馴染み深い「店に出向いて商品を購入する」というスタイルは1920～30年代に浸透した近代的な買い物の仕方である。江戸～明治時代までは、店舗を構えず商品を運んで売り歩く行商人が数多くおり、主に食品などの日用品を中心として、品物を家まで持って来るので、消費者はその中から選んで購入するのが一般的だった（満薗2015）。しかし、明治後期から徐々に現在のように店が立ち並ぶようになり、人々がそこに出向いて買い物をするようになったのである。

　一方、商店街の「組織」の部分については、我々の目に触れにくいため

193

想像しづらい。商店街の組織化が進むのは 1920 年代からだが、それ以前に
も小売商店の連携は存在していた。しかしそれは、酒販店は酒販店同士と
いった同業者同士の連携であり、同業の小売業者が増加すると機能しなく
なった。さらに 1920 年代には、農業を離れ、都会に仕事を求めた人々の多
くが食料品や日用品関係の店を始め、すぐ潰れるという状況があった。そ
の問題を解決するにあたって、同業者同士の連携から異業者同士の連携が
求められるようになる。すなわち店舗同士がまとまって「商店街」になれ
ば、消費者もその場所に行ってまとめて買い物ができて便利であるし、組
織化された商店街は、商店街全体でさまざまな活動を行うことが可能とな
る。例えば、商店街に必要な物資の共同購入や資金融通、共同の売り出し
企画といった実務に関することから、アーケード・街路灯・街路樹といっ
た商店街の統一した景観の整備まで、個々の商店では難しいこともできる
ようになるのである。

　このように、商店街が単に店が集まっている「場所」というだけでなく、
それを「商店街」という買い物空間として見出し、商店街としての「組織」
による活動が広がったのは、1920〜30 年代にかけてである（新 2012）。つまり、
「商店街」はまだ新しい概念であるといえる。

　「商店街」という我々に身近である空間を文化財として取り上げるのは、
いささか不自然に感じるかもしれない。しかし、本稿では「商店街」を「伝
統的建造物群」あるいは「建造物群」という文化財のカテゴリにあえて引き
付けて考えてみたい。

## （2）伝統的建造物群と商店街

　文化財としての「伝統的建造物群」は、他の美術工芸品や建造物を指す「有
形文化財」や史跡・天然記念物を指す「記念物」といった文化財より馴染み
がなく、どのようなものか想像しにくいかもしれない。伝統的建造物群とは、
特に「周囲の環境と一体をなして歴史的風致を形成している伝統的な建造物
群で価値の高いもの」を指す。1975 年（昭和50）に改正された文化財保護法には、
「伝統的建造物群保存地区」が新たに設けられた。伝統的建造物群保存地区
とは、「伝統的建造物群及びこれと一体をなしてその価値を形成している環
境」で、具体的には港町・商家町・武家町・宿場町、あるいは山村集落・養

蚕集落といった歴史的な町並み・集落が該当する。すなわち、伝統的建造物
群は、地域における歴史的な重要性が認められて、国の重要文化財になった
建造物群である。

　以上を踏まえ、重要伝統的建造物群の一例として、1999年（平成11）12月
1日に選定された埼玉県の川越市川越を挙げる。川越市川越の町並みは「商
家町」として登録され、文化庁によれば特色は以下のように説明される。
「川越の城下町は、室町時代後期に上杉・北条氏により基礎が築かれ、江戸
時代初期に近世城下町として整備された。以後、舟運や街道の整備と併せ
商業都市として繁栄する。町割は慶安年間（1648～1652）に定められた形態を
幕末まで踏襲し、今日の道路形態からその様子を推量することができる。保
存地区は、町割における町人地の中心部に該当する。今日に見る町並みは、
1893年（明治26）の川越大火後に建築された黒漆喰塗の蔵造り町家を始め、
近代洋風建築等も含め、多様な建築様式の伝統的建造物が建ち並び、特色あ
る歴史的景観を伝えている」。

　このような伝統的建造物群を保存・活用するために、川越市は歴史的な町並
みや道すじの保全を街路事業によって行う歴史的地区環境整備街路事業や、商
業の振興発展や蔵造りの町並み保全に取り組む地域住民を含む「川越町並み委
員会」といった組織の活動を行っている。以上の通り、「伝統的建造物群」は、
従来の「歴史的建造物」単体の文化財保存からより広範な空間を、その地域の
人々が暮らしながら保存および観光資源などに利用するという特色があるとい
えよう。

　2021年現在、重要伝統的建造物群に指定されているのは43道府県104市
町村126地区である。なお、伝統的建造物群保存地区を持つ市町村が集まり、
1979年に発足した全国伝統的建造物群保存地区協議会は「伝統的建築物」を
集落・宿場・港・商家・産業・寺社・茶屋・武家の8種別に分類している。
この中に、本稿で取り上げる「商店街」は含まれない。

　しかし、未文化財としての「商店街」は、地域住民の生活を反映すること
で地域的特色が出やすく、またその景観を留めやすい性質を持つ空間である。
そのため、「商店街」を建造物群として観察し、身近な文化財として取り上
げれば、地域の歴史を学ぶ教材になる。

## 2　商店街の歴史的背景

### （1）商店街と「まちづくり」

　前述の通り、1920年代の商店街は組織化によって、個々の商店では難しい商店街全体の整備などの活動が可能になる。すると、商店を営む人々は同時に「まちづくり」を意識するようになる。1920〜30年代の都市化が進んだ時期から戦後の高度経済成長期に至るまで、町の小売商人は町内会や自治会の活動を中心となって支え、地域におけるコミュニティ形成を積極的に担った（玉野2005）。

　1950年前半になると、全国の町村が合併して新市が設立される、いわゆる昭和の大合併が起こる。各地では新市計画が策定されるが、その中で「商店街」という空間の見直しがされていく。また1950年代後半〜70年代にかけて高度経済成長期に入り、さらなる都市化が進むと、農村から多くの人々が都市へ流れ込み、新たなコミュニティを形成する。このような状況の中で、小売商人はさらに「まちづくり」の意識を高く持ち始める。

　商店街が「まちづくり」を意識するのは何故だろうか。端的にいえば、商店街活動に力を入れると、それぞれの商店の経営にも利益があるからである。商店街の特質のひとつに、「地域密着型」であることが挙げられる。地域のコミュニティ活動を通し、地域の人々の信頼を得て、ニーズを把握することは、商売上有利に働く。地域に密着して活動する商店街にとって、地域の人々へのアプローチをよりきめ細やかにすれば、地域の固定客をつかみ、結果として商店の経営を安定させることにつながる（満薗2015）。

　以上のように、商店街の小売商人たちにとって、商店街から「まちづくり」を考えることは自身の利益に通じるものであった。特に1920年代〜30年代・1950年代〜70年代はその動きが活発化し、商店街にさまざまな改善が見られるようになる。例えば、前述したような商店街全体の売り出し企画や利便性を兼ねた景観整備などがそれに当たる。また高度経済成長期には、立地の利便性や店への信頼はもちろん、商品の代金を盆と暮れにまとめて支払う「掛売り」や商品を先に渡して後から代金を回収する「割賦販売」といった手厚いサービスで柔軟な対応ができる商店街は、利用者にとって魅力的な買い物空間であった（満薗2015）。

## （2）住居兼店舗と商店街の景観

　現在、全国各地の商店街は衰退傾向にある。商店街を歩くと、空き店舗が多いことに気が付く。空き店舗が放置されると、商店街にある店舗の業種や業態がバランスを欠き、商店街内の魅力や競争力が低下してしまう。ゆえに、この問題についてさまざまな対策が模索され続けている。具体的には、チャレンジショップやレンタルショップと言った形で店舗を短期間で貸し出す取り組みや貸し手と借り手のマッチングを図る事業などがある。

　そもそも、なぜ空き店舗ができるのか。それは退店した商店の後に出店が起こらないからである。空き店舗には住居兼店舗（じゅうきょけんてんぽ）が多く、商売を辞めた店舗は住居でもあるから、元商人家族はその店舗に住み続ける。また、人が住んでいなくても住居兼店舗という形態はテナントとして使いづらく、貸し出せないといった問題が発生する。すると、その店舗で新しい商売を始めることが難しく、空き店舗が解消できない状況が生まれる。その結果、空き店舗の増加・放置が問題化してしまうのである。

　しかし、このような問題を抱える住居兼店舗という職住一致（しょくじゅういっち）の形は、商店街の持っている強みと表裏一体である。商店街の強みとは、消費への柔軟な対応力を備え、消費者にとって近接した便利な立地の中で地域に根ざした密接な関係を築き上げ、手厚いサービスの提供によって支持を集められるという点である。住居兼店舗であるということは、商店を営む人々もまた地域住民の一員として近所付き合いを行いながら、地域密着型のサービスを実現するための大きな要素である。商店街における職住一致は、商店街の持つ強みを支え、強化するために選ばれ続けてきたといえる（満薗2018）。

　さて、以上のような住居兼店舗による空き店舗は、現在ネガティヴに評価されがちである。しかし、商店街の歴史を改めて振り返ろうとする際、この「空き店舗」は商店街の空間を再構築する手がかりとして捉えられる。全国的に商店街は1980年代半ばから90年代には衰退傾向が顕著となる。その要因として、90年代半ば以降ショッピング・モールやコンビニエンス・ストアの増加、近年では経営者の高齢化に伴う後継者問題などが挙げられる。商店街の多くは、1920年代から本格的に組織化され、「まちづくり」を意識しはじめたと前述した。現在の商店街にある商店の多くは、昭和期から住居兼店舗である場合が多い。また、実際に現地を歩くと、閉店したため地図上から店

名がなくなってしまった店舗が、シャッターを下ろした外観をそのまま残していたり、看板のみを残していたりと、いわゆる「しもた屋」として商店街の中に残存している例が多数ある。このように、シャッター街になってしまっている商店街は、少なくとも昭和後期〜平成初期の姿を留めている傾向にあるが、住居兼店舗が多いが故にその景観を留めやすく、現在から過去の商店街の姿を見ようとする際、非常に有効である。

## 3　商店街をよみとく視点

### （1）入間川商店街について

　商店街は全国各地に存在する。教育現場で地域の歴史を学習するにあたって、教材化しやすい事例であろう。ここでは特に埼玉県狭山市にある入間川商店街を事例に取り上げる。入間川商店街は現在も活動を続けている商店街で、西武新宿線狭山市駅西口に位置する。狭山市立博物館は、令和3年度年度春期企画展「収蔵品展　入間川商店街—繋がるモノ・人・街—」（令和2年12月19日〜令和3年5月9日）を開催[1]し、特に入間川商店街の商店で実際に使用されていた道具や看板、商品などの品々を紹介した。この企画展において、商店街の移り変わりを可視化するために、1902年の入間川商工図、昭和40年代（1965〜1974）の入間川商店街地図、2020年の入間川商店街地図をパネルで展示した。以下では、事例として取り上げる入間川商店街の歴史的背景について確認していく。

　まず、入間川商店街の起源について触れておこう。入間川商店街の起源は、埼玉県西部を流れる入間川に介した筏宿に求められる（狭山市1996a）。近世、材木の流通には多くの場合、河川を利用した。山から切り出した材木を丸太にして筏を組み、上流から下流へと「筏師」と呼ばれる人々が流し運んでいくのであるが、より多くの材木を流すために川幅に合わせて筏の幅を変える必要があった。この丸太の筏を組み替えるための寄せ場には、筏師が食事を取ったり宿泊したり、あるいは芸妓を呼んで遊ぶような店が集まるようになる。これが「筏宿」である。埼玉県西部である飯能・原市場・吾野・東吾野・名栗（現・飯能市）、高麗（現・日高市）で採れる木材は西川材と呼ばれ、多くは江戸で使われた。現在の狭山市域の中心地として多くの人が行き来し

た入間川村は、流路が山間部から平野部に変化する場所に位置することから、西川材の筏を組み替える作業が行われる寄せ場であった。そのため、入間川流域を中心に飲食店や宿が立ち並ぶような「筏宿」になったと考えられる（狭山市 1996a）。

　1954 年 7 月 1 日、町村合併促進法の特例により、旧入間川町を中心に近隣1 町 5 ヵ村が合併して狭山市となる。この合併直後に出された新市建設計画書の中に商店街についての記述がある。計画書の中で、商店街については特に「商業機構整備計画」及び「商業経営改善計画」を挙げられており、「整備計画」ではバス網の増加を、「経営改善計画」では商店の美化計画・給食センター設置計画・街路灯の設置計画が立てられている。この計画の多くは 1966年度までの達成が目標とされた。この計画通り、1955 年に入間川商店街の中央通り沿いに 108 灯のネオンを商店街全体で協力して設置したり、中小企業従業員を対象とした給食センターを設置したり（狭山市 1984）と商店街の景観・機能性やそこで働く人々の待遇を改善している。またバス網の見直しは地元より遠くの地域との接続が見込まれたものであろう。

　さらに、高度経済成長期に入った 1960 年代〜70 年代にかけて、狭山市は首都圏整備計画における市街地開発区域に指定され、積極的な工場誘致や狭山工業住宅団地の開発が行われるなど、農業都市から工業都市として発展しようとしていた[2]。この時期の狭山市は第二次産業、特に製造業の発展が顕著であった。入間川商店街の近くには明治期から入間川駅（現・狭山市駅）もあることから、従来の市内住民の他に、市外から人々が流入してくるようになっていたと考えられる。また、市内近隣住民から、市外から通ってくる人々、あるいは近接市の川越市・所沢市といった人々まで、商店街が働きかける対象の範囲を拡大しようとする動きがある。

　この時期、埼玉県商工部が狭山市商工会に対して、前述した商店街の美化計画の一環として入間川商店街全体の診断を行っている。結果を示す「狭山市入間川商店街診断勧告書」では、消費者が近隣の川越市・所沢市に流出してしまう点や市外の人々が入間川商店街では買い物をしない点、交通量が多く買い物客の安全性が低い点、また商店街を積極的にまとめる組織が欠けている点などが指摘されている。それぞれの問題点には、商店街の中に駐車場を作って歩行者の安全性も確保するなど商店街を整備することや、商店会を

組織し商店同士で結束して改善を進め、地元の住民だけでなく市外の人々が買い物をしたくなる工夫を商店街全体でしなければならないなどといった方向性を示している。高度経済成長期に入った入間川商店街は利用者の拡大を目指しており、商店会を結成して商店街の組織化・共同事業の展開によって商店街の内容を充実させることや、商店街の整備を行うことで利用者への利便性を高めようとしていることがわかる。

　また、同時期に商店街では商工会が「お買い物アンケート」を行っている。このアンケートは、狭山市連合婦人会の主婦400人と市内7事業所で働く若年消費者を対象に実施されたが、特に商品の価格の高さを指摘している。また、東京や所沢市・川越市に人が流出してしまう中で、洋服や服飾品を25〜29.5％の人が東京で買うと答えている一方、酒やみそ、野菜、医薬品、書籍、文房具などは58〜77.4％の人が狭山市内で買うと答えている（狭山市1984）。以上のアンケートからは、商店街という空間を形成する商店とその利用者がコミュニケーションをとることで商店街をより良くしようという動きが感じられる。このような商店街の動きは、昭和の大合併における狭山市という新市形成から高度経済成長期に渡って「入間川商店街」を分析して改善しようとする試みであり、その地域で暮らす人々にとって重要で興味深い動きである。

　入間川商店街は、日用生活品を購入する場として、地域の人々の暮らしとともに発展し、通りごとに「商店会」が設立され、「七夕（たなばた）通り商店街」「天神（てんじん）通り商店街」などと細かく分けられ、それぞれで活動するようになった（狭山市教育委員会2021）。しかし、全国的に商店街の衰退が目立ち始める1980

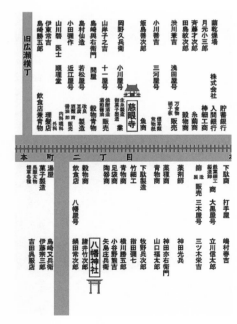

年代半ばから90年代には、入間川商店街も徐々に勢いを失っていく。しかし、2008年度より行われた「狭山市中心市街地活性化推進事業」により、狭山市の中心市街地である商店街も新たな動きを見せている。例えば、電線の地中化および電動式日除けテントを設置する景観整備や貸店舗「たまり場ショップいるまおい」の運営による空き店舗の積極的な活用がそれにあたる。さらに、商店街は狭山を代表する祭り「入間川七夕まつり」を継続して開催している。商店街を彩る華やかな七夕飾りを見に、毎年多くの人が市内外から訪れている（狭山市教育委員会 2021）。

## （2）地図の活用と巡検

　それでは改めて、地図と巡検を活用して入間川商店街について見てみよう。まず、入間川商店街の起源が筏宿であることを念頭に、「明治35年（1902）入間川商工図」（図1、一部抜粋。以下「商工図」）を見ていきたい。この時期、商店街には材木商が8軒（「商工図」全体数。以下同様）ある。これは川の流れを利

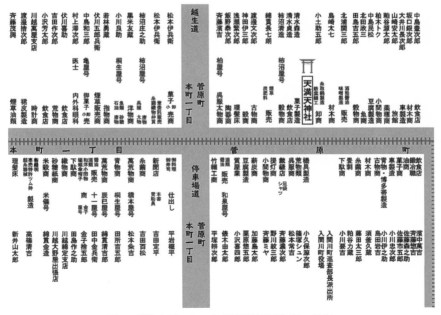

図1　明治35年（1902）入間川商工図（註5抜粋）

用して材木が運ばれ、筏を組み直す中継地点となっていた入間川商店街の特色といえる。また、現在の入間川商店街にはあまり見られない芸妓屋・料理屋も36軒あるのが、材木商の数とともに、筏宿の名残といえるだろう。さらに「商工図」の中には、「糸繭商」や「白魚子」と付く、生糸・織物関連の店が43軒と多い。江戸期、現在の狭山市域の中心地として多くの人が行き来した入間川村は、1891年に入間川町となった。明治期の狭山市域では、上広瀬の名主であった清水宗徳（1844〜1909）が魚子織[3]の生産に力を入れた。宗徳は狭山で生産される魚子織の品質を向上させ、「広瀬斜子」というブランドとして売り出し、販路拡大を目指していた。このように、明治期の入間川商店街の地図からは、江戸期の筏宿の名残と明治期における盛んな生糸・織物産業が商店街に与えた影響の両方を見ることが出来る。

　次に、「昭和40年代（1965〜1974年）入間川商店街地図」（図2、一部抜粋。以下「昭

図2　昭和40年代（1965〜1974年）入間川商店街地図（註6抜粋）

図3　令和2年（2020）入間川商店街地図（註7抜粋）

和地図」）と「令和2年（2020）入間川商店街地図」（図3、一部抜粋。以下「令和地図」）の2点を比較しながら見ていくが、その前に明治期の「入間川商工図」から約60〜70年経った昭和期の商店街の面影について描かれた『入間川今昔—窪田しづ江回顧録—』（窪田1991、以下『入間川今昔』）[4] を紹介する。『入間川今昔』は窪田の幼少期から始まり、昭和60年代の入間川商店街について描かれている。特に興味深いのは、店舗ごとの変化が書かれている点である。窪田の入間川商店街についての記述は奉公に上がった1939年前後から始まるため、昭和60年代時点で閉店した、あるいは業種を変更した店を知る手掛かりになる。また、『入間川今昔』には店の造りや何がどのように売られていたかも描写されており、昭和10年代〜60年代という、新市建設・高度経済成長期を含めた時期の入間川商店街がどのような場所であったか、あるいはどのような変化があったかを知り、考えるための重要な資料である。

　以下、『入間川今昔』を参考にしながら、特に昭和期・令和の入間川商店街地図から、メイン通りである「七夕通り」周辺を抜粋して見ていく。

　「昭和地図」の時点で、明治期に多く見られた魚子織関係の店が無くなっているのがわかる。魚子織は明治30年代初頭を頂点として、以後急速に衰退していった（狭山市1996b）とされ、昭和期の狭山市域では既にほぼ生産されなくなっている。その代わり、日用生活品を売る小売商店が多いのは、都市化が進んでその地域の人々のニーズに応えた結果であろう。このように、明治期の地図と昭和期の地図を並べてみると、その時期に重要視されていた産業と商店街の変化に気が付くことが出来る。

　次に「昭和地図」と「令和地図」を比較した時、2点の地図上で同じ店名を見つけ出せるはずである。特に抜粋して提示した地図上の七夕通り付近の店は、「昭和地図」・「令和地図」ともに同名の店舗が多く残っていることが確認できる。この七夕通りは商店街にとってメイン通りであり、現在も商売を続けている店舗が多い。『入間川商店街』の中でも、さしだや・人形のおかの（「岡野ヒナヤ」）・新吉田寿司[8]・亀屋本店・柿沼呉服店・カワシマヤスポーツ店等については、店構えから業種の変化など記されている。一方、この「昭和地図」には存在しても「令和地図」には無い店名もある。例えば、窪田が奉公に上がっていた「足袋金小高商店（足袋）」（「タビキン商店」とも）は、「令和地図」には姿が見えない。両地図を照らし合わせた際、「足袋金小高商店（足

袋）」があった場所は令和の地図の「いるまおい」の隣辺り、という予想が付けられる。この予想の裏付けに、再び『入間川今昔』にあたると、「入間川の中央、本町の大通りに店を構えていた」という記述がある。また、現在も入間川商店街で商店を営む方に話を伺ったところ、「足袋金小高商店（足袋）」は「タビキン商店」の大きな倉庫があった場所で、「昭和期地図」上の「三井生命」の場所に「タビキン商店」の本家の事務所があったという。ちなみに、『入間川今昔』に「本町大通り」とあるのは、入間川商店街の七夕通りが昭和40年代までは「本町通り商店街」、1975年ごろは「狭山一番街」とも呼ばれていたことの名残であろう（狭山市教育委員会2021）。

　さて、昭和40年代と令和元年度という、50年以上隔たりのある地図と『入間川今昔』で入間川商店街の概要をつかんだところで、次は実際に商店街を歩いてみよう。入間川商店街へ狭山市駅から向かうと、駅西口から坂道を上る道が続いている。これは「駅前を過ぎ、市役所（現図書館）前の坂道に来ま

図4　入間川商店街七夕通りの
　　　電動式日除けテント

図5　電動式日除けテント

図6　入間川商店街七夕通り

（3点とも2020年12月11日撮影）

すと、戦前ここは、両側が小高い切通し」だったと『入間川今昔』でも書かれており、実際に歩くと平面的な地図では確認できない土地の高低差を体感できる。さらに歩いて七夕通りに入ると、店舗の上部に統一された電動式日除けテントが見える（図4・5）。これは、七夕通りが一組織としてまとまっており、統一した景観を通り全体で作り上げていることを示す。

さて、図6では向かって左手前から「かきぬま」（柿沼呉服店）、地図上ではわかりづらいが「村上耳鼻喉頭科医院」につながる道が間にあり、「亀屋本店」、「人形のおかの」と並んでいる。この「かきぬま」と「亀屋本店」の間の細い道は、実際に歩いて見ないと見落としてしまいがちである。また、地図上だと空き店舗は表記されないし、店舗が取り壊されていた場合、その広さもわからない。前述した「いるまおい」の隣、「足袋金小高商店（足袋）」倉庫があったであろう場所は、現在は駐車場になっているが、地図にはそれは表れていない。地図には見られないこれらの空間を理解するために、地図を手に商店街を歩いてみることは有効である。

## 4　文化財を学びに活かす

以上のように、事例として埼玉県狭山市の入間川商店街を取り上げ、史料から商店街の歴史的背景を確認し、回顧録・地図・巡検を併用して商店街という空間の再構築を試みた。身近な建造物群である商店街を文化財として位置づけ歴史を知ることは、その地域の街づくりの歴史を知ることにつながる。商店街の記録が必ずしも豊富とは限らないが、地図と巡検を組み合わせれば商店街について学習が可能であり、さらに地域の人々に聞き取り調査が出来れば、より深く商店街について学ぶことができる。

商店街は新しい概念である、とはじめに述べた。歴史的に長く存在しているから、あるいは周囲と比べて現存する建物等に顕著な特徴が見られるから、という理由で建造物群を見た時、商店街は歴史的にはまだ浅く、全国に多数存在し、また一見際立った特徴を見つけづらい建造物群かもしれない。しかし、商店街は地域の人々の生活に根ざし、現在もなおその地域のニーズによって変化しつづけており、なおかつ生活圏内に存在する、観察しやすい空間でもある。その変化をどのように記録するか、あるいは以前の姿を再現するかを視野に入

れながら暮らしを注視することで、我々は時代に合わせて刻々と変化し続ける「商店街」という建造物群から、より地域を理解することができるだろう。

●註
(1) 本展示は、新型コロナウイルス流行による緊急事態宣言発令によって休館期間が長引いたため、2020年12月19日〜2021年5月9日まで延長された。
(2) 1960年10月「狭山市入間川商店街診断勧告書」埼玉県立文書館所蔵
(3) 現在、「斜子織」と表記されることが多いが、「入間川商工図」上では「魚子織」と表記されているため、ここではそれに従い「魚子織」とする。
(4) 筆者の窪田しづ江は1925年（大正4）に入間川町に生まれ、1939年（昭和14）から商店街にあった大店「タビキン商店」に6年間奉公に出た後、1951年、窪田新聞店に嫁いでいる。
(5) 狭山市立博物館作成。狭山市史1984、pp.535-545を元に作成した。
(6) 狭山市立博物館作成。日本住宅地図出版『狭山市住宅地図'67』を参考に、入間川商店街に住んでいる（いた）人々からの情報提供により作成した。
(7) 狭山市立博物館作成。『ゼンリン住宅地図　狭山市』（2020年3月）並びにGoogle mapを参考に作成した。
(8) 『入間川今昔』には、料亭「喜利万」の後身店として登場する。

●参考文献
新　雅史　2012『商店街はなぜ滅びるのか　社会・政治・経済史から探る再生の道』光文社新書
窪田しづ江　1991『入間川今昔―窪田しづ江回顧録―』一心舎
狭山市　1984『狭山市史』現代資料編
狭山市　1996a『狭山市史』通史編1
狭山市　1996b『狭山市史』通史編2
狭山市教育委員会　2021『令和2年度　狭山市文化財年報』」
狭山市役所HP　2020肥沼育実・柳澤恵理子・山下春菜「博物館令和2年度冬期・令和3年度春期企画展「収蔵品展　入間川商店街―繋がるモノ・人・街―」展示報告」『狭山市文化財年報』（https://www.city.sayama.saitama.jp/manabu/dentou/cp_survey_report.files/sayama_cp_report2020.pdf）https://www.denken.gr.jp/）（2021年8月25日閲覧）
全国伝統的建造物群保存地区協議会HP「町並みアーカイブ―種別から探す」（https://www.denken.gr.jp/）（2021年8月25日閲覧）
玉野和志　2005『東京のローカル・コミュニティ―ある町の物語一九〇〇-八〇』東京大学出版会
満薗　勇　2015『商店街はいま必要なのか―「日本型流通」の近現代史』講談社
満薗　勇　2018「戦後日本の小売商店における職住関係：商店街の空き店舗問題に寄せて」『現代思想』46（5）

未文化財 学校資料

# 学校資料は地域・教育・学校をどう語るのか

會田康範

学校にあるさまざまなモノが地域史や教育史を考える材料になる！

## 1　学校資料とは

　学校資料（学校にある資料という意味では「学校所在資料」ということもあるが、本稿ではとりあえず学校資料と表記する）とは何か。一見、容易に答えが出そうな問いであるが、そう明快に答えられるものではないと考える。なぜなら単に学校といっても、日本の法律上、現在の学校教育法に定められている学校には、幼稚園、小学校、中学校、義務教育学校、高等学校、中等教育学校、特別支援学校、大学及び高等専門学校があり、設置者別に分類しても国立、公立、私立とに区分される。そして学校資料については、これらの諸学校の個別の学校単位で捉えることも、教育機関あるいは教育制度全般としての学校という括り方で捉えることも考えられるからである。また、資料群の性格は、学校階梯や設置者により多種多様にわたることも想像に難くないだろう。さらに資料とされるモノには、紙媒体の文字史料もあれば立体の構造物であるモノ資料もあり、内容面では、当該学校で生成され、その学校の教育活動に関連する資料を指す場合もあれば、学校に何らかの理由や経緯により保管されている地域資料や学校外に所在する学校に関連する資料などもあり、かなり広範な資料群を学校資料と括ることも可能だからである。

　ところで、日本における学校教育の歴史は、古代にまで遡ることができる。律令国家が貴族や史部（ふひとべ）の子弟を教育する機関として設けた大学や地方の郡司の子弟が学ぶ国学、あるいは民間でも9世紀初頭に空海が庶民教育のために創設した綜藝種智院（しゅげいしゅちいん）などが知られている。だが、ここで学校資料として取り上げる対象は、近代以降の日本の学校教育制度下における小・中学校や高等

学校など限定的に考えていくこととしたい。

　さて、一般的に初等・中等教育段階における学校内部では、教職員は教育職である教員と事務系の職員とに分かれ、さらにいくつかの部署や担当に分かれて学校が運営されている。そのうち、教員組織の中では、いわゆる校務分掌（部や課）があり、分掌単位で作成する文書や管理する用具・用品など、膨大な学校資料が生成され、それが現用のものでも非現用となったものでも職員室で保管される場合や各教員の手元に多く所持されている場合もあるだろう。すなわち、例えば教務や学務といった分掌では、学校の概要を外に向けて紹介する目的で作成される学校要覧や学校案内の類、児童・生徒の指導に関する指導要録や教育課程表、シラバス、校内規定、学籍簿、時間割、各種の名簿などがあり、生徒指導や生活指導を担当する分掌では、校則、文化祭や体育祭などの学校行事の運営マニュアルやパンフレット・プログラム類、生徒手帳、部活動関連資料、進路指導に関する分掌では、進路の手引き類や卒業生の進路先といった個人情報などもある。これらの多くは紙媒体の資料（文字史料）であるが、これに対し、実際の学校生活や学習指導で利用された教材・教具、学校備品などのモノ資料もある。その管理に関しては、法的に保存期間が定められているもの（公文書）もあれば、随意に処分できるものもあり、非現用となり随意に処分できるモノは、意識的に配慮し保存されるケースを除けば、多くは散逸する方向にあるというのが現状であろう。ここでは、このような学校資料が文化財となる可能性を有するものとして、それを保護する対象となり得るという認識に基づき、地域史や教育史を理解する上で有効な素材となることを指摘し、さらに筆者の取り組みを事例に学校資料を活用した自校史学習の可能性に言及したい。

## 2　学校資料の歴史的背景とよみとく視点

　そもそも学校資料に関しては、上述したように現段階において明確な定義に基づいて整理され、共通理解をもって認知されているものはないといえるだろう。学校史や教育史を研究、叙述する上で欠くことのできない公文書などもあるし、学校ごとに所蔵されている現用・非現用のモノ資料もある。現時点では学校内外に所在するこれらのモノを学校資料という概念で把握する

ことを多くの人々に理解してもらい、さらにそれが文化財となる可能性ある
ものとして保護・継承していくための方策を考える取り組みが要求されてい
る段階にあるといえよう。というのも、このような学校資料は歴史学研究の
中では、大藤修が「学校史料」の保存を提言した先駆的な発言（大藤1985・
1986）も含め以前からその蓄積がみられるものの、より注目され議論が活発
になってきたのは近年のことで、史資料群として教育史や博物館学、あるい
はアーカイブズ学などの関連分野からのアプローチが大きいといえる。例え
ば、地方史研究協議会では、2017年8月に「学校資料の未来―地域資料と
しての保存と活用―」をテーマに掲げたシンポジウムを開催している。その
成果は活字化され、そこでも論者がそれぞれの立場から学校資料を論じてお
り、一例をあげれば、実松幸男はその定義について、「学校に所在・関連す
るすべての資料（収集品・地域資料を含む）を対象とする広義の定義から、教育
に関わるもの、当該学校で作成・利用されたもののみに絞る狭義の定義まで、
それぞれの立場により多様」としているのである。

　では、実際に学校にはどのような資料が所在するのだろうか。学校資料は
地域史を解き明かすことを可能にする資料であると捉え、宮城県内での調査
の経験から学校資料の重要性を指摘した大平聡は、学校資料を、①歴史資料、
②日誌類、③生徒・児童関係記録類、④教職員関係書類、⑤学校経営関係書類、
⑥教育活動関係書類、⑦書籍類、⑧その他、と整理した。その上で調査自体
の困難さを指摘するとともに、各学校に所在する学校資料のうち、保存期間
を過ぎ非現用となった資料は、教育委員会が廃校となった校舎などを利用し
て集中管理するといった保全活動に向けた提案を行っている。（大平2014）また、
和崎光太郎は、学校の歴史を伝える「学校歴史資料」として、その目録と分
類化を試み、それによれば、次の表1のように整理することができる。

　この分類では、大平の整理より広範にモノ資料も分類対象として立項され
ている。その結果、浮かび上がってくる問題は、和崎によれば「史料の多様
性と分類の困難さ」であった。さらに「すべての学校資料に対応する厳格な
分類基準を設けることは不可能であるし、可能になったとしてもその分類は
緻密すぎて実用性がない。そもそも紙媒体の目録は今日では資料にアクセス
するためのツールとしては消えつつあり（他の意義はあるがここでは割愛する）、
予算の都合などで検索システムが導入されなくても表計算ソフト（エクセルな

表1　和崎光太郎による「学校歴史資料」の分類（和崎 2017 より一部変更して作成）

| 書籍類 | 学校記念誌、教科書、副読本、参考書・問題集、教科別研修資料、学習指導要領、一般書籍、その他製本されたもの |
|---|---|
| 写真・映像 | 卒業アルバム、記念発行のアルバム・絵葉書、映像史料、フィルム・ガラス乾板など |
| 文書 | 学校沿革史、日誌類、建築関係・校舎図面、学校運営関係、学籍簿（指導要録）、地図、学区関係、その他文書 |
| 学校発行物・配布物 | 学校発行物、通知表、証書・賞状、運動会・発表会・修学旅行関係、その他生徒向け配布物・保護者向け配布物 |
| 生徒会・同窓会・PTA・部活動 | 生徒会発行物・製作物、部活動製作物・製作物、PTA 発行物・製作物、部活動発行物・製作物 |
| 生徒作品 | 作文、絵画、習字、ノート・プリント、テスト、日記、その他生徒作品 |
| 教材教具・指導関係 | 理科、社会、音楽、算数・数学、保健体育、幼児教育、その他教材教具・指導関係 |
| 建築・鋳造物 | 瓦、像、その他建築・鋳造物 |
| その他 | 服飾・鞄・靴など、考古、民俗、給食、備品類、手紙類、その他 |

ど）で作成された目録を検索するなどして資料にアクセスするケースを想定する方が現実的である。ともかく、学校資料を扱う上で最も大切なのは、まずは先述の「どこかに分類」するなどしてとにかく目録を作成することである。資料番号をつけるということは、資料に戸籍を与えるのと同様の意味があり、資料番号をつければその資料の散逸・廃棄の可能性は一気に低くなる（傍線省略）」と述べており、とても重要な指摘であると同感している。というのも、後述するが筆者がかつて実際に取り組んだ経験からもこれと同様な感想を抱いたことがあったからである（和崎 2017）。

　では、学校内外に所在するモノは、いかなる要件を備えることで学校資料として存立することになるのだろうか、博物館学的な立場から私見を述べてみたい。博物館にはさまざまな史資料が収蔵されているが、換言すると、あらゆるモノは、博物館資料となる可能性をもっているということができる。しかし、単にモノとして存在しているだけでは博物館資料ということはできない。博物館の機能には、資料の収集・保管・調査研究、そして教育普及活動があり、さらにその延長線上には展覧会がある。モノはこのような手立てが講じられることによって初めて資料となり得るのであり、とりわけ調査研

究というプロセスを経ることによって、モノに対し専門的及び博物館学的な学術情報が付されることが重要であると考える。

　こうした視点から筆者の経験も踏まえて学校資料と称されることになるモノを眺めてみると、学校には多くのモノがあり、それらは現用の物品や主に紙媒体の書類等と非現用のそれらが混在しており、後者については、物品であれば倉庫や空き教室など、書類であれば教職員が使用している机やロッカーの中などに死蔵されているケースが多いものと思われる。そして、これらのモノが前述したように学校資料となる背景や契機の一つには、学校の周年事業が考えられる。すなわち、学校が創立して10周年、20周年、あるいは50、100周年といった節目には、それを迎えるにあたって周年事業の実行委員会などが学校内に組織され、それを中心としてさまざまな事業が実施されるのが一般的であるといえよう。そして、具体的に実施される事業として記念誌や周年史が刊行されることも多く、その際、それまでの教育活動を振り返ることになり、それを契機に学内外にある非現用となっている書類や物品などが収集されることになる。また、周年事業のタイミングだけに限られることでなく、経年による校舎の老朽化などもあって新校舎の建設やリフォームの際、それまで倉庫や文書保管庫、教科の準備室等に収納、死蔵されていたモノに接する機会が生まれる。その結果、それらの収納場所を変える、あるいは処分するなどの際、改めて学校の教育活動を伝える史資料として認識され、目録化するなどにより価値づけされることも考えられる。さらには、このようにして見出された史資料を改めて保管し直し、展示室の開設や展示ケースに展示するという発展的な事例もあるだろう。なお、展示室や展示スペースという点に関しては、近年の学校での児童生徒数の減少から空き教室が出てくることもあり、そうした空間を学校資料の展示空間として転用することも多くみられる。

　このようにして、学校内外に散在するモノが学校資料となっていく可能性が生まれるのであるが、それは当該学校のスクール・アイデンティティを視覚的に確認する装置にもなるのであり、今後、このような視点に立ち学校資料の収集や保管、そして利活用がいっそう図られることが望まれる。以下では、筆者が実際に経験した事例をもとにその活用の視点を示してみたい。

## 3　文化財を学びに活かす―古い標本の来歴から自校史を考える―

　学校資料を学びに活かす視点として、歴史教育における自校史学習という切り口を提案したい。それぞれの学校が創立された時期とその沿革にもよるが、創立以来、100年以上にも及ぶ長い歴史をもつ学校では、その学校の児童・生徒や教職員にとって自校史が日本近代教育史と直接的にリンクする場合もある。一方、比較的、近年に創立された学校であれば、自校史を学習するために卒業生などに在学中の様子などを聞き取り調査することもできるであろう。この取り組みは、聞き取った「語り」から歴史を叙述するオーラルヒストリーを体験的に学習することにもつながる。こうしたことからも学校資料を日本史学習や総合的な学習（探究）の時間に活用することは、歴史教育をより豊かにする可能性をもつといえるのである。

　さて、筆者の勤務先である学校法人学習院は、幕末の1847年（弘化4）に設立された京都学習院をその淵源とし、その後、明治維新期に東京に設立された華族会館が1877年（明治10）に東京神田錦町に創設した華族学校が現在の学習院に直接的に接続する起点となっている。私立学校としてスタートした旧制学習院は、その後、宮内省所管の官立学校となり、戦前・戦時期を経て、戦後には再び私立の新制学習院として再スタートし、現在、幼稚園から大学・大学院までの総合学園となっている。

　筆者は所属する高等科において、法人本部の一貫教育推進事業（2006〜2008〈平成18〜20〉年度）として学習院教育史料調査プロジェクトを立ち上げ、高等科内に所在する現用・非現用の史資料に関する概要調査を実施した経験がある。この事業はパイロット事業的な側面もあったため、時間的な制約も大きく必ずしも十分な成果を得られたとはいえないものの、校内にある非現用となった物品を中心にその目録化と利用方法を考えた。

　とりわけ、現在の学習院中等科・高等科校舎内には、戦前から伝来する旧制学習院の博物学の授業で使用された天産物を中心とした標本資料群や教育掛図などが保管されている。なかでも注目したのは、動物や魚類などの剥製や液浸標本などとともに収蔵されている植物の腊葉標本で、これはスチールキャビネットの引き出しに何枚もが折り重なった状態で保管されていた。こ

うした標本資料が実際に何点あり、どのような来歴を有する標本類なのかといった概要を把握し、さらに特筆すべき来歴を有する資料群については、その内容調査を実施した。その結果、明らかにできたことは以下のことであった。

　腊葉標本の総点数は1,600点余りで、その来歴では、東京帝室博物館から移管された標本が最も多く、その他、尾張徳川家に由来する明倫中学校附属博物館より寄贈された標本、久邇宮殿下・高松宮殿下から下賜された樺太標本、熱帯生物研究所関係の標本、島津製作所関係標本などである。多くの標本が明治期から昭和初期に採集されたもので、植物の研究や学習に供する本来的な意義とともに、近代学習院の教育史を繙く自校史学習の教材として重要な役割を有するものと理解している。その一つである東京帝室博物館から移管された腊葉標本については、筆者がこのプロジェクトの報告書の中で「特論」として以下の内容を述べた（学校法人学習院 2009）。

　東京帝室博物館とは、現在の東京国立博物館の前身にあたる。この名称が使用されたのは、1900年（明治33）6月26日に制定、7月1日に施行された帝室博物館官制によるもので、以後、同館は1947年（昭和22）5月に所管機関が宮内省から文部省に移管されるまで存続し、その後、東京国立博物館となって現在に至っている。

　東京帝室博物館と称する以前の同館の沿革は、その草創期には文部省、博覧会事務局、内務省、農商務省と短い間で所管機関を転じ、1886年（明治19）からは宮内省が所管するものとなった。そして、宮内省図書寮所属博物館としての数年間を経て、1890年（明治23）5月から帝国博物館となっている。正式な館名に東京の地名が付されていないのは、日本の中央博物館としての性格をもたせるためで、帝国博物館総長は京都、奈良にある帝国京都博物館、帝国奈良博物館とともに三館を統理した。その後、1900年（明治33）になり、政府、文部省が所管する帝国議会、帝国大学、帝国図書館と区別し、帝室（皇室）所属の博物館としてその性格を明瞭にする意図で改称が図られ、正式名称として東京帝室博物館が使用されるようになったのである。

　以上の沿革を踏まえれば、当標本群は学習院に移管された時点の名称により東京帝室博物館関係腊葉標本として一括しているものの、詳細には博物館の沿革に即して個別に把握しなければならないであろう。なぜなら、博物館

史や標本管理史の側面からみれば、その系譜を明らかにすることが必要な作業であると思われるからである。

　東京帝室博物館から学習院へ移管され、当標本保管室で保管されている腊葉標本は現在347点あることが確認できた。学習院大学史料館がかつて調査した旧制学習院歴史地理標本資料には、東京帝室博物館やその関係機関から移管された資料は見当たらないが、旧制学習院博物学課の標本資料群全体の中には、腊葉標本のみでなく、動物の剥製標本や液浸標本など東京帝室博物館から移管された標本もあり、この点は旧制学習院の博物学課関係の標本資料群の大きな特徴で、当時の実物を重視した学習院の博物学教育の特色を反映したものといえるのではないだろうか。

　腊葉標本の採集年代で最も古いものは、1871年（明治4）に駿河国で採集されたホタルブクロ（図1）で、明治初期の植物が標本という形で現存していること自体、教育史における史資料としても貴重であるといえよう。いっぽう、台紙に貼付されているラベルから判明可能な採集年代の下限は1908年であ

図1　腊葉標本「ホタルブクロ」　　　　　図2　腊葉標本「アヤメ」

り、この年に採集された標本は6点現存している。そのうち、1点は著名な植物学者である牧野富太郎が、帝室博物館内で採集したアヤメである（図2）。また、東京帝室博物館関係標本の中で、採集年代が判明している標本は150点で、この他はラベルに採集年代が記載されていないため、それを明らかにすることはできない。

　しかし、その中には、検定（同定）者名が記載されているものもあり、なかでもロシアの植物学者であるマキシモヴィッチが鑑定した標本4点も含まれているのは特筆される。1827年にモスクワ近郊のトゥーラで生まれたマキシモヴィッチは、エストニアのタルト大学へ進み、1850年までアレキサンダー・フォン・ブンゲに師事し植物学を学んだ。その影響から東アジアの植物研究を志したマキシモヴィッチは、1852年よりサンクトペテルブルク帝立植物園標本館（現・ロシア科学アカデミーコマロフ植物学研究所）にキュレーターとして勤務し、アムール地方の植物調査などに従事した。さらに、1860年から1864年までは日本に滞在し、日本を含めた東アジアの植物研究に専心した。日本では、岩手県出身である須川長之助を雇い、その助けを借りて各地の標本を収集したことはよく知られるところである。

　マキシモヴィッチの業績は、日本の植物学草創期において、矢田部良吉、松村任三、宮部金吾、伊藤篤太郎、牧野富太郎ら多くの植物学者に注目されていた。当時、日本の植物学者は、未知種や新種と思われる植物を採集すると自ら同定せず、海外の植物学者のもとへ標本を送り、その同定を依頼していた。ロシアのマキシモヴィッチのもとへも日本国内で採集された多数の標本が送られ、それによって学名が同定されていたものと思われ、この4点もその一部といえるであろう。

　では、こうした標本がどのような背景・理由によって旧制学習院に移管され、現在に至っているのだろうか。その直接的な背景には、1923年（大正12）9月1日に発生した関東大震災がある。その被害は学習院も例外ではなく、学習院目白校地では教室とその備品や標本なども焼失した。その時の状況について、『学習院時報』第3号（1924年6月発行）には「激震と同時に、理科特別教室内西北部の化学薬品室より発火し化学実験室に移り火勢を増し、同教室の東側に廻りて南方に延焼し、更に転じて北隣の第二教室を襲ひ極力消火に努めし効もなく、僅に一時間にして此等の教室は全く火焔を以て包まる」

と記されている。また、教職員や当時居合わせた学生が協力して教室内の物品を搬出したものの、「火災の爲めに損害を被りしは博物学科及び物理化学科甚大」で、「多年の間に蒐集せられたる貴重なる図書標本類及び器械等は殆んど取り出すことは能はず、搬出せしは僅かに数点」という壊滅的な被害であったといえるであろう。その結果、しばらく授業を行うことはできず、この間に授業開始に向けての準備として、「物理學博物學の擔任教官を京阪地方に出張せしめて教授用図書標本器械器具の蒐集に努め、東京帝室博物館より一部の標本を借用して教授用に充」て、また、「秩父宮及び賀陽宮両家より多数の標本圖書器械類を下賜せられ、又諸家よりも標本類の寄贈を受けたれば、不便ながらも授業開始の準備は略々整ふことを得たり」とあり、授業再開に向けてどのように具体的な取り組みが行われたのか読み取れるのである。

　なお、こうした状況は、移管元の帝室博物館の『帝室博物館年報』（1925 年〈大正 14〉自 1 月至 12 月）の「東京帝室博物館天産課廃止」に関する記事の中にも散見できる。すなわち、1916・1917 年（大正 5・6）から宮内省と文部省との間で天産資料移管に関する協議が進められてきた中で、「学習院に於ても教授用博物標本として天産部列品の一部譲受」の申し出があり、「文部省と協定の上動物植物及鉱物各区列品の一部を同院に保管転換し、又植物区列品中生活植物の大部分は東京帝国大学理学部附属植物園に譲渡した」とする記事である。この結果、帝室博物館天産課は廃止され、標本の保管転換先の一つとして学習院に移管されたのであった。

　最後に、学校資料としてこの他にも古い教材や機器などを活用した自校史授業実践に取り入れた事例について簡単に触れておきたい。筆者は、高等科 2 年生が履修する「総合」（総合的な学習の時間、総合的な探究の時間）において、通常の教科教育としての日本史の授業を補完する意図も含めて「博物館を知ろう」という講座を担当している。この講座は、一年間を通して博物館の諸機能を実習的に学習するもので、資料の調書作成や調査方法の学習、図録作成及び図録用写真撮影などを経て「展覧会づくり」を到達目標としている。毎年異なるテーマを立てて開催しているささやかな展覧会ではあるが、かつて実際に取り上げた資料には戦前の古い教育用理化学機器がある。19 世紀及び 20 世紀初期の科学機器の保存は国際的にも重視されており、日本でも科

学史分野では永平幸雄・河合葉子らの仕事がある（永平・河合2001）。こうした先行研究に学び、かつて使用されていたものの、現代では非現用であり、廃棄処分寸前となった古い実験機器を引き取らせてもらい、それを展覧会に活用したのである。

　多くの学校には、無意識のうちに廃棄処分されてしまうような非現用のモノが多く存在すると思われる。それを処分する前に、少し立ち止まって教材として再利用することはできないか、歴史を教える者として考えることも大切なのではないだろうか。それにより、非現用のモノを学校資料として新しい生命に再生する道が開かれるのである。今後、全国各地の諸学校でこのような取り組みが試みられることを願うものである（會田2008）。

●参考文献

會田康範　2008「博物館教育と教育史料の可能性―歴史学と歴史教育を接続する回路―」『國學院大學博物館學紀要』第32輯

大平　聡　2014「地域資料としての学校資料」新潟大学災害・復興科学研究所危機管理・災害復興分野『災害・復興と資料』第3号

大藤　修　1985・1986「学校史料と社会教育史料の保存を」、『日本教育史往来』第34号・第35号

学校法人学習院　2009『学習院中等科・高等科標本保管室収蔵の腊葉標本（学習院教育史料調査プロジェクト調査報告書）』

地方史研究協議会　2019『学校資料の未来―地域資料としての保存と活用―』岩田書院

永平幸雄・河合葉子　2001『近代日本と物理実験機器―京都大学所蔵明治・大正期物理実験機器』京都大学出版会

和崎光太郎　2017「学校歴史資料の目録と分類」『京都市学校歴史博物館研究紀要』第6号

和崎光太郎　2018「学校歴史資料の目録と分類　補遺」『京都市学校歴史博物館研究紀要』第7号

# 戦争碑から考える
## モニュメントの史料化

下山　忍

「戦争碑」という言葉は耳慣れない向きもあろうが、①招魂碑、②戦没者個人碑、③戦役（凱旋）記念碑、④忠魂碑、⑤戦利兵器奉納碑、⑦忠霊塔、⑧慰霊塔などの総称である。①②④⑦⑧が戦没者追悼、③は従軍記念、⑤は戦利品下付の記念を目的としたモニュメントで、現在神社境内や学校などに残っている。

　これらのうち、時期的に最も古いのは①招魂碑で西南戦争後に登場し、日清戦争時等の建立例もある。②戦没者個人碑は日清・日露戦争時に広く見られる。墓碑と混同されることも多いが、戦没者の経歴・出征や戦死の状況・撰者の思いなど長文の碑文が刻まれていることを特徴とする。この戦没者個人碑は、1904・1906年（明治37・39）に内務省による建碑規制があり、1市町村に1基を原則とする④忠魂碑に変わった。1910年に成立した帝国在郷軍人会の分会が建碑に関与して昭和期に入っても大きく広がりを見せた。それが変わるのが、1939年（昭和14）の大日本忠霊顕彰会の提唱による⑦忠霊塔の建設で、こちらは遺骨を埋納できるところを特徴とする。こうした戦争碑は敗戦後に撤去されることになったが、1951年のサンフランシスコ平和条約締結後に再建されたものも多い。その後、平和への願いを趣旨として建立されたのが、⑧慰霊塔である。慰霊塔にはかつての忠霊塔を改造したものもある（下山忍「戦争碑の変遷」『季刊考古学』72、2000）。

　戦争碑は建立場所・建立者・揮毫者・碑文・関連する行事など多くの情報を提供してくれる史料である。文献史料や聞き取り調査で補完すれば、さらに多面的・多角的な歴史像を描くことができる。戦争体験者から直接伺う機会がほとんどなくなりつつある現在、戦争について考えるための重要な接点の1つである。戦争碑をはじめとした身近な文化財について、どのような史料となりうるのかという発想から発掘していくことも歴史学や歴史教育の重要な役割ではないだろうか。

所沢市三ヶ島小学校の「忠霊塔」
（筆者撮影）

## 近代の別荘・別邸
### 文化と政治が交差する異空間

會田康範

軽井沢や熱海、那須、あるいは箱根、鎌倉、葉山、関西では明治・大正期を中心に神戸の須磨あたりが、近代以来、日本の代表的な別荘地として名高い。別荘は私有財産であるが、なかには文化財として公共性が高い別荘もあり、とくに明治・大正期の別荘では文化財として指定・登録を受けているものも多い。その背景には、別荘という普段と異なる空間でのさまざまな交流によって別荘文化が育まれ、時には政治上の舞台にもなったからである。こうした点から、建築史や文化史の側面はもちろん、政治史的な視点からアプローチすることも面白いだろう。

プロシア流で君主権の強かった大日本帝国憲法は、秘密主義で作成されたというが、その作成場所となったのは、制定者のひとり伊藤博文が所有していた神奈川県横須賀市夏島にあった別荘であった。そのためこの憲法は、夏島憲法とよばれることもある。ちなみに、同県葉山には伊藤と共に憲法作成に携わった金子堅太郎がかつて所有した別荘もあった。大正期に現在地に移築された旧金子賢太郎葉山別邸恩賜松荘と米寿荘は、2021年（令和3）2月に国登録有形文化財（建造物）となっている。

また、別荘ではないが、アジア・太平洋戦争中の1943年（昭和18）に現在の東京都町田市鶴川に疎開した白洲次郎の住居は武相荘と名付けられ、現在は記念館・資料館として公開され多くの人々が訪れている。戦後、白洲は吉田茂のブレインとして多方面に活躍したが、日本国憲法制定の際にGHQ草案の翻訳や日本政府案の作成に関わったほか、サンフランシスコ講和会議では全権団顧問として随行している。

明治・大正期に建築された別荘は、その耐用年数からみればかなりの時間が経過し劣化が著しいものや所有者の変更などにより解体されることも多い。だが、ナショナルトラスト運動などもあり、文化財として保存していく方向を模索する道が求められている。

旧金子賢太郎葉山別邸恩賜松荘
（葉山町教育委員会提供）

## Column

## 子どもたちに 親しまれる文化財

### 登録有形文化財と なったすべり台

島村圭一

登録されたすべり台

　埼玉県東部に位置する宮代町の町立百間小学校の校庭のすべり台が、2020年（令和2）4月に登録有形文化財（建造物）に登録された。

百間小学校は1873年（明治6）開校で、すべり台が設置された経緯は明らかではないが、基台（柱の部分）に「大正拾五年十一月二十八日」「寄附者　野口丈左ヱ門」とあり、1926年（大正15）に寄附されたものであることがわかる。野口丈左ヱ門は地元で建設業を営んでいた人物で、1926年（昭和元）11月28日には、校舎の改築・増築工事が竣工しており、それを記念して寄附したと推察できる。

　大正期に造られた鉄筋コンクリート製のすべり台として希少な現存例と評価され、登録されることになった。登録有形文化財として登録されている遊具は、このすべり台のほかには、群馬県前橋市の前橋市中央児童公園（るなぱあく）の1954年製の電動木馬（2007年登録）のみである。

　すべり台は、高さ約3m、横幅90cmで滑走面はセメントや玉石を混ぜて天然石に似せた人造石研ぎ出し仕上げで、約30度の斜度のある滑走面は、長年使われているため、つるつるで滑りやすくなっている。経年劣化でひび割れしている箇所もあるが、点検や補修を重ね、文化財に登録された現在も活用され、子どもたちに親しまれている。

　文化財は大切にされ、次代に引き継がれなければならないが、収蔵・保管される文化財だけでなく、このように親しまれて、大切に使い続けられる文化財もある。すべり台で楽しんだ子どもたちが、文化財を身近に感じ、理解できるようになることを期待したい。

寄贈者

# 歴史教育で「文化財」はどう扱われてきたのか

下山　忍

## 1　はじめに ―文化財とは何か―

　「文化財」とは一体何か。法律を繙くと文化財保護法第2条は、次に示す6つのカテゴリーで文化財を定義している。

(1) 有形文化財…建造物・絵画・彫刻・工芸品・書跡・典籍・古文書・考古資料など

(2) 無形文化財…演劇・音楽・工芸技術など

(3) 民俗文化財…衣食住・生業・信仰・年中行事等に関する風俗慣習・民俗芸能・民俗技術及びこれらに用いられる衣服・器具・家屋その他の物件

(4) 記念物…貝塚・古墳・都城跡・旧宅その他の遺跡、庭園・橋梁・峡谷・海浜・山岳その他の名勝地、動物・植物・地質鉱物など

(5) 文化的景観…人々の生活・生業、当該地域の風土により形成された景観地

(6) 伝統的建造物群…周囲の環境と一体をなして歴史的風致を形成している伝統的な建造物群

　有形・無形を合わせてかなり広い範囲で多くのものを対象としていることがわかる。本書はこうした文化財保護法の定義を念頭に置いて編集したが、なかなかすべてを網羅することはできなかった。文化財が今日まで保存されてきた過程やその価値を知るとともに、私たちの身の回りのものから文化財を発掘してこれを保存していくためには、より広い範囲で文化財を考えていく必要があろう。なお、現在のような文化財の概念は文化財保護法制定当初からのものではなく、数回の改正を経て芸術的価値主体のものから生活史資料へと広がっていったものである（塚本1991）。

　文化財保護法の第1条は、その目的を示しているが、そこには「この法律は、文化財を保存し、且つ、その活用を図り、もって国民の文化的向上に資するとともに、世界文化の進歩に貢献することを目的とする。」とある。ここからもわかるように、文化財保護は「保存」と「活用」をその車の両輪として進められるべきことが示されている。

　よく知られているように、1950年（昭和25）に制定された同法は、その前年にあった法隆寺金堂壁画焼失を契機とする文化財保護に対する国民世論の高まりの中で制定されたものであった。その後同法のもと、防災施設の設置が義務付けられ、現状変更などについても制限が課されることになった。また、保存修理や史跡等の公有化等に対し補助が行われることで文化財の「保存」が図られていると言える。

　直近の2018年（平成30）の同法改定では、観光立国政策を推進し地方創生の起爆剤とするという方針のもと、観光政策を実現する上での文化財の活用が図られる方向性が示されたが、これについては、主に「保存」等の視点から多くの警鐘が鳴らされている（吉田2018、岩﨑2019、岩城・高木2020、小林2020など）。文化財が行き過ぎた「活用」の中で消費され、次代に継承されずに失われていくことへの懸念である。

　さて、文化財を教育という場面で「活用」するという目的から、文化財保護法制定直後に発行された文化財協会編『学習指導における文化財の手引』（日本教育新聞社、1952）という書籍がある。筆者は本書執筆者の1人でもある竹田和夫の教示によってこれを知ったが、文化財保護法制定直後の文化財「活用」に関する取組の一端を確認することができた。

　同書は、第1章・文化財の意義、第2章・文化財保護の制度、第3章・文化財学習の目標、第4章・文化財学習指導の内容、第5章・文化財学習指導の方法、第6章・文化財学習の評価の6章立てで全301頁から成っており、例えば、第4章・文化財学習指導の内容では、各ジャンルごとに個別の文化財を挙げて選択基準と学習内容を示し授業に活用できるように記述されている。こうした記述が、その後の教科書や図録等の補助教材に反映していったことはたやすく想像できる。

　また、第6章・文化財学習の評価で、①児童生徒の発達段階に即しそれに適応するものであったか、②文化財学習の内容に即した指導方法であったか、

③多種多様な指導方法が用いられたかの３点を挙げているが、これらは現在
においても見落とすことのできない視点ではないだろうか。

　しかし、こうした文化財学習に関する、教師や教師をめざす学生向けの
解説や手引き等はその後余り見られない（壽福2008）。学校教育の中で文化財
をどのように扱い指導していくのか、どのような文化財が学校教育における
資料として適切なのか、博学連携や地域との交流などを含めて文化財保護
と歴史教育の関係や連携はどのようにあるべきかなど取り組むべき課題は多
い。教育における文化財の活用は、教育の本質であるという見解もある（山
田2005）。こうした教育からの取組が、経済振興によらず、地域の文化財を住
民が「保存」して次代に継承する営みにつながっていくものと考えている

## 2　文化財の学びはどう変わってきたか

### （1）広義の「文化遺産」と文化財保護

　それでは、文化財の保存や活用は、学校教育においてどのように扱われて
きたのか、という問題を学習指導要領の変遷から考えてみたい。ご存じのよ
うに、学習指導要領とは、学習目標・教科内容・指導法などを示した大綱的
基準で、文部科学大臣が公示する。ほぼ10年ごとに改訂されて、教科書検
定の基準ともなっていることから、学校教育への影響は少なくないと考えら
れるからである。小学校・中学校・高等学校・特別支援学校などの校種別に
編成されているが、ここでは主に中学校段階の学習指導要領の変遷を中心に
見ていくこととする。

　まず、戦後教育の出発点と言える1947年版は、よく知られているように
学問の系統性にとらわれずに現実の課題に焦点をあてた単元学習で構成さ
れている。このうち［第九学年（中学校３年）］の単元の１つに「われわれは、
過去の文化遺産を、どのようにうけついで来ているであろうか」という表題
を掲げ、「過去の文化遺産をあやまりなく引き継ぎ、さらにこれに改良と工
夫を重ねて、次の時代に貢献しようとする態度」の育成を目標としている。

　このように「文化財」ではなく「文化遺産」という用語が用いられているが、
ここでいう文化遺産とは、社会制度なども含めた継承されるべき過去の文化
の総体を意味しており、かなり広い概念として使われている。その背景には、

社会科は、戦後アメリカの強い影響のもとに発足していることから、アメリカの社会科で重視されていた文化遺産の継承・発展とその普遍性を強調する文化学習の影響が見られるという（菊地1979）。こうした文化学習はその後も社会科教育の潮流の1つとして現在まで存在し続けており、今後は公共の視点も踏まえて行われるべきであるという見解もある（大友2014）。

　この広義の「文化遺産」の考え方は、1951年版にも踏襲された。1951年版では、経験主義カリキュラムの色彩は一層濃くなって（石村2009）、単元学習は踏襲されているが、社会科［中学校3年］の単元には「われわれは、文化遺産を、どのように受けついでいるか」という表題が挙げられている。ここでいう「文化遺産」の意味については科学・芸術・宗教等に重点を置くことを「要旨」で述べており、1947年版より意味を限定しているものの、現在の文化財より広い概念として使っている。このような「文化遺産」という用語の使われ方は1958年版まで踏襲されている。

　こうした広義の「文化遺産」が単元の表題や目標に用いられる中で、いわゆる文化財保護に係る内容はどのように扱われていたのだろうか。1955年版は、「学問・宗教・芸術などの文化遺産を正しく理解し、鑑賞し、これを尊重し愛護して、新しく文化を発展させようとする態度と能力を養」ったり、「歴史的資料を正しく取り扱い、また、それを批判的に見る能力や態度を養わせ」たりすることを目標としているが、そのために「遺物や遺跡などの歴史的な意味を理解し、それらに関心をもって尊重し、保護しようとする態度や能力を育てる」と付言している。

　学習指導要領が「告示」となり法的拘束力を持つようになった1958年版では、それまでの経験主義や単元学習から系統性の重視が図られ（原2005・石村2009、山﨑2019など）、中学校社会科においてもそれまでの単元学習から原始古代から始まる時系列の項目編成に変わった。しかし、「文化遺産」という用語の使い方に関しては1955年版を踏襲している。［第2学年］の目標に「学問・宗教・芸術などの文化遺産を、それらが生み出された時代の学習を通して理解し、それらのもつ意味を考えてこれを尊重し、新しい文化を創造し発展させようとする意欲と態度を養う」とあるように、文化遺産をこれまでの学習指導要領と同様に学問・宗教・芸術など継承されるべき過去の文化の総体という広い概念として用いている。そして「それらが生み出された時代の

学習」を通して理解させることと、新しいを創造・発展させようとする意欲
と態度を養うことを求めている。これは先に見た1955年版と同様の構造で
あり、過去の文化の総体である「文化遺産」を理解させることの前提として
文化財保護が位置付けられていたと言える。

## （2）高度経済成長下の文化財重視

　1969年の改訂の中学校社会科［歴史的分野］では、目標に「国家・社会及
び文化の発展や人々の生活の向上に尽くした先人の業績と、現在に伝わる文
化遺産を、その時代との関連において理解させて、それらを愛護し尊重する
態度を養う」と掲げている。これは1958年版を踏襲しない書きぶりとなっ
ており、文化遺産の意味にも若干の変化が読み取れる。

　このことは「内容の取り扱い」で、「郷土の史跡その他の遺跡や遺物」を「文
化遺産」としていることからもわかる。すなわち「文化遺産」は、従前の学
習指導要領が使っていた過去の文化の総体という広義から、歴史的価値のあ
るものとして現在まで保存・継承されてきた文化財というような狭義へ転換
したことが読み取れるのである。

　それに続く1977年の改訂は、高等学校への進学率が90％を超えるなど学
校教育の急速な発展を受けたものであり、ゆとりある学校生活の実現のため
に教科内容も精選集約された（石村2009、山﨑2019など）。中学校社会科［歴史
的分野］の目標は、ほぼ1969年版を踏襲したが、「内容の取扱い」では「文
化財の見学・調査」という文言が初めて使用されたことともに、「民俗学の
成果」や「郷土の生活文化」との連携が示されていることが注目される。

　こうした民俗学の成果の活用は、中学校だけでなく高等学校の学習指導要領
にも示されるとともに、新科目「現代社会」にも大項目「現代社会と人間の生き方」
の中項目「人間生活における文化」に「日本の生活文化と伝統」という小項目
が設定されるなど、教育内容にも直接反映した。この時期には、民俗学会にも
積極的に社会科教育に貢献しようとする動きが見られたという（福田2019）。

　さて、こうした文化財重視とも言える方向性は、1960年代に入って高度経
済成長に伴う開発による遺跡等の破壊が進んだことを受け、1970年代に入っ
て地方自治体による環境・景観の保全条例の制定が相次いだことや、1975年
に文化財保護法が改定されて文化財に伝統的建造物群が加えられたこと、1977

年の「第三次全国総合開発計画」でも自然環境とともに歴史的環境の保全が主要計画課題に挙げられたことなどと軌を一にしていると言える（木村 1984）。

### （3）資料活用の視点

1989 年改訂は、1984 年に発足した臨時教育審議会の議論から大きく影響を受けた。「生涯学習社会への移行」を見通した「自己教育力の育成」を大きな目標に掲げ、中学校では選択履修幅の拡大が進められた。また、高等学校の社会科が地理歴史科と公民科に再編され、世界史が必履修となったことでもよく知られている（石村 2009、山﨑 2019）。

中学校社会［歴史的分野］の目標における文化遺産の扱いに関しては 1977 年版を踏襲しているが、注目されるのは「目標」(5) で「…様々な資料を活用して歴史的事象を多角的に考察し公正に判断する能力と態度を育てる」と、従前には見られない資料活用の視点が示されていることある。このことは、歴史・地理・公民の 3 分野に係る「指導計画の作成と内容の取扱い」でも「資料を選択し活用する学習活動の重視」に言及しているように、1989 年版の大きな特徴と言えよう。

「内容の取扱い」(1) ウでは「日本人の生活や生活に根ざした文化については、各時代の政治や社会の動き及び各地域の地理的条件、身近な地域の歴史とも関連付けて指導するとともに、民俗学などの成果の活用や博物館、郷土資料館などの文化財の見学・調査を通じて、生活文化の展開を具体的に学ぶことができるようにすること」とある。1977 年版で初めて使われた「文化財の見学・調査」に加えて、「博物館、郷土資料館」という文言が付加された意味も大きいと考えている。

### （4）学び方を学ぶ学習

1998 年改訂は、ゆとりの中で「生きる力」を育んでいくことが必要であるとされ、学校週 5 日制に対応したものであった。教育内容は大幅に厳選され、選択制も拡大した。総合的な学習の時間が設定されたことでも知られている（山﨑 2019 など）。

中学校社会［歴史的分野］の目標には、若干の加筆が見られたものの基本的には 1989 年からの資料活用の視点は踏襲されている。このことは、「内容

の取扱い」(1) オ「日本人の生活や生活に根ざした文化については、各時代
の政治や社会の動き及び各地域の地理的条件、身近な地域の歴史とも関連付
けて指導するとともに、民俗学などの成果の活用や博物館、郷土資料館など
の文化財の見学・調査を通じて、生活文化の展開を具体的に学ぶことができ
るようにすること」も、1989 年の「内容の取扱い」(1) ウとまったくの同文
であることからもわかる。歴史・地理・公民の 3 分野に係る「指導計画の作
成と内容の取扱い」でも、1989 年版を踏襲して「資料を選択し活用する学習
活動の重視」に論及している。

　こうした資料活用の視点に加えて、1998 年版で大きく打ち出された点は、
「内容」(1) に「歴史の流れと地域の歴史」という通史項目以外の大項目が立
てられたことである。イに「身近な地域の歴史を調べる活動を通して、地域
への関心を高め、地域の具体的な事柄とのかかわりの中で我が国の歴史を理
解させるとともに、歴史の学び方を身に付けさせる」とあるように「学び方
を学ぶ学習」の充実を図ることが目的であり、身近な地域の歴史を調べる活
動をそのための 1 つの方法としている。こうした「学び方を学ぶ学習」に関
する大項目の設定は、1999 年改訂の高等学校学習指導要領（地理歴史）［日本
史 A］の「歴史と生活」・［日本史 B］の「歴史の考察」・［世界史 B］の「世
界史への扉」にも共通して見られる。

### (5) 博学連携の推進

　2008 年改訂は、「知識基盤社会」においてますます重要となる「生きる力」
の理念を継承し、「確かな学力」、「豊かな心」、「健やかな体」の調和を重視
している。また、2006 年の教育基本法改正を受けて、伝統や文化に関する教
育の充実を図っている（山﨑 2019 など）。

　中学校社会［歴史的分野］「目標」(2) は、1998 年版やその前の 1989 版か
ら変わっていない。さらに言えば、現在に伝わる文化遺産をその時代の学習
との関連において理解させて、それらを愛護し尊重する態度を養うという趣
旨は、1977 年版を経て、1969 年版から引き継がれているものである。

　「内容の取扱い」(1) カは 1998 年版を踏襲し、「日本人の生活や生活に根ざ
した文化については、政治の動き、社会の動き、各地域の地理的条件、身近
な地域の歴史とも関連付けて指導したり、民俗学や考古学などの成果の活用

や博物館、郷土資料館などの<u>施設</u>を見学・調査を<u>したりするなどして</u>具体的に学ぶことができるようにすること」（下線部は変更点・筆者）となっている。

　ここでは、民俗学に加えて「考古学」の成果の活用が加わっていることのほか、博物館、郷土資料館などの「文化財」が「施設」に変わっていることは注目される。すなわち、従前は博物館等が所蔵する「文化財」のみを対象としていたのに対し、博物館等という「施設」そのものを対象とする意識が見えるからである。博学連携の視点を一歩進めたものと見ることもできる。このことは、同じ「内容の取扱い」(2)イに「…その際、博物館、郷土資料館などの施設の活用や地域の人々の協力も考慮すること」とあることからもわかる。後述するように、筆者はこの視点は非常に重要であると考えている。

## 3　これからの学びを展望する

### (1) 現行学習指導要領の指針

　さて、最後に現行学習指導要領について見ていきたい。2017年改訂は、「社会に開かれた教育課程」の理念のもと、「生きる力」を捉え直し、学校教育で育成をめざす資質・能力を「知識・技能」・「思考力・判断力・表現力等」・「学びに向かう力・人間性等」の3つに整理した。また2008年版に引き続き、伝統や文化に関する教育の充実を図っている（山﨑2019など）。

　中学校社会［歴史的分野］の「目標」も3つの資質・能力から整理し直されているが、目標(1)に「…諸資料から歴史に関する様々な情報を効果的に調べまとめる技能を身に付けるようにする」とあって、資料活用の視点が示されている。文化財保護の視点は、目標(3)に「…現在に伝わる文化遺産を尊重しようとすることの大切さについての自覚などを深め…」とある（表3）。

　1998年版以来の「学び方を学ぶ」大項目は「歴史との対話」となり、「(1)私たちと歴史」と「(2)身近な地域の歴史」の2つの中項目から設定されている。文化財に関する記述は、このうち(2)イ(ア)に「比較や関連、時代的な背景や地域的な環境、歴史と私たちとのつながりなどに着目して、<u>地域に残る文化財や諸資料を活用</u>して、身近な地域の歴史的な特徴を多面的・多角的に考察し、表現すること」（下線部筆者）とあり、思考力・判断力・表現力等の育成の観点からその活用について触れられている。

「内容の取扱い」（2）イは「地域の特性に応じた時代を取り上げるようにするとともに、人々の生活や生活に根ざした伝統や文化に着目した取扱いを工夫すること。その際、<u>博物館、郷土資料館などの地域の施設の活用</u>や地域の人々の協力も考慮すること」（下線部筆者）と従来の文章が書き改められた。ただし、2017 年版は、「目標」で文化財保護の視点を挙げているものの、「内容」、「内容の取扱い」、「指導計画の作成と内容の取扱い」においては言及がない。

## （2）各校種の学習指導要領にみる文化財

次に、現行学習指導要領の各校種において、「文化財」についてどう記述されているかを見ていきたい。学習指導要領の「文化財」等に触れている部分を整理したものが、表 1 から表 6 である。表 1 は小学校［第 4 学年］、表 2 は小学校［第 6 学年］、表 3 は中学校［歴史的分野］、表 4 は高等学校［歴史総合］、表 5 は高等学校［日本史探究］、表 6 は高等学校［世界史探究］である。

①**小学校［第 4 学年］**　小学校における歴史学習では、［第 4 学年］で都道府県、第 6 学年で日本全体を対象として、必要な情報を調べまとめる技能を身に付けるという「目標」のもとに文化財の活用が求められている。［第 4 学年］では「地域の伝統と文化や地域の発展に尽くした先人の働き」という視点からこれを扱い、「県内の文化財や年中行事は、地域の人々が受け継いできたことや、それらに地域の発展など人々の様々な願いが込められていること」を理解し、「歴史的背景や現在に至る経過、保存や継承のための取組などに着目して…人々の願いや努力」を考え表現することとなっている（表1）。ここで見られる「地域の伝統と文化」という視点については、中学校［歴史的分野］の「身近な地域の歴史」につながっており、「保存や継承のための取組」といういわゆる文化財保護に関わる記述も見られる。

②**小学校［第 6 学年］**　小学校［第 6 学年］では対象を日本全体に広げ、「歴史上の主な事象を手掛かりに、大まかな歴史を理解するとともに、関連する先人の業績、優れた文化遺産」を理解し、文化遺産等に着目して「歴史上の主な事象を捉え、…歴史の展開を考えるとともに、歴史を学ぶ意味」を考え表現することがその内容である。

［第 6 学年］の学習指導要領では、「文化財」という用語は、内容（2）ア（シ）に 1 か所見られるだけで他では「文化遺産」が使われている（表2）。ここで

表1 小学校社会科［第4学年］

| 目　　標 | (1) 自分たちの都道府県の地理的環境の特色、地域の人々の健康と生活環境を支える働きや自然災害から地域の安全を守るための諸活動、地域の伝統と文化や地域の発展に尽くした先人の働きなどについて、人々との生活との関連を踏まえて理解するとともに、調査活動、地図帳や各種の具体的資料を通して、必要な情報を調べまとめる技能を身に付けるようにする。 |
|---|---|
| 内　　容 | (4) 県内の伝統や文化、先人の働きについて、学習の問題を追究・解決する活動を通して、次の事項を身に付けることができるよう指導する。ア次のような知識及び技能を身に付けること。<br>(ア) 県内の文化財や年中行事は、地域の人々が受け継いできたことや、それらに地域の発展など人々の様々な願いが込められていることを理解すること。<br>(イ) 地域の発展に尽くした先人は、様々な苦心や努力により当時の生活の向上に貢献したことを理解すること。<br>(ウ) 見学・調査したり地図などの資料で調べたりして、年表にまとめること。<br>イ　次のような思考力、判断力、表現力等を身に付けること。<br>(ア) 歴史的背景や現在に至る経過、保存や継承のための取組などに着目して、県内の文化財や年中行事の様子を捉え、人々の願いや努力を考え、表現すること。<br>(イ) 当時の世の中の課題や人々の願いなどに着目して、地域の発展に尽くした先人の具体的事例を捉え、先人の働きを考え、表現すること。 |
| 内容の取扱い | (3) 内容の (4) については、次のとおり取り扱うものとする。<br>ア　アの(ア)については、県内の主な文化財や年中行事が大まかに分かるようにするとともに、イの(ア)については、それらの中から具体的事例を取り上げること。 |

は文化遺産は文化財とほぼ同義に用いていると思われるが、文化遺産という言葉を用いた理由は、「内容の取扱い」にあるように、国宝や重要文化財や世界文化遺産を想定していることによると思われる。内容(2)ア(シ)に「文化財」とあるのは、こちらが遺跡と併記され（地図や年表などに）、調べまとめる対象として示されていることから、国宝・重要文化財・世界文化遺産等ではなく、［第4学年］や中学校［歴史的分野］で扱う「身近な地域の歴史」に係る文化財を想定したものと考えられる。

　③中学校［歴史的分野］　前述のように、中学校［歴史的分野］では、大項目「A 歴史との対話」の「(2) 身近な地域の歴史」で、課題を追究したり解決したりする活動を行う。ここでは「受け継がれてきた伝統や文化への関心をもって…地域の歴史」を調べ、「地域に残る文化財や諸資料を活用して、身近な地域の歴史的な特徴を多面的・多角的に考察し、表現すること」が求められている（表3）。こうした学習は、日本全体の歴史上の主な事象を対象とする小学校［第6

**表2　小学校社会科［第6学年］**

| 目　　標 | (1) 我が国の政治の考え方と仕組みや働き、国家及び社会の発展に大きな働きをした先人の業績や優れた文化遺産、我が国との関係の深い国の生活やグローバル化する国際社会における我が国の役割について理解するとともに、地図帳や地球儀、統計や年表などの各種の基礎的資料を通して、情報を適切に調べまとめる技能を身に付けるようにする。 |
|---|---|
| 内　　容 | (2) 我が国の歴史上の主な事象について、学習の問題を追究・解決する活動を通して、次の事項を身に付けることができるよう指導する。<br>　ア　次のような知識及び技能を身に付けること。その際、我が国の歴史上の主な事象を手掛かりに、大まかな歴史を理解するとともに、関連する先人の業績、優れた文化遺産を理解すること。<br>（シ）遺跡や文化財、地図や年表などの資料で調べ、まとめること。<br>　イ　次のような思考力、判断力、表現力等を身に付けること。<br>（ア）世の中の様子、人物の働きや代表的な文化遺産などに着目して、我が国の歴史上の主な事象を捉え、我が国の歴史の展開を考えるとともに、歴史を学ぶ意味を考え、表現すること。 |
| 内容の取扱い | (2) 内容の (2) については、次のとおり取り扱うものとする。 |
| | イ　ア（ア）から（サ）までについては、例えば、国宝、重要文化財に指定されているものや、世界文化遺産に登録されているものなどを取り上げ、我が国の代表的な文化遺産を通して学習できるように配慮すること。 |

学年］よりも、都道府県を対象とする小学校［第4学年］の学習との継続性が見られるが、中学校ではさらに「内容の取扱い」で、「文化財」に加えて「博物館、郷土資料館などの施設」の見学・調査を挙げている。ただし、文化財保護の視点が「目標」には挙げられているものの、「内容」、「内容の取扱い」、「指導計画の作成と内容の取扱い」においては言及がないことは前述の通りである。

　④高等学校［歴史総合］　中学校歴史的分野を受けた高等学校［歴史総合］は、日本史と世界史を統合した共通必履修科目として設定された。目標(1)に「…諸資料から歴史に関する様々な情報を適切かつ効果的に調べまとめる技能を身に付けるようにする」とあるように（表4）、全編を通して「資料を活用し歴史の学び方を学ぶ学習」は意図されている。とりわけ導入の大項目「A歴史の扉」の「(2) 歴史の特質と資料」には「日本や世界の様々な地域の人々の歴史的な営みの痕跡や記録である遺物、文書、図像などの資料を活用し…」とあって、対象を中学校［歴史的分野］の身近な地域ばかりでなく日本、世界へと広げるとともに、「文化財」という文言はないものの遺物、文書、図

表3　中学校社会科［歴史的分野］

| 目　　標 | （1）我が国の歴史の大きな流れを、世界の歴史を背景に、各時代の特色を踏まえて理解するとともに、諸資料から歴史に関する様々な情報を効果的に調べまとめる技能を身に付けるようにする。<br>（3）歴史に関わる諸事象について、よりよい社会の実現を視野にそこで見られる課題を主体的に追究、解決しようとする態度を養うとともに、多面的・多角的な考察や深い理解を通して涵養される我が国の歴史に対する愛情、国民としての自覚、国家及び社会並びに文化の発展や人々の生活の向上に尽くした歴史上の人物と現在に伝わる文化遺産を尊重しようとすることの大切さについての自覚などを深め、国際協調の精神を養う。 |
|---|---|
| 内　　容 | A 歴史との対話（2）身近な地域の歴史<br>課題を追究したり解決したりする活動を通して、次の事項を身に付けることができるよう指導する。<br>ア　次のような知識及び技能を身に付けること。<br>（ア）自らが生活する地域や受け継がれてきた伝統や文化への関心をもって、具体的な事柄との関わりの中で、地域の歴史について調べたり、収集した情報を年表などにまとめたりするなどの技能を身に付けること。<br>イ　次のような思考力、判断力、表現力等を身に付けること。<br>（ア）比較や関連、時代的な背景や地域的な環境、歴史と私たちとのつながりなどに着目して、地域に残る文化財や諸資料を活用して、身近な地域の歴史的な特徴を多面的・多角的に考察し、表現すること。 |
| 内容の取扱い | （1）内容の取扱いについては、次の事項に配慮するものとする。<br>イ　調査や諸資料から歴史に関わる事象についての様々な情報を効果的に収集し、読み取り、まとめる技能を身に付ける学習を重視すること。その際、年表を活用した読み取りやまとめ、文献、図版などの多様な資料、地図などの活用を十分に行うこと。<br>エ　各時代の文化については、代表的な事例を取り上げてその特色を考察させるようにすること。<br>ク　日本人の生活や生活に根ざした文化については、政治の動き、社会の動き、各地域の地理的条件、身近な地域の歴史とも関連付けて指導したり、民俗学や考古学などの成果の活用や博物館、郷土資料館などの施設を見学・調査したりするなど具体的に学ぶことを通して理解させるように工夫すること。<br>（2）内容のAについては、次のとおり取り扱うものとする。<br>イ　（2）については、内容のB以下の学習と関わらせて計画的に実施し、地域の特性に応じた時代を取り上げるようにするとともに、人々の生活や生活に根ざした伝統や文化に着目した取扱いを工夫すること。その際、博物館、郷土資料館などの施設の活用や地域の人々の協力も考慮すること。 |

像などの活用を示している（表4）。実際に 2022 年（令和4）度から使用される教科書見本本を見ると、図像資料、遺跡・遺物など地域に残る資料、多様化する文献史料など多岐に及ぶ資料が活用されている。

表4　高等学校地理歴史科［歴史総合］

| 目　　標 | (1) 近現代の歴史の変化に関わる諸事象について、世界とその中の日本を広く相互的な視野から捉え、現代的な諸課題の形成に関わる近現代史を理解するとともに、諸資料から歴史に関する様々な情報を適切かつ効果的に調べまとめる技能を身に付けるようにする。 |
|---|---|
| 内　　容 | A　歴史の扉<br>(2) 歴史の特質と資料<br>日本や世界の様々な地域の人々の歴史的な営みの痕跡や記録である遺物、文書、図像などの資料を活用し、課題を追究したり解決したりする活動を通して、次の事項を身に付けることができるよう指導する。<br>ア　次のような知識を身に付けること。<br>(ア) 資料に基づいて歴史が叙述されていることを理解すること。<br>イ　次のような思考力、判断力、表現力等を身に付けること。<br>(ア) 複数の資料の関係や異同に着目して、資料から読み取った情報の意味や意義、特色などを考察し、表現すること。 |
| 内　容　の<br>取　扱　い | (1) 内容の全体にわたって、次の事項に配慮するものとする。<br>エ　年表や地図、その他の資料を積極的に活用し、文化遺産、博物館や公文書館、その他の資料館などを調査・見学したりするなど、具体的に学ぶよう指導を工夫すること。その際、歴史に関わる諸資料を整理・保存することの意味や意義に気付くようにすること。また、科目の内容に関係する専門家や関係諸機関などとの円滑な連携・協働を図り、社会の関わりを意識した指導を工夫すること。<br>(2) 内容の取扱いに当たっては、次の事項に配慮するものとする。<br>イ　内容のAについては…(2) については、資料から読み取る諸事象の解釈の違いが複数の叙述を生むことを理解できるよう具体的な事例を取り上げて指導すること。また、歴史の叙述には、諸資料の検証と論理性などが求められることに気付くようにすること。 |

　「内容の取扱い」(1) エでは、「文化遺産、博物館や公文書館、その他の資料館などの調査・見学」と中学校［歴史的分野］よりも施設の例示を広げるとともに、「専門家や関係諸機関などとの円滑な連携・協働」という表現で学問と教育の連携にも触れている。また「諸資料を整理・保存することの意味や意義に気付くようにすること」とある（表4）のは、文化財保護につながる重要な視点である。

　⑤**高等学校［日本史探究］**　高等学校［日本史探究］は、［歴史総合］の履修を受けて学ぶ選択科目である。目標(1)の「…諸資料から歴史に関する様々な情報を適切かつ効果的に調べまとめる技能を身に付けるようにする」は、［歴史総合］と同文であり（表5）、同様に全編を通して「資料を活用し歴史の

表 5　高等学校地理歴史科［日本史探究］

| 目　　標 | (1) 我が国の歴史の展開に関わる諸事象について、地理的条件や世界の歴史と関連付けながら総合的に捉えて理解するとともに、諸資料から歴史に関する様々な情報を適切かつ効果的に調べまとめる技能を身に付けるようにする。 |
|---|---|
| 内　　容 | A (2) 歴史資料と原始・古代の展望<br>諸資料を活用し、(1)で表現した時代を通観する問いを踏まえ、課題を追究したり解決したりする活動を通して、次の事項を身に付けることができるよう指導する<br>ア　次のような技能を身に付けること。<br>(ア) 原始・古代の特色を示す適切な歴史資料を基に、資料から歴史に 関わる情報を収集し、読み取る技能を身に付けること。<br>イ　次のような思考力、判断力、表現力等を身に付けること。<br>(ア) 歴史資料の特性を踏まえ、資料を通して読み取れる情報から、原　始・古代の特色について多面的・多角的に考察し、仮説を表現すること。<br>B (2) 歴史資料と中世の展望（略）<br>C (2) 歴史資料と近世の展望（略）<br>D (2) 歴史資料と近代の展望（略） |
| 内容の取扱い | (1) 内容の全体にわたって、次の事項に配慮するものとする。<br>ウ　年表や地図、その他の資料を積極的に活用し、地域の文化遺産、博物館や公文書館、その他の資料館などを調査・見学したりするなど、具体的に学ぶよう指導を工夫すること。その際、歴史に関わる諸資料を整理・保存することの意味や意義、文化財保護の重要性に気付くようにすること。また、科目の内容に関係する専門家や関係諸機関などとの円滑な連携・協働を図り、社会の関わりを意識した指導を工夫すること。<br>キ　文化に関する指導に当たっては、各時代の文化とそれを生み出した時代的背景との関連、外来の文化などとの接触や交流による文化の変容や発展の過程などに着目させ、我が国の伝統と文化の特色とそれを形成した様々な要因を総合的に考察できるよう指導を工夫すること。衣食住や風習・信仰などの生活文化についても、時代の特色や地域社会の様子などと関連付け、民俗学や考古学などの成果の活用を図りながら扱うようにすること。<br>ク　地域社会の歴史と文化について扱うようにするとともに、祖先が地域社会の向上と文化の創造や発展に努力したことを具体的に理解させ、それらを尊重する態度を育てるようにすること。<br>(2) 内容の取扱いに当たっては、次の事項に配慮するものとする。<br>オ　内容のAについては、…遺構や遺物、編纂された歴史書、公家の日記などの資料や、それらを基に作成された資料…<br>カ　内容のBについては、…武家、公家、幕府や寺社の記録、絵画などの資料や、それらを基に作成された資料…<br>キ　内容のCについては、…幕府や藩の法令、地域に残る村方（地方）・町方文書、浮世絵などの絵画や出版物などの資料や、それらを基に作成された資料…<br>ク　内容のDについては、…日記、書簡、自伝、公文書、新聞、統計、写真、映像や音声、生活用品の変遷などの資料や、それらを基に作成された資料… |

**表6　高等学校地理歴史科［世界史探究］**

| 目　　標 | (1) 世界の歴史の大きな枠組みと展開に関わる諸事象について、地理的条件や日本の歴史と関連付けながら理解するとともに、諸資料から世界の歴史に関する様々な情報を適切かつ効果的に調べまとめる技能を身に付けるようにする。 |
|---|---|
| 内　　容 | B　諸地域の歴史的特質の形成<br>(1) 生業、身分・階級、王権、宗教、文化・思想などに関する資料…<br>(2)・(3) 諸資料を活用し…<br>C　諸地域の交流・再編<br>(1) 交易の拡大、都市の発達、国家体制の変化、宗教や科学・技術及び文化・思想の伝播などに関する資料…<br>(2)・(3) 諸資料を活用し…<br>D　諸地域の統合・変容<br>(1) 人々の国際的な移動、自由貿易の広がり、マスメディアの発達、国際規範の変容、科学・技術の発達、文化・思想の展開などに関する資料を活用し…<br>(2)・(3) 諸資料を活用し… |
| 内 容 の<br>取 扱 い | (1) 内容の全体にわたって、次の事項に配慮するものとする。<br>ウ　年表や地図、その他の資料を積極的に活用し、地域の文化遺産、博物館や公文書館、その他の資料館などを調査・見学したりするなど、具体的に学ぶよう指導を工夫すること。その際、歴史に関わる諸資料を整理・保存することの意味や意義、文化財保護の重要性に気付くようにすること。また、科目の内容に関係する専門家や関係諸機関などとの円滑な連携・協働を図り、社会の関わりを意識した指導を工夫すること。<br>(2) 内容の取扱いに当たっては、次の事項に配慮するものとする。<br>ウ　内容のBについては、…遺物や碑文、歴史書、年表や地図などの資料から適切なものを取り上げること。<br>キ　内容のCについては、…遺物や碑文、旅行記や歴史書、年表や地図などの資料から適切なものを取り上げること。<br>ク　内容のDについては、…公文書や手紙・日記、歴史書、芸術作品や風刺画、写真や映像、統計、年表や地図などの資料から適切なものを取り上げること。 |

学び方を学ぶ学習」は意図されている。

「内容の取扱い」(1)ウで、内容の全体にわたって配慮することとして、「地域の文化遺産、博物館や公文書館、その他の資料館など」の調査・見学（下線部は［歴史総合］との違い・筆者）と「専門家や関係諸機関などとの円滑な連携・協働」というように学び方に係る記述も［歴史総合］とほぼ同文である。文化財保護に関しては、「諸資料を整理・保存することの意味や意義、文化財保護の重要性に気付くようにすること」（下線部は［歴史総合］との違い・筆者）とより明確な表現となっている。

　それら文化財を含めた諸資料の具体については、「内容の取扱い」(2)の オ～クに列挙されている。内容の「A　原始・古代の日本と東アジア」では 遺構や遺物、編纂された歴史書、公家の日記、「B　中世の日本と世界」で は武家、公家、幕府や寺社の記録、絵画、「C　近世の日本と世界」では幕 府や藩の法令、地域に残る村方（地方）・町方文書、浮世絵などの絵画や出版物、 「D　近現代の地域・日本と世界」では日記、書簡、自伝、公文書、新聞、統計、 写真、映像や音声、生活用品である。

　**⑥高等学校〔世界史探究〕**　高等学校〔世界史探究〕も〔日本史探究〕同様に、 〔歴史総合〕の履修を受けて学ぶ選択科目である。目標(1)の「…諸資料から 歴史に関する様々な情報を適切かつ効果的に調べまとめる技能を身に付ける ようにする」は〔歴史総合〕及び〔日本史探究〕と同文であり、「資料を活 用し歴史の学び方を学ぶ学習」は同様に意図されていると言える。

　「内容の取扱い」(1)ウも、〔日本史探究〕とまったく同文である。文化財保 護に関して「諸資料を整理・保存することの意味や意義、文化財保護の重要 性に気付くようにすること」と示したのは、グローバル化の中で重要な視点 ではないだろうか。それら文化財を含めた諸資料の具体については、「内容 の取扱い」(2)のウ～クに列挙されている。内容の「B　諸地域の歴史的特 質の形成」では遺物や碑文、年表や地図、「C　諸地域の交流・再編」では 遺物や碑文、旅行記や歴史書、年表や地図、「D　諸地域の統合・変容」で は公文書や手紙・日記、歴史書、芸術作品や風刺画、写真や映像、統計、年 表や地図がそれである。〔日本史探究〕に比べて二次資料が多いが、今後は 世界史学習における資料活用の場面が従来よりも増えて行くものと考えられ る。〔日本史探究〕同様に、「諸資料を整理・保存することの意味や意義、文 化財保護の重要性に気付くようにすること」も求められていくものと思われ る。こうした〔歴史総合〕・〔日本史探究〕・〔世界史探究〕で扱われる資料の 多様性は、当然ながら歴史学研究の進展に対応しているものと言える（福井 2006）。

## 4　文化財を学びに活かす

　本稿「2　文化財の学びはどう変わってきたか」で見たように、学習指導

要領は 1969 年版からは「文化遺産」を「文化財」とほぼ同義に用いるようになった。主に身近な地域（郷土史）の学習に際して見学・調査を行う中で取り上げられ、1989 年版からは博物館や郷土資料館という文言も加えられて博学連携の意識も見られるようになってきた。この「文化財の見学・調査」のうち、とりわけ「調査」は資料活用につながり、この視点は 1998 版から設定された「学び方を学ぶ学習」の提示の中で一層促進されてきていると言える。

　現行学習指導要領の各校種を見ると、小学校の［第 4 学年］から高等学校の［歴史総合］・［日本史探究］・［世界史探究］に至るまで、資質・能力の 3 つの柱との関係から資料活用の「技能」の育成という「目標」が挙げられている。「必要な情報を調べまとめる技能」（［第 4 学年］）、「情報を適切に調べまとめる技能」（［第 6 学年］）、「様々な情報を効果的に調べまとめる技能」（中学校［歴史的分野］）、「様々な情報を適切かつ効果的に調べまとめる技能」（高等学校［歴史総合］［日本史探究］［世界史探究］）とほぼ同様の文言である。

　こうした資料活用の技能育成の中で生徒たちは文化財に触れ、身近な地域の歴史的な特徴を多面的・多角的に考察すること（中学校［歴史的分野］）や、考察の拠り所として資料が必要であることに気付き、それらと歴史叙述の関係を考えること（高等学校［歴史総合］［日本史探究］［世界史探究］）は、生徒たちの文化財への関心を高める上で大いに意味がある。

　しかし、そうした資料活用の視点のみで文化財をはじめとする諸資料について考えてはならないであろう。現行学習指導要領も各校種で文化財保護に触れている。小学校［第 4 学年］「内容」イ（ア）の「歴史的背景や現在に至る経過、保存や継承のための取組」（下線部筆者）に着目して文化財や年中行事について考え表現することや、中学校社会科［歴史的分野］「目標」(3) に見られる「現在に伝わる文化遺産を尊重しようとすることの大切さについての自覚などを深め」ることとある。高等学校［歴史総合］［日本史探究］［世界史探究］の「内容の取扱い」（表 4・5・6）に共通する「歴史に関わる諸資料を整理・保存することの意味や意義、文化財保護の重要性に気付くようにすること」は欠かせない視点であり、そのためには「専門家や関係諸機関などとの円滑な連携・協働を図り、社会との関わりを意識した指導を工夫すること」が求められよう。

　すなわち、文化財を資料として位置付けるだけでなく、文化財保護の活動

そのものを教材として扱っていくような学習も意図されていると言える。そうした学習を通して、生徒は文化財の価値をより深く理解することになり、文化財を保護していかなければならないと考えるとともに、自分の身の回りのものの中から新たな文化財を発掘していくことにもつながるのではないだろうか。

　本書は限られた誌面の中で、多岐にわたる文化財を扱うことを心掛けたつもりである。現行の文化財保護法の規定では「文化財」のカテゴリーに入らない貴重な資料についても敢えて加えてみた。新たな文化財の発掘についても考えて頂く一助となれば幸いである。

　「文化は、つくり出すはたらきと、つくられたものと、享受するはたらきの三つの面がある」という（家永1982）。冒頭に述べたように、教育からの取組によって、地域の文化財を住民が「保存」して次代に継承する営みにつながっていくことを心から願うものである。

●参考文献

家永三郎　1982『日本文化史　第2版』岩波新書

石村卓也　2009『教育課程―これから求められるカリキュラム開発力』昭和堂

岩城卓二・高木博志　2020『博物館と文化財の危機』人文書院

岩﨑奈緒子　2019「歴史と文化の危機―文化財保護法の「改正」―」『歴史学研究』981号

大友秀明　2014「社会科教育における『文化学習』の意義と可能性」『埼玉大学紀要　教育学部』63（1）

菊地一郎　1979「社会科における文化財教育」『古文化財教育研究報告』8、奈良教育大学

木村博一　1984「文化財と社会科教育」『古文化財教育研究報告』13、奈良教育大学

小林真理　2020「文化政策の動向と文化財―文化財の価値を共有していくために―」『歴史学研究』1002号

壽福隆人　2008「文化財保護と歴史教育の連携―歴史教育のあり方を考え、改善を目指す―」『教育制度研究紀要』第39集

塚本　學　1991「文化財概念の変遷と史料」『国立歴史民俗博物館研究報告』第35集

原　清治　2005『学校教育課程論〈第二版〉』学文社

尾藤　暁　1983「文化財保護思想と郷土史教育」『日本私学教育研究所紀要』第19号

福井憲彦　2006『歴史学入門』岩波書店

福田アジオ　2019「民俗学から見た歴史教育の未来」『歴史地理教育』896号

山﨑保寿　2019『未来を拓く教師のための教育課程論』学陽書房

山田佳秋　2005「文化財教育―文化財保護思想を育むために―」『哲学と教育』53巻

吉田政博　2018「文化財保護行政の動向と地域の文化遺産―文化財保護法の改定問題と文化財活用の方向性―」『歴史評論』822号

## おわりに

　文化財に日本の歴史を語ってもらおうという挑戦は、ここまで辿り着くまでには、当初、考えていた以上に長期戦の様相を呈したが、ようやくその最終局面を迎えることになった。この最後の文章を書き進めている時、国内ではちょうど新潟の佐渡島を世界遺産に登録申請することが決まり、それに対し、韓国からは激しい批判が寄せられているという報道に接した。この件はその後のニュース等でも大きく取り上げられたが、文化財や文化遺産をめぐる議論は、どれほどの人々に現実味ある問題として認識されているのだろうか。

　近年、日本政府は観光立国をめざすことを宣言し、そのために文化財を活用するという方向に舵を切った。そのためか、日本各地の自然や文化財を世界遺産に認定されることを求める動きに拍車がかかり、さらに国内での日本遺産も含め、急速に文化財を活用した国内の観光化が進んでいるように思われる。

　地域のブランディングのため、観光資源を掘り起こすことに対して非難するつもりは毛頭ない。一方で、文化財を観光資源とみなし、それに躊躇する動きに対し、断罪するかのような発言には困惑させられる。

　このような状況の中、私たちの前に立ちはだかったのは 2020 年冬からの新型コロナウイルス感染症の危機である。その感染拡大を防止するために世界各国がさまざまな方策をとり、日本国内ではこれによって打撃を受けた業界や業種に対し、政策面からのフォローもある。その一つが、菅義偉政権によって講じられた「Go To トラベル」・「Go To イート」キャンペーンである。風光明媚な景観、さりげなく野に咲く草花などを愛で慈しみ、豊かな暮らしを営むために寄り添っていきたい文化財を資源とし、それを結びつけるための観光という枠組みに対し、少し立ち止まって検討する必要を感じ、そのために歴史教育の視点を踏まえることも意味のあることではないかと考えた。

　こうした視点から、今回、この出版企画に集った執筆者 9 名は、文化財や文化遺産を教育の一環としてそれぞれの現場で活用しており、「保護」と「活用」という異なる方向に向かってしまいそうなベクトルをアウフヘーベンするためにも、教育の重要性を共通理解としている。具体的な事例として紹介した文化財はごくわずかであるが、その中には文化財として国や自治体から指定及び登録されていない、いわゆる「未文化財」もある。自然（nature）

と対義語の関係にある文化（culture）は、この地球上に人類が出現して以来、人間が自然に向き合い、手を加え、産み出したあらゆるものであり、それが財（property）として価値あるものするのは、誰がどのような理由でそう認定するか、という問題であって、国宝や重要文化財だけでなく、また、国レベルでの財産を超え、人類共有の財産という視点をもつことが大切なことだと考えている。

　編者の一人である會田康範が毎年、教えている大学生や高校生に対し授業の中で課している課題の一つに「身近な文化財」を紹介するというものがある。この取り組みは、現在暮らしているところからもっとも近いところに所在する文化財を紹介するというものである。しかし、ここでいう文化財は国宝や重要文化財といったものだけを対象としているのではなく、むしろ、現在の私たちがこの世界に生きた証拠として将来に向けて残していきたいと思うものを積極的に探究することに主眼を置いている。その結果、路傍の地蔵やら道標やら、さらには家族が所有する住居といったものまで、実に多彩でさまざまな文化財が毎年取り上げられている。意外にも身近なところに文化財があり、毎日、それと隣り合わせで暮らしていることに学生や生徒たちは気づき、それを将来にわたって大切に残したい、という気持ちを抱くきっかけになったという話に接することも多い。

　本書は、このような日常の取り組みの中から出発した企画である。この間、慢性的に多忙な日常業務に押しつぶされそうな時が何度もあったが、粘り強く寄り添っていただき、しばしば暖かい言葉で励ましてくださった編集者桑門智亜紀氏の存在は極めて大きいものであった。何度にもわたり朝から晩までの編集会議を行ったが、対面での会議でもオンライン会議でも桑門氏の的確な指摘がなければ、私たちのささやかな挑戦がこのような形で世に出ることはなかったであろうと痛感している。出版事情の厳しい中にあって本書の刊行を快諾くださった株式会社雄山閣、ならびに桑門氏に心より深く感謝申し上げ、結びの言葉としたい。

2022 年 4 月 25 日

　　　　　　　會田康範・下山　忍・島村圭一

◉執筆者一覧◉ （執筆順）

## 山本哲也 （やまもと・てつや）

新潟県立歴史博物館

◉読者へのメッセージ
文化財は、今我々が生きている証拠なのだと考えてもらいたいです。


## 松井吉昭 （まつい・よしあき）

早稲田大学非常勤講師

◉読者へのメッセージ
文化財の考え方を取り入れての考察は、歴史の見方にも影響します。


## 竹田和夫 （たけだ・かずお）

新潟大学非常勤講師

◉読者へのメッセージ
文化財は衰退しつつある地域活性の鍵を握っています。次世代の参画・提案が重要です。


## 柳澤恵理子 （やなぎさわ・えりこ）

狭山市立博物館学芸員／埼玉学園大学非常勤講師

◉読者へのメッセージ
文化財は身近な所にあります。ぜひ周りを見渡して下さい。


## 浅川俊夫 （あさかわ・としお）

東北福祉大学教育学部准教授

◉読者へのメッセージ
地形図は、地域の地理と歴史、今と昔をつなぐ架け橋です。


## 山下春菜 （やました・はるな）

神奈川県立歴史博物館

◉読者へのメッセージ
身近な未文化財の商店街が地域の歴史に触れるきっかけになると嬉しいです。

## ●編者紹介●

## 會田康範 （あいだ・やすのり）

学習院高等科教諭／獨協大学非常勤講師ほか
1963 年埼玉県生まれ。國學院大學大学院文学研究科博士後期課程単位取得満期退学

【主な著作・論文】

『川が語る東京―人と川の環境史―』山川出版社、2001 年（共編著）

『博物館学事典』全日本博物館学会編、雄山閣、2011 年（共著）

『もういちど読む 山川日本史史料』山川出版社、2017 年（共編著）

「利用者の立場からみた歴史系博物館等への指定管理者制度導入について」『歴史学研究』第 851 号、
　　2009 年

「博物館史における三宅米吉の位置―「博学連携」史の一側面―」『國學院雑誌』第 118 巻第 11 号、
　　2017 年

「歴史系博物館と歴史教育・総合的な探究の時間の親和性について―「博学連携」と高校日本史教
　　育の課題を中心として―」青木豊先生古稀記念発起人会編『21 世紀の博物館学・考古学』雄山閣、
　　2021 年

　●読者へのメッセージ

見て、聞いて、触れて、空間に立って、全身で文化財に寄り添ってみましょう。知らなかっ
た世界と繋がることができるかもしれません。


## 下山　忍 （しもやま・しのぶ）

東北福祉大学教育学部教授
1956 年群馬県生まれ。学習院大学大学院人文科学研究科史学専攻修士課程

【主な著作・論文】

『学力を伸ばす日本史授業デザイン』明治図書出版、2011 年（共編著）

『武蔵武士を歩く』勉誠出版、2015 年（共著）

「学習指導要領の改訂～『歴史総合』の趣旨～」『歴史と地理』727 号、2019 年

「高等学校におけるカリキュラム・マネジメントの推進～埼玉県立不動岡高等学校『F プラン』の事
　　例から～」『教職研究』2020、東北福祉大学、2021 年（共著）

「『アイヌ人物屛風』と『種痘施行図』～ 2 つのアイヌ絵の教材化をめぐって～」『東北福祉大学芹
　　沢銈介美術工芸館年報』12 号、2021 年

　●読者へのメッセージ

文化財をどう享受するかを考えるためには、教育からの働きかけが極めて重要となります。


## 島村圭一 （しまむら・けいいち）

前埼玉県立不動岡高等学校校長／宮代町文化財保護委員会委員長
1961 年神奈川県生まれ。上越教育大学大学院学校教育研究科修士課程修了

【主な著作・論文】

『みて学ぶ埼玉の歴史』山川出版社、2002 年（共著）

『50 場面でわかる「中学歴史」面白エピソードワーク』明治図書出版、2011 年（共編著）

『問いでつくる歴史総合・日本史探究・世界史探究』東京法令出版、2021 年（共編著）

「上杉禅秀の乱後における室町幕府の対東国政策の特質について」『地方史研究』第 249 号、1994 年

「近世の棟札にみられる中世の記憶―武蔵国埼玉郡鷲宮社の修造をめぐって―」佐藤孝之編『古文
　　書の語る地方史』吉川弘文館、2010 年

　●読者へのメッセージ

文化財は大切にされ、愛されてこそ輝きを放ちます。

2022年5月31日 初版発行 《検印省略》

# 文化財が語る 日本の歴史

**編者**

會田康範・下山 忍・島村圭一

**発行者**

宮田哲男

**発行所**

株式会社 雄山閣

〒102-0071 東京都千代田区富士見2-6-9

Tel：03-3262-3231

Fax：03-3262-6938

URL：http://www.yuzankaku.co.jp

e-mail：info@yuzankaku.co.jp

振 替：00130-5-1685

**印刷・製本**

株式会社 ティーケー出版印刷

ISBN978-4-639-02821-5 C0021

N.D.C.210 244p 21cm